한국고승전(下)

- 조선편 -

활안 한정섭 · 해월 오청환 著

불교정신문화원

서 문

　나는 일찍이 정릉에 있는 지장암에 들어가 3년이 넘게 불 때고 밥하고 마당 쓸고 하다가 겨우 스님의 말씀을 듣고 법당에 들어가니 "사시마지(巳時摩旨)를 올려보라" 하여 멍하니 섰으니 목탁채로 머리를 쳐 피가 철철 흘렀다.

　이 미련한 놈이 불 때고 밥할 때 어깨 너머로 들여다보고 소리 듣고 외워 불공을 해야 하는데 따로 배워야만 하는 줄 알고 바보처럼 살았으니 누가 그 속을 알 것인가.

　무슨 인연으로 활안스님을 뵙고 말씀드리니 "역대 선지식들이 공부한 내력을 살펴보면 알 바가 있을 것이다" 하면서 삼국사기·삼국유사·왕오천축국전 등을 주어 읽어보니 과연 중노릇이 어떤 것인가를 조금은 짐작하게 되었다.

　그리하여 이 글을 이리 쓰고 저리 써 정리하다 보니 십여년 만에 겨우 초(抄)를 내게 되었으나 글이 짧아 문장이 잘 나가지 아니하므로 이능화 선생의 "조선불교통사"를 읽어보니 대양의 바다에서 천정만유(天汀萬流)를 쳐다보게 되었다.

　처음 쓰는 책이라 아직까지도 그 가닥이 잘 잡히지 않지만 활안스님의 지도 하에 재편집을 하여 교정을 보니 조금은 된 것 같아 부끄러움을 무릅쓰고 출간하게 되었으니 양해하고 읽어주시기 바란다.

불기 2558년 부처님 오신 날
해월 오청환 씀

경 찬 사

해 없는 하늘엔 달이 제일이고, 달 없는 하늘엔 별들이 제일이다.

우리 부처님께서 밝은 태양이 되어 천지를 비추다가 인연 따라 본자리에 돌아가시니 사바세계 남염부주의 같고 다른 세계에서 헤아릴 수 없는 별과 달들이 나타나 갖가지 덕(德)과 공(功)으로 중생들을 이롭게 하고, 널리 법을 폈으니 어떤 이는 높은 산 깊은 골 후미진 골짜기에서 고요히 선정에 들고, 어떤 이는 누더기 옷에 쓰디쓴 나물로 주린 창자를 위로하며 사나운 호랑이 용들을 항복받고 진리의 등불을 밝히었다.

때로는 돈오점수(頓悟漸修)로서 때로는 비증지증(悲增智增)으로 일승 삼승 동체 별체의 법을 닦고 익혀 나와 남을 이롭게 하고, 천안통 천이통에 삼현십지(三賢十地)의 과로써 보살 연각 성문승들을 가르치되 빛없는 곳에서 빛을 나투고, 소리 없는 곳에서 소리를 나타내어 군생(群生)들을 이롭게 하니 배고픈 자는 배를 채우고, 옷 없는 이는 옷을 얻게 되었다.

이 같은 고승들의 이야기는 각 나라마다 있지만 우리나라 고승전은 인도여행기·중국고승전·삼국사·고려사·이조실록·일본서기 등에 기록되어 있으나, 지금까지 그것이 한데 묶어 만들어진 것이 없다. 그런데 해월스님이 오랜 세월 연구하다보니 이 정도라도 다행으로 생각하고 있는 그대로 편찬하였다.

불기 2558년 갑오 4월 8일

활안 한정섭 씀

일 러 두 기

1. 이 글은 고구려·백제·신라·고려·조선조에 활약했던 스님들을 중심으로 썼다.

2. 전편을 상·하 양편으로 나누어 상편은 고구려·백제·신라·고려 까지, 하편은 조선조 스님들을 중점적으로 기록하였다.

3. 그 가운데서도 비명(碑銘)·탑명(塔銘)이 있는 것을 본위로 했으며, 더러는 예외적인 것도 있다.

4. 묵호자·아도·마라난타·지공스님처럼 한국 스님이 아니어도 한국 불교와 연관이 있는 분들을 간추려 정리하였다.

5. 자료는 당고승전·송고승전·해동고승전·삼국사기·삼국유사· 고려사·조선실록 등을 참고하고, 특히 이능화 선생의 조선불교통사와 일본의 원형석서·일본서기 등을 많이 참고하였다.

목 차

제5편

조선 스님들

제5편
조선 스님들

조선은 1390년대 이태조의 역성혁명에 의해 새로 건립된 왕국이므로 초창기에는 고려불교를 개혁하여 수용코자 하였으나 성균관 유생들의 반역으로 척불숭유정책이 고수되었다. 그러나 태조 이후 세종·세조의 불교정책과 서산·사명의 호국불교, 영조·정조의 효행불교의 영향으로 지금까지 아주 멸종되지 않고 살아왔다. 반대로 많은 스님들의 고행 정진으로 오히려 한글창제 등 고려불교를 능가할 정도로 뛰어난 정신문화를 창조하기도 하였다.

1. 태조(1392~1398)
2. 정종(1398~1400)
3. 태종(1400~1418)
4. 세종(1418~1450)
5. 문종(1450~1452)
6. 단종(1452~1455)
7. 세조(1455~1468)
8. 예종(1468~1469)
9. 성종(1469~1494)
10. 연산군(1494~1506)
11. 중종(1506~1544)
12. 인종(1544~1545)
13. 명종(1545~1567)
14. 선조(1567~1608)
15. 광해군(1608~1623)
16. 인조(1623~1649)
17. 효종(1649~1659)
18. 현종(1659~1674)
19. 숙종(1674~1720)
20. 경종(1720~1724)
21. 영조(1724~1776)
22. 정조(1776~1800)
23. 순조(1880~1834)
24. 헌종(1834~1849)
25. 철종(1849~1863)
26. 고종(1863~1907)
27. 순종(1907~1910)

보각국사 환암(普覺國師幻菴)

이태조 즉위 2년 봄 2월 회암사(會巖寺)에 행차하여 신천근에게 명하여 스님의 비명을 짓게 하였다.

대사의 휘는 흔수이고 자는 무작(無作)이며 호는 환암(幻菴)이다. 본래 성은 조씨(趙氏)이고 광주 풍양현(현 남양주) 사람이다. 아버지의 휘는 숙령(叔鴒)으로 헌부(憲部)의 산랑(散郎)이고, 어머니는 경(慶)씨로 본관은 청주다. 모두 사대부 집안이었다. 헌부에서 용주(龍州)로 부임하러 갔다가 연우 경신년(1325) 3월 13일에 부임지에서 스님을 낳았다.

하루는 사냥을 나갔다가 사슴 한 마리를 보았는데, 달아나다가 멈춰 서서 거듭 되돌아보는 것을 보고 화살을 쏘려고 하다가 이상한 생각이 들어 돌아보니 그 새끼가 어미를 따라가고 있었다. 이에 탄식하며 이르기를,
"짐승이 어미를 생각하는 것이 사람과 무엇이 다르겠는가?"
하고, 곧 사냥을 그만두었다.
몇 달이 되지 않아 병으로 외지(용주)에서 죽으니, 어머니가 상(喪)을 받들고 아이를 데리고 돌아왔다.

스님은 어렸을 때 병을 앓았다. 점쟁이에게 갔더니 말했다.
"이 아이는 출가하면 평생 병없이 큰스님이 될 것이다."
나이 겨우 12세에 어머니가 스님에게 말하였다.
"네가 갓 태어났을 때 너의 아버지가 너를 귀여워했기 때문에 사슴의 어미와 새끼를 보고 느낀 것이 있어 사냥을 그만두었다. 이것은 너의 자비와 어짊으로 생명을 보호하는 도리가 이미 강보에 있었던 시절부터 나타난 것이며, 또한 점

쟁이의 말도 그러했다."

계송(繼松) 대선사에게 보내져 머리를 깎고 내외의 전적을 배우고 익히게 하였는데, 총명하여 일취월장 명성을 날렸다. 마침내 그 스승 다음의 제2인자가 되었다.

지정 기원 신사년(1341)에 선시(禪試)에 나아가 상상과에 합격하니 유생과 석문(釋門)의 친구들과 사귀며 날로 친숙해졌다. 매번 신명이 환화(幻化)같다며 무상함을 탄식하여 초연히 명예의 굴레를 벗어 던지려는 생각이 있었는데, 홀연히 이웃사람이 갑자기 죽었다는 소식을 듣고 더욱 비감한 생각이 들어 입산할 뜻을 결심하였다. 어머니께 하직하고 떠나려고 할 때, 꿈에 태양이 스님의 얼굴을 비추는 것을 보았다.

꿈에서 깨어 크게 기뻐하며 곧바로 금강산으로 가니 때는 지정 8년 무자(1348) 가을, 스님의 나이 29세 때였다. 마음을 다잡고 잠도 자지 않으며, 잠시도 눕지 않고, 공부에 정진하였다.

2년이 지난 뒤에 어머니가 그리워하고 보고 싶은 것을 떨치지 못한다는 소식을 듣자마자 찾아와서 뵙고, 경산에 기거하면서 감히 멀리 가지 못하기를 무릇 5, 6년 하였다. 어머니가 돌아가시자 명필을 청하여 큰 글자로 법화경을 사경하여 명복을 빌었다.

선원사(禪源寺)에서 식영암(息影庵)스님을 알현하고 능엄경을 배워서 깊이 그 진수를 얻었다. 작고한 재상 조쌍중(趙雙重)이 휴휴암을 새로 짓고 스님을 초청하여 능엄경의 요지를 강연케 하니, 변설과 재지가 시원스레 드러나 사람들을 기쁘게 하였다. 여기에 3년 동안 머물고, 충주의 청룡사(靑龍寺)로 갔다.

청룡사 서쪽 기슭에서 계곡을 따라 올라가면 산봉우리가 사방을 둘러 있고 주변이 고요한 옛 집터가 있는데, 스님께서 몸소 흙과 돌을 운반하며 거리낌 없이 절을 지어 완성하였다. 연회암(宴晦庵)이라고 편액을 붙이니, 대개 그 자신의 심적(心迹)을 나타낸 것이다.

공민왕이 스님의 행적이 바른 것을 높이 여겨 회암사에 주석하기를 청하였으
나 나아가지 않고 금오산(金鰲山)에 들어갔다가 다시 오대산으로 들어가 신성
암(神聖菴)에 머물렀다. 이 때 나옹 혜근(懶翁慧勤)화상 또한 고운암에 머물고
있었으니 서로 자주 만나 도의 요지를 질의하였는데, 나옹이 나중에 금란가사
와 상아로 만든 불자, 산 모양의 석장을 스님에게 남겨 신물로 삼게 하였다.

신축년(1361) 가을에 강릉 안렴사에게 명하여 스님을 모셔다가 궁궐로 나아
가 강단의 자리를 주장하게 하니, 스님은 도중에 달아나 산수 간에 자취를 감
추고 명사들을 편력하며 지조를 지킴이 더욱 확고하였다.

기유년(1369)에 백성군(白城郡) 사람 김황(金璜)이 스님을 원찰 서운사(瑞雲
寺)로 초빙하였다. 스님은 나아가 승당을 창건하고 낭무를 보수하여 법회를 크
게 개최하니, 사방의 대중들이 소문을 듣고 찾아와 알현하는 자가 많았다.

홍무 3년 경술년(1370) 가을 7월에 공민왕이 공부선장(工夫選場)을 베푸니
선교의 산문납자들이 많이 모였다. 나옹스님에게 명하여 그들을 시험 치게 하
고 임금도 친히 와서 관람하였다. 나옹스님이 한마디 내어 묻자 여러 납자 가
운데 능히 대답하는 자가 하나도 없었다. 임금이 불쾌하여 자리를 파하려고 하
는데, 스님(환암)이 뒤에 이르러 위엄있게 예의를 갖추고 당문의 섬돌 아래에
섰다. 나옹스님이

"무엇이 당문구(當門句)인가?"
스님이 곧 섬돌에 올라가 대답하였다.
"오른쪽이나 왼쪽에 치우치지 않고 가운데 한복판에 서는 것입니다."
"입문구(入門句)는?"
스님이 문으로 들어가 말하였다.
"들어오니 도리어 들어오지 않았을 때와 같습니다."

"그럼 문내구(門內句)는?"

"안팎이 본래 공하거늘 중간이 어찌 있겠습니까?"

하니 나옹스님이 또 '삼관(三關)'으로써 물었다.

"산이 어찌 산의 가장자리에서 멈추는가?"

"높은 곳을 만나면 곧 낮아지고, 낮은 곳을 만나면 곧 멈추게 됩니다."

"물이 어디에 이르러 개천이 되는가?"

"대해(大海)가 숨어 흐르는 곳에서 개천이 됩니다."

"밥은 어찌 흰 쌀로 짓는가?"

"만일 모래를 찐다면 어떻게 좋은 음식이 되겠습니까?"

나옹스님이 곧 고개를 끄덕이자 임금이 유사에게 입격문(入格文)을 만들어 쓰게 하고 종문(宗門)에 머물게 하였다. 스님은 왕이 내원의 주지로 명하고자 함을 알고서 고하지 않고 성을 나와 위봉산에서 은둔하였다.

5년 임자년(1372)에는 왕명을 거역하지 못하여 불호사(佛護寺) 주지를 하였다. 다음 해에는 왕명으로 내불당에 불려 들어갔는데, 스님은 야밤을 틈타 몰래 나와 곧바로 평해의 서산으로 갔다. 칙령으로 여러 도에서 계속 찾으니, 바로 나와서 명에 응하였다.

갑인년(1374) 정월에 비로소 내원에 들어갔는데, 임금이 여러 차례 법요를 자문하였으며, 왕대비도 더욱 존경하게 되었다.

9월에 임금이 승하하자 강녕군이 즉위하여 '광통무애원묘대지보제(廣通無碍圓妙大智普濟)'라는 존호를 하사하였다.

을묘년(1375) 가을에 송광사로 이주하였으며, 병진년(1376) 3월에 임금에게 편지를 올려 내원에서 사임하고 서운사로 돌아갔다.

무오년(1378)에 치악산에서 연회암으로 돌아왔다. 홀연히 하루는 어떤 손님이 문에 이르자, 스님은 곧 방으로 들어가 병을 핑계로 나가지 않았는데, 손님은 과연 중사(中使)였다. 스님에게 광암사(光巖寺) 주지를 맡아 달라고 청하였는데, 스님은 병을 핑계 삼아 사양하였으나 허락을 받지 못해 끝내 나왔다. 겨우 3년 동안 주지로 있다가 물러날 것을 청하였으니 회보가 없자 즉시 도망쳐 완주의 백운암으로 갔다. 그 후부터 용문·청평·치악 등 여러 산을 다니면서 다시는 주지를 맡지 않겠다고 맹세하였다.

계해년(1383) 2월에 조정에서 옛 제도를 따라 석문의 명덕(名德)을 선택하여 스승으로 삼고자 의논하였는데, 그 때 모두 스님을 주목하였다. 스님은 이 말을 듣고 은둔하여 피하고자 하였는데, 문인인 감로사 장로 경관(慶觀)이 말했다.
"이것은 스스로 편하려고 하는 계책일 뿐입니다. 바야흐로 지금 임금이 우리 법을 존숭하여 이 일을 거행하고자 하는 것이니 그 뜻이 대단히 훌륭합니다. 원하옵건대 스님이 법을 위하여 다소나마 안정하여 함부로 움직이지 않도록 하소서."

그래서 스님이 과연 행하지 못하였다. 여름 4월 초하루 갑술일에 왕이 상신(相臣) 우인열(禹仁烈) 등에게 어서(御書)·인장·법복·예물과 폐백을 받들어 보내 스님이 기거하고 있는 연회암에 나아가 국사로 책봉하고 '대조계종사(大曹溪宗師) 선교도총섭(禪敎都摠攝) 오불심종(悟佛心宗) 홍자운비복국이생(興慈運悲福國利生) 묘화무궁도대선사(妙化無窮都大禪師) 정변지웅존자(正遍智雄尊者)'의 존호를 올리게 하고, 다시 10월 11일 이태조 탄신일에는 왕의 부름을 받고 온 스님에게 왕사의 칭호를 부가하고 법복과 의식기(儀式器)를 내리고, 충주의 개천사(開天寺)를 하산소(下山所)로 삼게 하였다.

그 해 가을에 서운산으로 가니 왕은 또 정랑 박원소(朴元素)에게 안마(鞍馬 ; 안장을 갖춘 말)를 보내 모셔 오게 하였다.
이듬해 갑자년(1384)에 해적이 깊이 들어와 충주 인근을 침범하므로 조정에서는 걱정하여
"개천사 주위가 해적의 소굴이 될 터인데 선사께서 거기에 머무니 어찌 편안할 수 있겠습니까?"
하며 왕에게 아뢰어 사람을 보내 광암사로 맞이해 왔다. 광암에사 와서 임금님께 글을 올렸다.

"노승이 개천사를 사양하지 못하고, 또 광암사에 머물게 되었습니다. 절 하나를 맡는 것도 노승의 본뜻에는 어긋나는데 둘을 겸할 수 있겠습니까. 전하께서 만약 노승으로 하여금 선군(先君)의 명복을 비는데 전심을 다하게 하시려면 개천사는 다른 사람에게 맡기소서."

왕이 보고 말했다.

"개천사는 선사께서 끝까지 머물러 있어 그 음덕을 입은 곳이오, 광암사는 내가 청하여 법을 펴게 한 곳이니, 둘 다 겸한들 무엇이 해로우랴."

스님께서는 사양하지 못하였다.

을축년(1385) 가을에 50일 동안 백산개도량(白傘蓋道場)을 개설하여 온갖 재변을 물리치게 하였다. 명망 높은 유생들과 학식 있는 승려들이 많이 와서 청강하였고, 마지막에는 임금까지 행차하여 예를 베풀었다.

병인년(1386)에는 대비 안씨(安氏)가 공민왕을 좋은 곳으로 천도하기 위하여 보국사(輔國寺)에서 불정회(佛頂會)를 베풀고 선사를 초청하였다. 왕은 또 수창궁(壽昌宮)에 초대하여 소재법석을 주관하게 하였는데, 돌아갈 때에는 대언(代言) 이직(李稷)을 함께 딸려 보내 존경을 표하였다.

무진년(1388) 여름에 왕이 외지에서 양위하고 어린 임금(창왕)이 그 뒤를 계승하자 선사께서 개천사로 돌아갈 것을 청하였다.

지금 주상께서 잠저에 계실 때부터 스님과 함께 대장경의 완성을 염원하였는데, 신미년(1391) 가을에 장정(粧幀)과 교정이 끝났으므로 서운사에 두고 크게 경찬법회를 개설하였다. 공양군(恭讓君)은 내신에게 명하여 향을 내리고 스님을 맞아 증사로 삼았다.

임신년(1392) 가을 7월에 우리 주상께서 혁명하여 왕업을 열자 스님께서는 즉시 표문을 올려 축하하였다. 얼마 뒤에 노병(老病) 때문에 (맡고 있는) 직위와 절에서 물러나겠다고 청하여 전문(牋文)과 함께 인장을 보낸 다음 마침내 청룡사로 행장을 옮겼다.

시자 담원(湛圓)이 서신과 인장을 받들고 대궐에 나가니, 왕의 뜻이 전과 같이 스승으로 섬기고자 하여 그 인장을 되돌려 보냈다. 담원이 와 아뢰니, 스님은 이맛살을 찌푸리면서,

"내 늙고 병들어 오래 지탱할 수 없거늘, 명철한 주상께선 어찌하여 나의 소원을 막으실까?"

라고 하였는데, 얼마 안 되어 이질에 걸려 10여일 동안 낫지 않았다. 비록 용변이 잦았으나 남에게 부축을 받지 않았으며, 피곤하여도 편히 눕지 않고 언제나 꼿꼿이 앉아 있었다.

9월 18일 병신일에 이르러 유서를 쓰게 하면서 문인에게 일렀다.

"내가 갈 때가 오늘 저녁이다. 고을이 관원을 불러 도장을 봉해야겠다."

하고, 저녁때가 되자 앉아서 말하였다.

"지금 죽을 때가 되었다. 나는 운명하겠노라."

하고, 곧 게(偈)를 읊고 묵묵히 시적하였다. 8일 동안 상(床)에 앉았으되 얼굴이 평시와 같았다.

25일 계묘일에 문인들이 연회암 북쪽 산기슭에 나무를 쌓고 다비하였는데, 전날 밤에 비가 오기 시작하여 아침까지 그치지 않았다. 불을 붙일 무렵에 구름이 걷히고 하늘이 맑게 개므로 신명(神明)의 도움이 있는 듯하였다. 다음날 새벽에 뼈를 모으니 그 빛이 눈같이 희었는데, 정골(頂骨)이 더욱 두텁고 정결하였다.

문인 소안(紹安)이 유서를 받들어 알리니 왕이 애도하는 심정에서 유사에게 명하여 시호는 '보각(普覺)' 탑은 '정혜원융(定慧圓融)'이라는 칭호를 하사하고, 내신을 보내 그의 유골을 수장하는 일을 감독하게 하는 한편, 공인들에게 명하여 부도를 만들게 하였다.

그 해 연말 12월 갑신일에 청룡사 북쪽 봉우리에 하관하였다. 춘추가 73세에 하랍(夏臘 ; 승랍)이 60년이었다.

묘엄존자탑비에는 태조가 왕도를 정하기 위해 계룡산에 행차하였을 때 왕사 무학과 함께 따라 갔다가 한양 터를 잡았다고 하였다.

스님께서는 맑고 수려한 얼굴에 착하고 온화한 기상으로 예절이 바르고 말씨가 간절하므로 사람들이 모두 경애하고 공경하였다. 계율을 지님에 굳건하였고, 도를 지킴에 조심하였다. 지위가 높아질수록 마음은 더욱 겸허하였고, 연세가 높아질수록 행동은 더욱 굳세었다. 선교의 모든 경전을 연구하지 않은 것이 없는데, 거의 스승에게 배우지 않고 스스로 통달한 것이었다. 남을 가르침에 게으르지 않고 강의 풀이 또한 자상하고 밝아 이르는 곳마다 제자가 많았고, 그 문하에 들어간 자는 석덕들이 많았다.

글 쓰는 것을 좋아하지 않았으나 붓만 들면 그 말이 정교하고 세밀하였으며, 간독(簡牘 ; 편지)에 더욱 능하여 식자들이 모두 칭송하였다.

신 권근이 조용히 생각해보니, 불씨의 도는 선(禪)보다 더 높은 것이 없으나 그 말이 기괴하여 모르는 것이 많으니, '마삼근(麻三斤 ; 삼베옷 세 근)' '간시궐(乾屎橛 ; 마른 똥막대기)' 같은 유래는 더욱 깜짝 놀랄 만큼 해괴하였다. 그 전래함이 멀어져서 말이 더욱 허탄하게 되었다. 오직 조계(曹溪)의 대감(大鑑 ; 六祖 慧能의 시호) 선사가 말한 심평(心平)·행직(行直) 등이 도리에 맞고 평이하며 도가 더욱 높았으므로 모든 조사 중에 가장 숭고하여 요즈음 선을 배우는 자들이 모두 그를 종조로 삼고 있다. 지금 선사께서 선장(禪場)에서 대답한 말을 보니 사리가 뚜렷하고 분명하며 절실하며, 또한 평소 학자들을 훈도하는데 반드시 진상(眞常)으로 대하여 배우는 자로 하여금 알아듣기 쉽도록 하였다. 그 교법이 대감과 같은 분이라 해괴하고 허황함을 말하는 다른 이들과는 비교할 수 없다. 도의 근본이 평탄하고 진실하며 선사의 조예가 심원한 것을 알 수 있다. 명(銘)한다.

마음을 다잡고 힘을 기울이되,
기대거나 눕지 않았으며
좌우 한쪽에 떨어지지 않고

중도(中道)의 길을 지켰네.

이색이 찬하였다.

『내가 아직 나이 스무 살이 되기 전에 산중에 놀기를 좋아하였다. 그리고 스님과 허물없이 지냈다. 그들이 사여게(四如偈)를 외는 것을 들었는데 비록 모두 이해하지 못하더라도 요컨대 그 귀결점은 무위(無爲)였다. 꿈은 깨면 그만이고, 환영(幻影)은 술법의 효력이 사라지면 허망해지고, 거품은 물로 돌아가며, 그림자는 그늘에서 사라진다. 이슬이 마르고 번개가 꺼지는 것도 다 실제로 있는 것이 아니다. 실제로 있는 것은 아니지만 없다고 말할 수 없고, 실제로 없는 것도 아니지만 있다고 말할 수도 없는 것이다. 석가의 가르침이 대체로 이러하다.

좀 자라서 선비(縫掖 ; 도포) 열여덟 사람과 계(契)를 맺어 좋게 지내는 사이가 되었다. 지금 천태종의 원공(圓公)과 조계종의 수공(修公 ; 混修)도 함께 참여하였는데, 나와 그들 사이에 얼마나 깊이 의기가 투합되고 얼마나 많이 기대를 걸고 있었는지 다시 더 말할 필요가 없다. 내가 연경(燕京)의 국자감으로 유학 갔을 때 수공은 산으로 들어갔는데, 이제 30년이 되었다. 그동안 간혹 서로 만나는 일이 있어도 두 밤 정도만 자고 나면 곧장 헤어지곤 했는데 그 전일을 회상하며 질탕하게 술을 마시고 시를 읊는 풍류를 어찌 다시 얻을 수 있겠는가. 참으로 꿈같고 참으로 허깨비 같구나.

현릉이 공의 풍채를 흠모하여 두 번이나 큰 절의 주지가 되어 달라고 청하였으나 공은 모두 거절하였고, 비록 간청에 못이겨 내원에 들어갔다 하더라도 오래지 않아 버리고 가니, 대체로 세상을 환(幻)으로 본 지가 오래되었기 때문이다. 일찍이 한 번은 고승 10인의 법석을 주관한 적이 있었는데, 일 년을 마치지 못하고 현릉이 세상을 떠나자 공은 환의 맛을 더욱 절실하게 느꼈다. 청룡혜선사(靑龍惠禪師)가 서울에 오자 공이 글을 보내 나에게 기(記 ; 환암기)를 써주기를 요구했는데, 다음과 같다.

"몸의 환(幻)은 사대가 바로 그것이요, 마음의 환은 연영(緣影)이 바로 그것이며, 세계의 환은 공화(空華 ; 번뇌)가 그것이다. 그러나 이미 환이라고 하면 이것은 볼 수 있는 것이므로 이것을 닦을 수 있다. 볼 수 있는 것을 보고 닦을 수 있는 것을 닦는 이것은 달을 가리키는 손가락을 보는 것과 같다. 이것은 내가 평소 발을 딛고 서 있는 바탕이니 어찌 단멸(斷滅)의 경계에 빠져드는 것이라 하겠는가.

또 이른바 삼관(三觀)이란 것이 있어서 단복(單複)을 통해 청정정륜(淸淨淨輪)을 이룰 수가 있는데, 허깨비를 일으켜 세우기도 하고, 그 남은 티끌을 녹여 없애기도 하는 묘한 방법이 그 속을 꿰뚫고 있는 것을 보면, 환이라는 것이 뒤에 배우는 사람들에게 도움을 주는 것이 결코 적지 않으리라 생각한다. 이것이 바로 내가 거처하는 방에 환암이라고 표시하여 내 방에 들어오는 자로 하여금 모두 스스로 깨달음을 얻게 하고자 함이다. 그렇지 않다면 고요하고 쓸쓸한 암자에서 한가히 있는 처지에 하필이면 그런 이름을 내걸고, 가문을 지어서 중언부언할 필요가 뭐가 있겠는가?"

내 본래부터 공을 안 지 오래이고, 또 공부선을 치를 때 오직 공만이 입을 열어 정확하게 묻는 뜻에 대답하는 것을 보고는 공의 명성이 헛되이 얻어진 것이 아니며, 다른 사람들보다 뛰어나다는 것을 다시 한 번 확인할 수 있었다. 지금 암자에 붙인 이름의 뜻을 보니 자신을 드러내기 위한 것이 아니다. 앞으로 그 문하에 와서 공부하는 사람으로 하여금 무엇인가 의거하여 힘쓸 여지를 만들어 주려는 뜻이 있으므로 옹졸한 글이지만 사양하지 못하였다.
또 노래를 지어 부쳤다.

텅 빈 하늘에 흰 구름 일어 떠다니고
잠잠한 바다에 바람이 물결을 일으키네.
올 때는 어디에서 왔으며,
갈 때는 어디에 가는가.
암자 가운데 높이 누운 한가로운 도인이여,
밤엔 달이 등불이요, 낮엔 솔이 일산(日傘)일세.

다시 한 번 고하여 말한다.

"훗날에 내 기문을 읽는 사람들은 마땅히 환인의 심식을 배워야 할 것이다. 그런 뒤에야 수공의 사람됨을 알 수 있을 것이오, 또 내가 이렇게 기문을 지은 뜻을 알 것이다. 청컨대 보는 눈을 높이 들어 바라보기를 바란다."

무오년(1378) 여름 5월 26일에 쓰다.

서천국 백팔대조사 제납박타존자 지공대화상
(西天國 百八代祖師 提納縛陀尊者 指空大和尙)

가섭의 108대 법손인 제납박타존자는 중국말로 선현(禪賢)이니, 호는 지공 (指空)이다. 난수(難水) 가에서 천자를 알현하고 불법을 논하니 천자의 뜻에 맞 았다. 유사에게 명하여 해마다 옷과 양식을 주도록 하였다. 스님이 말했다.

"내가 이것을 원한 것이 아니다."

하고 그 곳을 떠나 동쪽으로 고구려에 가서 금강산 법기도량(法起道場)을 예 배하였다.

천자가 연경에 돌아오도록 재촉하였다. 천력(天曆) 초(1328)에 조서를 내려 총애를 받는 여러 승려들과 함께 내정에 와서 법을 강설하도록 하였는데, 천자 가 친히 와서 들었다. 여러 스님들이 (천자의) 은총을 믿고서 거세게 대항하여 기세를 올리며, 자기들이 총애를 뺏길까 두려워 가로막고 법문을 행하지 못하 게 하였다. 얼마 안 되어 스님들이 목 베이거나 쫓겨나므로서 스님의 명성이 중외에 크게 떨쳤다.

지정(至正) 연간에 황후와 황태자가 연화각(延華閣)에 스님을 맞아들여 법을 물으니 스님이 말했다.

"불법은 스스로 배우는 자가 따로 있으니 전하께서는 천하를 다스리는 데에 만 전심하시면 매우 다행이겠습니다. 만복을 누리소서. 만 가지 가운데 하나라 도 빠진다면 천하의 주인이 될 수 없습니다."

구슬과 옥을 주었지만 사양하고 받지 않았다.

천력(天曆) 이후에 먹지 않고 말하지 않은 것이 10여 년이었다. 일단 말을 하면 때때로 스스로

"나는 천하의 주인"

이라고 말하고, 또 황후와 비첩들을 물리치면서 말하였다.

"모두 다 나의 시녀이다."

하기도 했는데, 듣는 사람들이 그것을 이상하게 여겼으나 감히 그 까닭을 물어보지 못하였다. 한참이 지난 뒤에 천자에게도 (이 일이) 알려지게 되었다. 천자께서 말씀하였다.

"그가 법(法) 중의 왕이니 마땅히 이와 같이 자부할 만하다. 어찌 우리 집안일과 무슨 관계가 있겠는가?"

중원에 병란이 일어나려고 할 때, 선사께서는 많은 사람이 모여 앉은 자리에서 대중들에게 말씀하였다.

"그대들은 나에게 군사와 병마가 얼마나 많은지 아는가? 어느 곳에 몇 만 명을 주둔시켜 놓았다."

선사께서 거주하시는 절에 살고 있는 이들은 모두 고려의 승려들이었다. 어느 날 갑자기 말씀하였다.

"너희들은 어찌하여 반란을 일으키려 하느냐?"

하니, 북을 울리고 정벌하려다가 그만두었다.

며칠 후, 요양성(遼陽省)에서 급히 달려와 고려의 병사들이 국경을 침범하였다고 전하였다. 서울이라는 곳은 많은 사람들이 모이는 지역이다. 늘 그 사람들에게 말씀하였다.

"빨리 이 곳을 떠나라."

얼마 후 천자께서 북방으로 피신하러 가셨을 때, 중원의 병사들이 성에 들어와 나라를 세우고는 북평(北平)이라 하였으니, 선사께서 하신 말씀이 어찌 우연이라고 할 수 있겠는가?

나의 증조부의 휘(諱)는 사자협(獅子脇)이며 조부의 휘는 곡반(斛飯)이니 두 분다 가비라국 왕이셨다. 내 아버님의 휘는 만(滿)으로 마갈제국의 왕이셨고, 나의어머님은 향지국의 공주이셨으며, 나의 두 형은 실리가라파(悉利迦羅婆)와 실리

마니(悉利摩尼)이니, 부모님께서 동방의 대위덕신에게 기도하여 나를 낳으셨다.

나는 어릴 때에도 성품이 청정한 것을 좋아하여 술을 마시거나 마늘처럼 냄새나는 것은 먹지 않았으며, 다섯 살이 되어 스승께 나아가 나라(인도)의 글과 외국의 학문을 배웠으나, 대강 그 대의를 통달하고는 (그것을) 버렸다.

아버님께서 병이 나셨는데 의술이 아무런 효력이 없었다. 점치는 사람이 말하였다.

"적자가 출가해야 왕의 병이 나을 것입니다."

아버님께서 세 아들의 의향을 물었는데 내가 곧 응낙하였다. 아버님께서 크게 기뻐하시면서 나의 어릴 때 이름을 부르시며,

"누달라치파(婁怛囉哆婆)야! 네가 그렇게 해줄 수 있겠느냐?"

하셨다. 어머님은 내가 막내이기 때문에 처음에는 몹시 난처해 하셨으나, 사랑하는 마음을 끊어 버리고 (불가에) 희사하기를 발원하시니, 아버님의 병이 즉시 나으셨다.

여덟 살에 삼의(三衣)를 갖추어 나란타사의 강사 율현(律賢)의 처소로 보내졌다. 삭발하고 염의를 입고 계를 받았다. 대반야를 배우고 나자 깨달은 바가 있었다. 제불·중생·허공의 세 경계를 물으니 스승께서 말씀하셨다.

"있는 것도 아니고 없는 것도 아닌 것이 참된 반야다. 가히 남인도 능가국(楞伽國; 錫蘭島)에 있는 길상산 보명으로 가서 깊은 이치를 연구할 만하니라."

그 때에 내 나이 19세였다.

이에 분발하여 혼자 길을 떠나 정음암(頂音庵)에 계신 나의 스승께 예배하니 스승께서 물었다.

"중천축에서 여기까지 몇 걸음에 왔느냐?"

내가 대답하지 못하고 동굴로 들어가 6개월이 지나서야 비로소 깨닫고 일어나고자 하였으나 두 다리가 서로 붙어 떨어지지 않았다. 그 나라의 왕이 의원을 불러 약을 쓰자 즉시 쾌유되었다. 나의 스승께 말씀드렸다.

"두 다리가 한 걸음입니다."

나의 스승께서는 의발을 부촉하시고 정수리를 만지며 수기하셨다.

"산 아래로 한 걸음만 내딛으면 사자 새끼가 되겠구나! 나의 문하에서 법을 얻고 하산한 자가 243인이나 되지만 모두 중생과는 인연이 적었다. 그대가 나와 나의 교화를 넓힐 수 있게 되었으니 가서 힘쓸지니라."

하시고, 법호를 소나적사야(蘇那的沙野)라고 하셨으니, 중국말로 지공이다. 이에 나는 게를 지어 스승의 은혜에 사례하고 대중에게 말하였다.

"(앞으로) 나아가면 허공이 넓어지고 (뒤로) 물러나면 만법이 다 잠긴다. 악!"

내가 처음 나의 스승을 찾아다닐 때의 일이다. 나라허국(囉囉許國)을 지나갈 때에 법화경을 강하는 자가 있었는데, 내가 게송을 설하여 그 의심을 풀어 주었다. 단치국(旦哆國)에서는 남녀가 벌거벗은 채 섞여서 살기에 내가 대도(大道)를 보여 가르쳐 주었다. 향지국(香至國)의 왕은 내가 왔다는 소리를 듣고 기뻐하며 말하였다.

"내 조카로구나!"

하며 붙잡고 머물기를 원하였으나 사양하였다. 화엄경을 설하는 강사가 20종 보리심(菩提心)에 대해 장광설을 늘어놓고 있었으므로 내가 '하나가 곧 많은 것이오, 많은 것이 곧 하나(一卽多 多卽一)'인 이치를 깨우쳐 주었다.

가릉가국 해안에 있는 귀봉산에는 범지(梵志)가 살고 있었다. 그가 말했다.

"만 길이나 되는 절벽에 몸을 던져 죽으면 마땅히 인간과 천상의 왕의 몸을 얻을 것이다."

"수행은 마음에 달렸는데 어찌 몸이 관여하는가?"

하고, 6도 10지 등의 법을 닦게 하였다.

마리지사에서 하안거 결제를 마치고 능가국에 이르렀다. 이미 나의 스승에게 하직인사를 드리고 하산한 것이었다. 무봉탑의 주지인 노승이 길에 나와 맞이하였는데, 내가 득도하였다는 것을 알고 나에게 법을 설해 주기를 청하기에 나는 탑에 대한 게송을 지어 주고 떠났다.

우지국(于地國)의 왕은 외도를 믿고 있었으므로 나에게 불살생·불투도·불사음의 계가 있는 것을 알고 (일부러) 기생을 불러 함께 목욕하게 하였다. 내가 마치 죽은 사람처럼 태연히 있으니 왕이 감탄하여 말했다.

"이 사람은 틀림없이 비범한 사람일 것이다."

그 곳의 외도는 나무와 돌로 수미산을 만들었는데, 사람이 머리와 가슴과 허벅지에 각각 하나씩 산을 조용히 세우고 술과 안주로 그 산에 제사 지내며 남녀가 그 앞에서 교합을 하였는데, 이것을 음양공양(陰陽供養)이라고 하였다. 내가 인간세계와 하늘 세계의 미혹과 깨달음의 이치를 들어서 그 잘못된 종교를 타파하였다.

국왕을 도와 다스리면서 불교를 믿게 하였다. 왕이 부처님을 믿기에 내가 게송으로써 아뢰니, 왕도 게송으로써 답하였다. 내가 다시 게송을 읊었더니 왕이 진귀한 염주 여러 개를 시주하였다. 이 때 모임 가운데 있던 어떤 비구니가 대중 속에 나와 물었다.

"거기 계신 스승과 여기에 있는 제자 사이에 있는 사람은 누구입니까?"

내가 할(喝)을 한 번 하였더니 비구니가 크게 깨닫고 게송을 읊었다.

"바늘귀 가운데로 코끼리 왕(부처)이 지나가신다."

사자국에는 여래의 발우와 부처님의 발자국이 있었다. 발우 하나로 밥을 먹이면 만 명의 승려를 배불리 먹일 수 있고, 부처님의 발자국에서는 때때로 광명을 발산한다고 하기에 나는 모두 친견하고 우러러 예경하였다.

마리야라국(麼哩耶羅國)에서는 범지를 신봉하기에 나는 들어가지 않았다.

치라박국(哆囉縛國)에서는 정법과 사법을 함께 믿고 있었기에 내가 법상에 앉아 설법을 하였더니 한 비구니가 묵묵히 계합하였다.

가라나국(迦羅那國)도 외도를 믿었으나 그 왕은 나를 보고 매우 기뻐하기에, 내가 대장엄공덕보왕경의 마혜수라왕인지품(摩醯首羅王因地品)을 보이며 가르치니 왕이 말했다.

"(우리가 알고 있는) 법 외에도 다시 정법이 있었구나!"

외도들이 나를 해치려 하였으므로 나는 즉시 성을 빠져나왔다. 날이 이미 어두워지고 호랑이가 다가오고 있었다. 시자가 (위험을 알리는) 까마귀 울음소리로 알고 나무에 올라가 피하였다. 내가 말했다.

"네가 금수(禽獸)의 말은 알아들으면서 나의 설법은 못 알아들었느냐?"

시자가 대답이 없기에 아프도록 몽둥이로 30대를 때렸더니 그 자리에서 깨달았다.

신두국(神頭國)에는 사막이 한없이 펼쳐져 있어 어디로 가야할지 갈피를 잡을 수 없었다. (마침) 나무가 있었는데, 그 열매가 복숭아와 같았다. 배가 매우 고팠으므로 두 개를 따서 먹었는데, 미쳐 다 먹기도 전에 허공신이 나타나 공거천의 넓은 궁전으로 잡아갔다. 이 때 한 노인이 똑바로 앉아서 말했다.

"도적놈이 어찌하여 절을 하지 않느냐?"

"나는 불교인인데, 어찌 당신께 절을 하겠습니까?"

하니 노인이 꾸짖었다.

"불도라고 자칭하면서 어찌하여 과일을 훔칠 수가 있느냐?"

"굶주림에 허덕이다 보니 어쩔 수 없었습니다."

"주지 않는 것을 취하는 것은 도적이다. (그러나) 이제 너를 놓아줄테니 앞으로는 계를 잘 지키도록 하여라."

하고는 두 눈을 감게 하였는데, 잠깐 사이에 피안에 와 있었다. 쓰러진 나무 위에서 차를 끓였는데 그 나무는 바로 커다란 구렁이였다.

적리라아국(的哩囉兒國)의 여인이 교합하기를 요구하였다. 매우 굶주렸기 때문에 먹을 것을 구하기 위하여 장차 허락할 듯이 하면서 좋은 말이 어느 것인지 물었더니 사실대로 알려주었다. 나는 곧 그 말을 타고 도주하였는데 과연 나는 것처럼 달려서 다른 나라 국경에 바로 도착하였다.

이 때 갑자기 한 사람이 나를 포박하여 가더니 그의 양들을 기르게 하였다. 때마침 큰 눈을 만나 동굴에 들어가 입정하였는데 7일째 되는 밤에 백색의 광채가 동굴 밖으로 뻗어나갔다. 그러자 그 사람이 눈을 치우고 동굴 속으로 들어와서 내가 가부좌하고 있는 모습을 보고 크게 기뻐하며 의복과 보물을 보시하였으나 받지 않았다. 남녀가 모두 발심하여 나에게 바른 길을 알려 주었다.

한참동안을 갔으나 사람은 보지 못하다가 갑자기 길에서 (사람을) 만나니 마음이 매우 기뻤다. 그러나 그 사람은 나를 붙잡아 왕 앞에 데리고 가서 무릎을 꿇게 하고 말했다.

"날씨가 가문 것은 이놈 때문입니다. 이놈을 죽이시기를 청하옵니다."

왕이 말했다.

"아직은 놓아주어라. 사흘이 지나도 비가 오지 않으면 그 때에 가서 죽인들 어찌 늦겠느냐?"

내가 향을 사르고 한 번 기도하였더니 큰비가 3일 동안이나 내렸다.

차릉타국(嵯楞陀國)에서는 어떤 미친 스님이 사람이 오는 것을 보면 우두(牛頭 ; 소머리 형태의 조각상)를 땅에 세 줄로 늘어놓았다가 부들방석으로 그 위를 덮고는 묵묵히 앉아 있었다. 내가 그 모습을 한 번 보자마자 불을 지르니 그 스님이 말했다.

"산하대지가 한 조각을 이루었구나!"

아뇩지의 승려 도암(道巖)이 그 옆에 살고 있었는데, 풀로 작은 암자를 짓고 살고 있었다. 사람이 오면 그 곳을 불태우며 외치기를,

"불을 꺼라! 불을 꺼라!"

라고 하였다. 내가 갔을 때에도

"불을 꺼라!"

외치기에 내가 정병(淨瓶)을 발로 걷어차서 쓰러뜨리니 도암이 말했다.

"참으로 애석합니다. 어찌 이리도 늦게 오셨습니까?"

말라사국(末羅娑國)에서는 부처님을 매우 근실하게 모시면서도 외도와 정법이 뒤섞여 있었다. 내가 설법하여 올바르지 않은 논리를 깨뜨려 버렸더니 외도가 정법으로 귀의하였다.

성의 동쪽에 있는 보화상(寶和尙)은 그가 살고 있는 곳의 사방을 개간하여 밭을 일구었다. 그리고 채소 종자 한 그릇을 놓아둔 채 사람이 오더라도 밭만 손질할 뿐 말 한마디 없었다. 내가 채소 종자를 가지고 따라다니면서 씨를 뿌리니 화상이 외쳤다.

"채소가 싹이 나는구나! 싹이 나는구나!"

또 그 성안에 비단을 짜는 사람이 있었는데, 사람이 가도 아무 말도 하지 않고 비단 짜기를 그만두지 않았다. 내가 칼로 그 비단을 잘라 버렸더니 그제야 그 사람이 말했다.

"여러 해 동안 짜던 일을 이제야 마치는구나."

아뇩달국의 스님 성일(省一)은 그릇 굽는 가마 속에 살면서 사람이 오는 것을 보면 검댕을 얼굴에 바르고 나와 춤을 추고는 다시 들어갔다. 내가 계송으로 꾸짖어 주었다.

조사국(早沙國)의 승려 납달(納達)은 여러 해 동안 길옆에서 살았다. 오는 사람을 보면

"잘 오셨소."

하고, 가는 사람을 보면,

"잘 가시오."

하였다. 내가 곧장 몽둥이로 세 번 내려치자, 그가 나에게 한 번 주먹질로 되돌려 주었다.

적리후적국(的哩喉的國)에는 바라문(婆羅門)의 법이 성행하였다. 나는 그냥 내버려 두고 지나갔다.

정거리국(挺佉哩國)에서는 참된 법과 거짓된 법이 함께 성행하였는데, 그 곳에서 도적을 만나 벌거숭이가 되었다.

예가라국(禰伽羅國)에서는 왕이 나를 대궐 안으로 맞이하여 설법을 청하였

다. 보봉(寶峯)이란 자가 경을 설하기에 나는 그와 함께 설법하였다.

그 곳에서 동쪽으로 수일 동안을 가니 높은 산이 나타났는데 철산이라 하였다. 흙과 돌, 풀과 나무도 없었으며, 햇빛이 비추면 아침볕은 그 기세가 마치 불 같아서 화염산이라고도 하였다.

7, 8일 동안을 걸어서야 가히 산 정상에 도달할 수 있었다. 국토의 열일곱 여덟 곳이나 하늘을 가로질러 닿아 있으며, 그 북쪽은 몇 천만 리나 되는지 알 수 없었다.

그 동쪽으로 강물이 흘러내리고 양쪽 기슭이 높이 솟아 있어 다리를 놓아 건넜다. 얼음과 눈이 녹지 않아 설산이라고 불렀다.

외로운 몸에 굶주림까지 극도에 달하였으나 들풀을 먹으며 서번(西蕃)의 경계에 도달하였다. 내가 중국에서 교화를 펼 때 북인도의 마하반특달(摩訶班特達)을 서번에서 만나 같이 연경에 이르렀다. 그 곳에서 머무른 지 오래지 않아 서쪽으로 안서왕(安西王)의 부중에 가서 왕의 스승인 가제(可提)와 상견례를 하였다. 가제가 머물러 법을 배우기를 청하였으나, 내 뜻은 두루 다니는 데에 있었으므로 그에 말하였다.

"나의 도는 자비를 근본으로 삼으나 그대의 학문은 이와 어긋나니 어찌하여 그런가?"

가제가 말했다.

"중생은 태초부터 지은 악업이 셀 수 없으나, 나는 진언(眞言) 한 구절로 중생을 제도하여 생사를 초월하여 하늘의 복락을 받게 하려는 것이다."

"네 말이 망녕되다. 사람을 죽이면 다른 사람이 또 그를 죽이는 것이다. 이처럼 생사를 윤회하면서 서로 원수를 갚는 것이 바로 고통의 근본이다."

"그것은 외도이다."

"자비란 참된 불자의 도리인 것이다. 이것에 반한다면 진실로 외도인 것이다."

왕이 헌납하는 것이 있었으나 받지 아니하고 물러갔다.

서번 마야제성(摩耶提城)에서는 그 곳 사람들을 교화할 수 있었으나 주술사가 나를 질투하여 찻물에 독을 타서 마시라고 하였다. 그 때 마침 사신이 왕도에서 와서 나에게 함께 돌아가기를 청하였다. 반특달(班特達)을 스승으로 삼아 서로 교화를 펼치고자 하였는데, 뜻이 맞지 않아서 또 가단(伽單)으로 떠났다.

그런데 그 곳의 주사(呪師)가 나를 죽이려고 하므로 또 하성으로 떠났다. 하성(蝦城)의 성주가 나를 보고 크게 기뻐하니 외도가 나를 시기하여 나의 이 한 개를 부러뜨렸다. 장차 떠나가려고 하는데 그가 길에서 기다리다가 기어코 죽이려고 하므로 성주가 나를 촉(蜀)까지 호송하여 주었다. 촉에 이르러서 보현서강(普賢巨像)에 예배하고 3년간 좌선하였다.

대독하(大毒河)에서는 도적을 만나 발가벗고 달아났다.

나라사(羅羅斯) 땅의 경계에서 한 승려가 승복 한 벌을 주었으며, 어떤 여인이 작은 옷 한 가지를 주었다. 그리고 단가(檀家)의 공양을 받았는데, 그 집에서 같이 공양을 받는 승려가 방생한 거위를 붙잡아서 삶아 먹으려고 하므로 내가 그 아낙네를 때렸다. 아낙네가 우는 것을 보고 승려가 성을 내어 쫓겨났다. 내가 들으니 그 곳의 관원이 나의 상(像)을 빚어 놓고 수재나 한재, 전염병이 있을 때에 기도하기만 하면 반드시 영험이 있을 것이라고 하였다.

금사하(金沙河)의 관리(關吏)가 내가 부인의 옷을 입고 머리카락이 긴 모양을 보고 괴이하게 여겨 어디에서 오느냐고 물었다. 나는 말이 통하지 않아 인도 글자를 써 보였으나 또 알지 못하였다. 그 곳에 억류되었는데, 저녁나절에 돌 틈에 구부리고 누웠더니 잠깐 사이에 나도 모르게 저쪽 강 언덕으로 건너갔으므로, 나루터에 있던 사람들이 나를 기이하게 여겨 예배하였다.

운남성의 서쪽에 절이 있었다. 정문의 문루에 올라가서 입정하니 거기에 사는 스님들이 성안에 들어오기를 청했다. 조변사(祖變寺)로 가서 오동나무 아래에 앉았다. 이날 밤에 비가 왔으나 날이 밝은 다음에 보니 옷이 젖지 아니하였다. 성(省)에 가서 날이 개기를 빌었더니 당장에 감응하였다.

용천사에서 하안거를 하면서 범자로 반야경을 배껴 썼는데 여러 사람이 모여

들어 물이 모자랐으므로 내가 용에게 명하여 샘물을 끌어오게 하여 대중을 구제하였다. 대리국(大理國)에서 나는 모든 음식을 물리치고 호도(胡桃) 아홉 개만 먹으며 하루를 보냈다.

금치(金齒)·오철(烏徹)·오몽(烏蒙)은 같은 씨족의 부락인데, 나를 스승으로 삼고 예배하면서 내 모습을 상으로 빚어 사당에 모셨다. 내가 들으니 무뢰한 자가 나의 소상에 있는 선봉(禪棒)을 떼내어 땅에 던졌는데, 들 수가 없었으나 그가 뉘우쳐 사과하고 난 뒤에야 들려져 예전처럼 봉인할 수 있었다고 한다.

안녕주(安寧州)의 승려가 물었다.
"옛날 삼장이 당에 들어왔을 때에 땅에 한 번 엎드리고 나면 그 지역의 말을 알아들었다는데 그렇습니까?"
그 때 나는 이미 운남어(雲南語)를 알고 있었으므로 응답하였다.

"옛날과 지금이 같지 않고, 성인과 범인은 길이 다르다."
법화경(戒經)을 설법하기를 청하여 설했더니 관민이 다 정수리를 태우고 팔뚝을 태워 계를 받았다.

중경(中慶)으로 가는 길에 여러 산문에서 설법을 청한 것이 무려 다섯 번이나 되었다. 태자가 나를 스승으로 삼아 예경하였다.

나라(羅羅) 사람들은 본시 부처나 승려도 알지 못하였는데, 내가 도착한 뒤에는 모두 발심하였으며, 나는 새들도 부처의 명호를 노래할 정도가 되었다.

귀주(貴州)에서는 형수부(兄帥府)의 관원들이 모두 계를 받았다. 묘만(猫蠻)·요동(搖獞)·청홍(靑紅)·화죽(花竹)·타아(打牙)·갈로(獦狫) 등 여러 동네의 오랑캐들이 모두 진귀한 채소를 가지고 와서 수계 받기를 청하였다.
진원부(鎭遠府)에 마왕신묘(馬王神廟)가 있는데, 배를 타고 이 곳을 지나는 자는 반드시 육제(肉祭)를 지내야 하고, 그렇게 하지 않으면 배가 파손된다고 하였다. 내가 한 번 큰소리로 꾸짖고 배를 출범시켰다.

상덕(常德)으로 가는 길에 금강(金剛)·백록(白鹿) 두 조사와 관음이 자신의 모습을 조각했다는 상(像)에 예배하였다. 동정호(洞庭湖)에서는 영이한 일이 자못 많았다. 바람과 비를 멈추게 하였는데, 마침 내가 갔을 때 바람이 일어나고 물결이 용솟음쳤기 때문에 삼귀오계를 중국말과 인도말로 번갈아 강설하였다. 예전에 제사지내던 사람이 밤에 실로 짠 신을 바치고 날이 밝으면 신이 다 찢어져 있었다고 하는데, 내가 이 일을 행한 뒤로는 제물을 다 없애고 소제(素祭)로 지내게 하였다.

호광성(湖廣省)의 참정(參政)이 나를 쫓아 보내라고 하기에 내가 말했다.
"빈도는 인도 사람이다. 멀리 와서 황제를 뵙고 바른 법을 선양하도록 도우려 하는데 너는 황제께서 오래 사시도록 축원하는 것을 못하게 하는가?"

여산의 동림사를 지나다가 전신탑(前身塔)이 우뚝 솟아 있는 것을 보았다. 뼈가 아직도 썩지 않고 그대로 있었다.

회서(淮西)의 관(寬)이 반야의 의미를 물었으므로 내가 말하기를,
"삼심(三心)으로는 얻을 수 없다."
고 하였다. 양주태자(楊州太子)가 나를 배에 태워서 도읍에 보내주었다.

대순승상(大順丞相)의 아내 위씨(韋氏)는 고려 사람이었다. 숭인사(崇仁寺)에 계를 베풀어 달라고 나에게 청하였다. 조금 뒤에 난경(灤京)에 도착해서 태정황제(泰定皇帝 ; 원의 晉宗)의 지우(知遇)를 받았다."

이상이 선사께서 말씀한 내용이다.

아! 스님의 유력이 이러하니 확실히 다른 사람과는 다르도다. 스님은 천력(天曆) 연간부터 승의(僧衣)를 벗었다. 대부대감(大府大監) 찰한첩목아(察罕帖木

兒)의 아내 김씨 역시 고려 사람이다. 스님을 좇아 출가하여 징청리(澄淸里)에 집을 사서 절로 바꾸고 스님을 맞이하여 살게 하였다. 스님이 절에 법원(法源)이라는 편액을 내걸었는데, 대체로 천하의 물이 서쪽에서 동쪽으로 흐르는 것이므로 그 뜻을 취하여 자신을 비유한 것이다. 스님은 변발(辮髮)과 흰 수염으로 신기(神氣)가 검고 빛났으며, 의복과 음식은 극히 사치스러웠다. 평소 생활이 의연하고 엄숙하여 사람들이 바라보고 두려워하였다.

지정 23년(1363) 겨울에 내시가 오니 스님이 말하였다.
"너의 임금에게 내가 생일을 지난 뒤에 가야 할 것인지 생일 전에 가야 할 것인지를 내 대신 아뢰어라."
장패향(章佩鄕)이 속가첩목아(速哥帖木兒)의 왕명을 받들고 돌아와서 스님에게 겨울 한 철만 조금 더 머물러 있으라고 하였다.

스님이 또 말했다.
"천수사(天壽寺)는 나의 영당(影堂)이다."
이해 11월 29일에 귀화방장(貴化方丈)에서 입적하였다.
'귀화방장'이란 스님이 집을 세우고 이름 붙인 곳이었다. 황제의 명령에 따라 성(省)·원(院)·대(臺)의 모든 관사에서 의식을 갖추고 호위하여 천수사의 감실에 안치하였다. 다음 해에 어사대부 도견첩목아(圖堅帖木兒)·평장 백첩목아(伯帖木兒)가 향을 가지고 와서 스님을 배알하고 향과 칠니(柒泥)를 바른 베와 매화나무·계수나무·빙단(氷團) 등을 사용하여 육신을 빚어 무신년 가을에 병임성(兵臨城)에서 다비하고(유골을) 4등분하여 달현(達玄)·청혜(淸慧)·법명(法明)과 내정(內正) 장녹길(張祿吉)이 각각 가지고 갔다. 그의 무리 달현이 바다를 건너올 때, 사도 달예(達叡)는 청혜(淸慧)에게 (스님의 유골을) 얻어 가지고 함께 우리나라로 돌아왔다.

임자년(1372) 9월 16일에 왕명으로 회암사에 부도를 세우고 탑 안에 넣으려고 유골을 물에 씻다가 사리 몇 과를 얻었다. 스님이 인도에서 문수사리의 무생계경(無生戒經) 2권을 가지고 왔다. 참정 위태박(危太朴)이 그 첫머리에 서문을 쓰고 스님이 손수 원각경이라고 썼으며, 구양승지(歐陽承旨 ; 歐陽玄)가 말미에 발문을 썼다. 스님의 게송은 매우 많고 따로 기록해 놓은 글도 있어서 모두 세상에 퍼져 있다.

운남(雲南)의 오(悟)는 보지 않은 일을 말할 수 있었는데, 7세에 스님을 의탁하고 출가하였다. 그 때 벌서 스님의 나이가 육십갑자(甲子)를 한 번 돌았다고 말했다는데, 오의 나이 75세 때에 스님이 입적하였다고 길문강(吉文江)의 승려 인걸(仁杰)이 말하였다.

문인(門人)인 전 임관사(林觀寺) 주지 달온(達蘊)은 스님의 도행(道行)을 기록하기로 작정하였는데 (기일이) 오래될수록 더욱 더 부지런히 하고 있다. 사도(司徒) 달예는 험하고 어려운 수천리 국경을 건너 마치 살아 있는 분을 섬기듯 스님의 유골을 받들고 와서 죽은 이를 보내는데 유감이 없게 하였다.

나옹의 제자 각봉(覺鋒)이 말했다.
"우리 스승 또한 일찍이 스님을 스승으로 모셨으니, 스님은 곧 나의 조(祖)입니다."

스님의 제자인 정업원(淨業院) 주지 묘장비구니(妙藏比丘尼)와 더불어 연석(燕石)을 사서 회암사의 언덕에 세우려고 하니 천륜으로 비유하면 효자요 운손이라고 하지 않겠는가. 이 일이 궁궐 내에 알려져 교지를 내려 신 이색에게 명(銘)을 짓게 하고, 신 한 수(韓脩)에게 글씨를 쓰게 하고, 신 권중화(權仲和)에게 전자(篆字)로 액(額)을 쓰라고 하였다.

이색은 말했다.
"스님의 육신은 이미 화장하여 넷으로 나누어졌는데, 그 나머지(유골은) 어느 곳에 탑을 세우게 하며, 명을 구하여 그것이전하여지기를 꾀하는 자는 누구이며, (그 붓을 잡는 자는 누구)인가 모르겠다. 지공스님이 여기에 계시는가, 저기에 계시는가? 그것도 아니라면 정작 스님 자신은 몸을 벗는 것을 마치 매미가 허물 벗는 것처럼 여기고 다시 돌아보거나 소중히 여기지 않을 텐데 그의 문도 된 자들이 그의 은혜를 갚으려고 생각한 나머지 억지로 하는 것인가. 신은 이에 대해 유감이 없을 수 없으나 삼가고 두려워하여 명을 받들고 이렇게 명을 엮었다.”

명은 다음과 같다.

스님의 발자취는 서역에서 시작되었네.

만왕(滿王)의 아들이요, 보명(普明)의 적통이다.

난경(灤京)에서 지우(知遇)를 만나니 좋은 때로다.

연화각(延華閣)을 방문함이 왜 그리 늦었던가.

우리나라에 남긴 자취 돌아보니 가지 않은 곳이 없구나.

옥상에서 병의 물 쏟는 것 같고 물에 던지는 돌 같아라.

천력(天曆)의 승려 총예 믿고 날뛰었지만

우리 스님 명성 더욱 드러났고

지금 옷 입으니 도예(道譽)는 더욱 높다.

미친 말, 농지거리 남이 알바 아니지만

사전(事前)에 병화(兵禍) 말해 분명히 밝혀내니

미리 통찰하는 밝은 지혜는 도에 정통한 때문이다.

어떤 이는 의심하고 어떤 이는 비방하나

스님의 마음이야 편하기만 하였다.

사리 이미 빛이 나니 송구하지 않음이 없다.

누가 사람의 성품이

끝내 선(善)으로 합치되지 않는다고 하는가.

여기 회암사에 터를 잡고 명을 새겨 세우게 되었으니

조금도 와전됨이 없게 하여 길이 귀감으로 삼을지어다.

이 글은 왕사 묘엄존자가 그의 선사 지공과 나옹의 진영과 탑의 이름, 조파(祖派) 등의 일을 아뢰고, 왕의 뜻을 받들어 9월 9일에 광명사(光明寺)에서 괘

진불사(掛眞佛事)를 크게 베풀었다. 다음해 갑술년(1394) 3월 3일에 양주 천보산 회암사 부도에 탑의 이름을 새기고, 6월 25일에 조파를 평산 처림(平山處林)선사 아래에 기록해 놓고, 불조종파지도(佛祖宗派之圖)를 중간하여 난타사(難陀寺)에 목판을 남긴 것인데, 상호군 한 수(韓脩)와 성균관대사성 이색(李穡)이 받들어 쓴 것이다.

해제송(解制頌)
맺고 푸는 것이 본래 없는 것인데
누가 결제 해제를 만들었는가.
누더기 한 벌로 한 세상 사는 스님에겐
여름도 겨울도 없다네.

〈자옹스님〉

태조왕사 무학대화상(無學大和尙)

조선 태조 원년 겨울 10월에 스님께서 왕의 부름을 받아 송경(松京)에 갔다. 이달 11일은 태조의 탄신일이므로 법복(法服)과 바리때를 갖추어 스님을 "왕사 대조계종사 선교도총섭 전불삼인 변지무애 부종수교 홍리보제 도대선사 묘엄존자"로 봉하였다. 그 자리에는 양종(兩宗)과 오교(五敎)에 속하는 제산의 납자들이 모두 참석하였다.

스님께서 법좌에 올라 염향(拈香)하고 축리(祝釐)를 마친 다음 불자를 세워들고 대중들에게 보이면서 말했다.

"이것은 삼세제불이 말하지 않았으며, 역대 조사들이 전하지 못했는데, 대중이 도리어 알 수 있겠는가. 만약에 생각·입·혀가 서로 견주어 살펴서 말할 수 있다면 어찌 우리 종지라 할 수 있겠는가?"

다시 임금님께 고하였다.

"유교에서는 인이라고 하고, 불교에서는 자비라고 말하지만 그 쓰임은 한가지입니다. 백성을 보살피기를 마치 갓난아기와 같이 한다면 백성의 부모가 될 수 있으며, 지극한 인(至仁)과 큰 자비(大悲)로 나라에 임한다면 자연히 성수는 끝이 없고 자손들은 길이 창성하여 사직이 편안할 것입니다.

지금은 개국의 초기여서 형법에 빠진 자가 한두 사람이 아닙니다. 원하옵건대 전하께서는 이들을 한결같이 사랑하시고 모두 다 용서하셔서 모든 신하와 백성들로 하여금 함께 인수의 경지에 이르게 한다면, 이는 우리나라의 무궁한 복이 될 것입니다."

왕이 듣고 가상하게 여겨 즉시 중앙과 지방의 죄수들을 놓아주었다.

그 때에 한산군 목은(牧隱) 문정공(이색)이 시를 지어 스님에게 보내왔는데, "성주는 하늘을 나는 용이고(聖主龍飛天) 왕사는 세상에 나온 부처라(王師佛出世)"는 구절이 그것이다.

임금께서는 나옹스님이 머물렀던 대도량 회암사에 들어갈 것을 명하였다. 정축년(1397) 가을, 절의 북쪽 벼랑에 수탑(壽塔)을 지으라고 명하셨는데, 스님의 스승인 지공화상의 부도가 있는 곳이었다. 무인년(1398) 가을에 스님께서는 늙었다고 하여 사임하고 용문사로 돌아가 머물렀다.

임오년(1402) 5월, 지금의 우리 주상전하(태종)께서 또 회암사에 들어갈 것을 명하였다. 다음 해 정월에 다시 사임하고 금강산으로 들어가 을유년(1405) 9월 11일에 입적하였다.

3년이 지난 정해년(1407) 겨울 12월에 스님의 유골을 가져와 회암사 탑에 안치하였다. 또 4년이 지난 경인년(1410) 가을 7월, 상왕께서 태조의 뜻으로 임금에게 말하니, 임금께서 신 계량에게 명하여 그 탑의 이름을 짓고 비명을 짓도록 하였다.

신 계량이 삼가 그의 제자인 조림(祖林)이 찬술한 국사의 행장을 상고해보니, 스님의 휘는 자초(自超)이고, 호는 무학(無學)이며, 머물던 곳은 계월헌(溪月軒)이었다. 세수는 79세이며 법랍은 61년이다. 스님의 속성은 박씨이니 삼기군(영남) 사람이다. 아버지의 휘는 인일(仁一)이니 숭정대부 문하시랑(崇政大夫門下侍郎)에 추증되었고, 어머니는 고성 채씨(蔡氏)이다. 채씨가 꿈에 아침 햇살이 품속에 비치는 것을 보고 임신하여 태정(泰定) 정묘년(1327) 9월 30일에 스님을 낳았다. 강보를 벗어나자마자 문득 청소를 하였으며, 글을 배우기 시작하니 남이 감히 앞서지 못하였다.

나이 18세가 되어 훌쩍 세상을 벗어나려는 뜻을 일으켜 혜감국사(慧鑑國師)의 상족제자인 소지선사(小止禪師)를 의지하여 머리를 깎고 구족계를 받았다.

용문산에 이르러 혜명국사(慧明國師) 법장에게 법을 물었다. 법장국사(法藏國師)께서는 법을 보이고는 일렀다.

"바른 길을 얻을 자가 네가 아니고 누구이겠는가?"

하고, 드디어 부도암(浮圖菴)에 머물게 하였다. 하루는 암자 안에서 화재가 발생하였는데, 스님 홀로 고요히 마치 나무 인형처럼 앉아 있었으므로 대중들이 이상하게 여겼다.

병술년(1346) 겨울, 능엄경을 보다가 깨달은 바가 있어 돌아가 스승에게 고하니 스승이 칭찬하고 찬탄하였다. 이 때부터 잠도 자지 않고 밥 먹는 것도 잊은 채 참구(參究)에만 전념하였다.

기축년(1349) 가을에 진주(鎭州)의 길상사(吉祥寺)로 옮겨 머물렀으며, 임진년 여름에는 묘향산 금강굴에 머물렀는데, 공부가 더욱 진보하였다. 혹 졸릴때는 마치 종이나 경쇠를 쳐서 깨우는 자가 있는 것 같았는데, 이 때 홀연히 깨달았으며, 스승을 찾아 묻고 싶은 마음이 급급하였다.

계사년(1353) 가을, 몸을 일으켜 연도(중국 북경)로 달려갔다. 서천의 지공을 참례하여 예배하고 일어나 말하였다.

"3천8백리를 달려와서 화상의 면목을 친견합니다."

지공이 말했다.

"고려 사람들은 모두 죽었구나."

이는 허락한다는 뜻이다. 대중들이 이에 크게 놀랐다.

다음 해인 갑오년(1354) 정월에 법천사에 이르러 나옹(懶翁)스님을 참례하니, 나옹이 한 번 보고는 깊은 법기로 여겼다. 무령(霧靈)을 유람하고 오대산을 거쳐 서산 영암사(靈岩寺)에서 다시 나옹을 만났다. 그 곳에서 수 년 동안 머물렀는데, 그가 선정에 있을 때면 공양할 때가 되어도 알지 못하였다. 나옹이 이를 보고 말했다.

"네가 도리어 죽었느냐?"

하니, 스님은 웃기만 하고 대답하지 않았다.

나옹이 하루는 스님과 함께 섬돌 위에 앉아서 묻기를,

"옛날 조주(趙州)스님이 수좌(首座)와 함께 돌다리를 보고 '이것은 누가 만들었는가?' 묻자 수좌가 대답했다. '이응(李膺)이 만들었습니다'라고 하자, '어느 곳에 먼저 손을 대었는가?' 하시니 이제 지금 어떤 사람이 스님에게 묻는다면 어떻게 답하겠는가?"

스님께서 바로 양손으로 섬돌을 잡아 보이니, 나옹이 문득 그만두었다. 그날 밤에 스님께서 나옹의 방에 들어가니, 나옹이 일렀다.

"오늘에서야 내가 너를 속이지 못한다는 것을 알았도다."

후에 스님께 말씀하였다.

"서로 아는 사람은 천하에 가득하지만 마음을 아는 사람이 능히 몇 사람이나 되겠는가? 그대와 나는 한집안이다."

또 말씀하였다.

"도가 사람에게 있는 것은 마치 코끼리에게 있는 상아와 같아서 비록 감추고자 하더라도 감출 수 없는 것이다. 훗날에 그대가 어찌 사람을 인도하는 사람이 되지 않겠는가?"

스님이 깨달은 바를 질문하여 보면 미심쩍은 부분이 거의 없었다. 그럼에도 불구하고 산천을 유력하고 스승과 벗을 찾아다니고자 하는 뜻을 그만두지 않았는데, 강소(江蘇)와 절강(絶江) 지역을 유람하려 할 때쯤, 마침 남방에 변란이 있었으므로 길이 막혀 중지하였다.

병신년(1356) 여름에 동쪽(고려)으로 돌아가고자 하여 작별을 고하니, 나옹 선사께서 손수 편지 한 장을 써서 전송하며 말하였다.

"(그대의) 일상 가운데 모든 기틀을 보니, 세상과 다름이 있다. 선악과 성사(聖邪)를 생각하지 않고 인정과 의미를 따르지 않으며, 말을 내뱉고 기를 토할 때에는 화살촉이 서로 부딪치는 것과 같고, 글귀의 뜻이 기틀에 맞는 것은 물이 물로 돌아가는 것과 같다. 한 입으로 빈주구(賓主句 ; 임제가 제창한 4句)를 삼키고 몸으로 불조의 관문을 투과하였다. 급히 떠난다고 하기에 내가 게송으로써 송별하노라."

하고 다음과 같이 게송을 읊었다.

이미 주머니 속에 따로 한 세계가 있으니,
동과 서로 삼현(三玄)을 쓰도록 일임하여 둔다.
어떤 사람이 네게 참심(參尋)한 뜻을 묻거든
얼굴을 쳐서 거꾸러뜨리고 다시 말하지 말라.

스님이 돌아오고 나니 나옹 또한 지공선사의 삼산(三山) 양수(兩手)의 수기를 받아 가지고 돌아와 천성산 원효암에 머무르고 있었다. 기해년(1359) 여름에 스님이 가서 뵈니, 나옹이 불자를 주었다. 나옹이 신광사에 있게 되어 스님도 그 곳으로 갔다. 그러나 나옹의 문도들 중에 스님을 시기하는 자들이 있었으므로 스님이 그것을 간파하고 떠나려 하니, 나옹이 스님에게 일러 말하였다.

"의발을 전해주는 것이 직접 일러주는 언구만 못하다."

하고,

"한가로운 승려들이 너니 나니 하는 마음을 일으켜서 망령되이 옳다 그르다 말하니, 매우 바람직하지 않은 일이다. 산승이 이 네 구의 게송으로 길이 후세의 의심을 끊으리라."

하고 게송을 읊었다.

이별할 때에 따로 상량처(商量處)가 있으니,
누가 그 가운데 다시 현묘(玄妙)한 뜻이 있는 줄을 알리─
여러 사람들이 마음대로 모두 옳지 못하다 하더라도,
나의 말은 겁공(劫空)의 앞을 뚫고 지나가리라.

스님이 고달산 탁암(卓菴)에 들어가 도를 닦았다. 신해년(1371) 겨울에 전조의 공민왕이 나옹스님을 받들어 왕사로 책봉하였다. 나옹이 송광사에 주석하면서 의발을 스님에게 부촉하니, 스님은 게송을 지어 사례하였다.

병진년(1376) 여름 나옹이 회암사로 옮겨 주석하면서 낙성회를 크게 베풀었는데, 급히 서찰을 보내 스님을 초빙하여 수좌의 자리에 앉히려고 하니, 스님이 극력 사양하셨다. 나옹이 말하였다.

"일을 많이 주관하는 것이 많이 물러나는 것만 못하지. 임제(臨濟)와 덕산(德山)도 수좌를 지내지 않으셨네."

하며 스님을 편실(便室)에 거하게 하였다. 나옹스님이 열반에 드니, 스님은 여러 산에 노닐면서 이름을 숨기고 은둔하는데에 뜻을 두어 사람들에게 알려지기를 원하지 않았다.

전조의 말기에 명리로 스님을 초빙하여 왕사로 봉하고자 하였으나, 대사께서 모두 가지 않았다. 그러나 마침내 임신년(1392)의 만남(태조와 만난 것)이 있었으니, 스님의 거취가 어찌 우연한 일이겠는가?

계유년(1393)에 태조가 지리를 살펴 도읍을 세우고자 하여 스님에게 어가를 뒤따르도록 명하였으나 사양하였다. 태조가 스님에게 일렀다.

"옛날이나 지금이나 서로 만나는 것은 반드시 인연이 있는 것이니, 세상 사람이 터를 잡는 것이 어찌 도인의 안목만 하겠습니까?"

계룡산과 새 도읍지를 정할까 순행갑니다. 스님께서도 같이 가지시요 하여 매번 다 어가를 따랐다.

그 해 9월에 스님이 선사인 지공·나옹선사의 두 탑의 이름에 관한 일과 나옹선사의 진영을 봉안하는 일로 왕명을 받들어 회암사에 탑명을 새기고 광명사에서 괘진불사를 크게 베풀고는 스스로 진영의 찬(讚)을 지었다.

지공의 천검과 평산(平山)의 할을 받고
어전에서 공부선을 주관하였도다.
마지막까지 신령한 광채, 사리를 남기셨으니
삼한의 조실로서 만 년까지 전하리라.

10월에 나라에서 연복사에 전장불사(轉藏佛事)를 베풀고 대사께 주석하게 하였다. 스님은 스스로 무인년(1398)에 사퇴한 후로는 대중들 대하기를 꺼렸다. 비록 왕명으로 다시 회암사에 갔으나 곧바로 금강산 진불암으로 들어갔다.

을유년(1405) 봄에 가벼운 병이 있어 시자가 약을 올리고자 하니 스님께서 물리치고 말씀하였다.

"나이 80에 병이 났거늘 약은 써서 무엇하느냐?"

여름 4월에 금장암으로 옮겨 그 곳이 대사께서 입적하였다.

8월에 의안대군(義安大君)이 서찰을 보내왔는데, 대사께서 답서하였다.

"멀리 산중에 거처하다 보니, 만나 뵐 기약이 없습니다. 훗날 부처님의 회상에서 뵙고자 합니다."

그리고 대중에게 이르기를,

"머지않아 나는 갈 것이다."

그 후 얼마 안 되어 과연 입적하셨다.

스님의 병이 위중해지자 한 승려가 물었다.

"사대가 각각 흩어지면 어느 곳으로 갑니까?"

"모른다."

또 한 스님이 물으니 스님께서 언성을 높여 말하였다.

"모른다지 않았느냐!"

또 한 스님이 물었다.

"화상께서는 병중이신데 도리어 병들지 않는 것이 있습니까."

스님께서 옆에 있는 스님을 가리켰다. 또 묻기를,

"색신(色身)은 4대(地·水·火·風)여서 모두 다 돌아가 없어지고 말 것인데, 어느 것이 참된 법신(法身)입니까?"

스님이 두 팔로 버티면서 일렀다.

"이것이 곧 그것이다."

하고 고요히 입적하니 한밤중이었다.

그 때에 화엄종의 승려 찬기(贊奇)가 송경의 법왕사에 있었는데, 꿈에 스님이 공중에서 부처님 정수리의 연꽃 위에 서 계셨는데, 부처님과 연꽃이 더할 나위없이 커서 하늘에 가득 찬 것을 보았다. 꿈을 깨고 나자 괴이한 마음이 들어 절 안의 대중들에게 꿈 이야기를 하였더니, 이야기를 들은 이들이 모두 그것은 예사로운 꿈이 아니다 하였다. 오래지 않아 부고가 왔는데, 입적한 시각이 바로 그 꿈을 꾼 때였다.

스님이 지은 인공음(印空吟)은 문정공(이목은)이 그 첫머리에 서문을 썼으며, 대장경을 인간, 완성하여 용문사에 봉안하였는데 문정공이 그 말미에 발문을 썼다.

스님은 성품이 질박함을 숭상하여 글을 꾸미는 것을 좋아하지 않았으며, 먹는 음식은 매우 박하게 하고 남는 것이 있으면 베풀어 희사하였다. 일찍이 스스로 말하였다.
"팔만 가지 행 중에 어린아이의 행(嬰兒行)이 제일이다."
모든 베푸심을 그렇게 하지 않음이 없었다. 또 사람을 대하는 공손함과 만물을 사랑하는 정성이 지극한 마음에서 나온 것이지 억지로 힘써서 하는 것이 아니었으니, 대체로 천성이 그러하였던 것이다.

신 계량(季良)이 삼가 절을 올리고 머리를 조아려 그 탑명을 자지홍융(慈智洪融)이라 하고, 비명을 썼다.

대사의 도, 그 뛰어나심이여!
범인들이 생각할 바가 아니로다.
선각(禪覺 ; 나옹의 시호)의 적자요,
성조(聖祖 ; 태조)의 스승이로다!

대사께서 평소에 거처하실 때에는
어린아이와도 같으셨으나,

안목을 갖춘 이를 만나면
화살촉이 서로 부딪치는 듯하였다.

발우 하나와 옷 한 벌로
아주 겸손하게 스스로를 낮추셨으나,
존귀하고 높은 품격은 짝할 사람이 없었다.
마치 원래부터 타고나신 듯, 혹 나아가고
혹 물러남에 앞을 내다보는 밝은 지혜 있었다.
하늘이 내린 대사의 나이 일흔하고도 아홉,
오실 때에는 어디로부터 오는가.

햇살이 어머니 품속에 비쳤고,
떠나실 때는 또한 어디로 가셨는가?
연꽃의 그 위로다.

곳곳의 제자들이 그 행적을 드러내고자 함에
천지 사이에 견고하기가 돌보다 오래가는 것이 없기에
이 명(銘)을 새겨 길이 후세에 전하게 하노라.

함허득통대선사(函虛得通大禪師)

스님의 휘호는 기화이며, 법호는 득통이다. 옛 이름은 수이(守伊)이며, 호는 무준(無準), 거처하는 방을 함허당(函虛堂)이라 하였다. 속성은 유씨(劉氏)이며 중원(中原) 사람이다.

돌아가신 아버지의 휘는 청(聽)이고 관직이 전객사사(典客寺事)에 이르렀으며, 어머니는 방씨(方氏)이다. 방씨가 자식이 없으므로 자비 대성에게 아기를 갖기를 축원하니 어느 날 밤 홀연히 대성이 나타나서 손으로 어린아이를 이끌어 그 뱃속에 넣는 꿈을 꾸니 이로써 임신하였다. 홍무 9년 병진년(1376) 11월 17일에 태어났다.

어린아이들과 놀 때도 그 동정(動靜)이 보통 아이들과 달랐다. 일찍이 성균관에 들어가 하루에 천여 마디를 기억하며, 점점 자라서는 일관(一貫)의 도를 깊이 통달하였다. 경전을 밝히고 학문을 닦을 때는 아름다운 명성을 드날렸고, 문장을 지을 때는 그 이치가 그윽하고 미묘하였다. 갖가지로 말을 할 때에는 그 말소리가 아름답고 고왔으니 이는 마치 비단 위에 꽃을 더한 것 같아서 어디도 비할 수 없었다.

그러므로 사람들은 "장차 북면(北面)하여 임금을 섬기는 신하로서 왕명을 천하에 알리고 임금에게 충성하고 백성을 윤택하게 하며, 인륜을 세워 반드시 주소(周召)에 부끄럽지 않게 할 것이다"라고 하였다.

나이 21세가 되어서 성균관에서 같이 공부하는 친구의 죽음을 보고서 세상의 무상함을 느끼고, 몸은 헛되고 환화임을 깨달아 2종의 생사(분단·변역)를 벗어나기를 맹세하고, 뜻을 일승 열반을 구할 것에 두었다. 도를 널리 펴 4은을 갚고 덕을 키워 3유(중생)를 도우려고 출가하려 하였다.

그러나 뜻을 굳게 하지 못하고 마음이 급하여 이리저리 허둥거리면서 언제나 산수 사이에 마음을 보내지 않은 때가 없었다. 그리하여 위경(韋經 ; 경)을 손에 들고 갈림길에서 주저하고 있을 때, 혼자서 바삐 가는 어떤 스님(覺寶)을 만나 친척의 정을 끊고 천천히 행장을 꾸려서 그 스님을 따라 관악산 의상암에 도착하였다.

이듬해 정축년(1397) 이른 봄에 회암사로 가서 처음으로 왕사 무학(無學) 묘엄존자를 참례하고 친히 법요를 들었다. 그 후 물러나와 두루 여러 산을 유력하며 쉬지 않고 부지런히 수행하였다.

또 갑신년(1404) 봄, 다시 회암사에 돌아와 홀로 독방에 머물며 보고 듣는 것을 일체 끊고 움직이거나 가만히 있거나 밥을 먹거나 쉬는데 조금도 흐트러지지 않았다. 이내 수마(睡魔)를 항복받고 긴 밤 동안 불도를 닦다가 문득 자기도 모르게 감탄하여 말하였다.
"가고 가다가 홀연히 머리를 돌려 보니 산 뼈가 구름 속에 섰다."

또 어느 날 변소에 갔다가 돌아 나와 세면통에 물을 부으면서 말하였다.
"오직 이 일만이 진실이요, 다른 것은 진실이 아니다."
이 말이 어찌 헛된 말이겠는가.

병술년(1406) 여름, 공덕산 대승사에 돌아와서 그 해에 시작하여 기축년(1409)에 이르기까지 4년 동안 세 번 반야강석을 베풀었다.

경인년(태종 10년, 1410) 여름, 천마산 관음굴에 이르러서 크게 깨달음의 현풍을 드날리며 널리 인연이 있는 모든 것을 교화하였다. 신묘년(1411) 중추, 불희사에 도착하여 3년 결제를 하고 거듭 절을 새롭게 하고 단월들을 모아 조풍을 널리 선양하였다.

갑오년(1414) 봄 3월, 자모산 연봉사에 도착하여 작은 방을 '함허당(函虛堂)' 이라 하고 부지런히 3년을 참구하면서 조금도 쉼이 없었다. 또 정유년(1417)에서 무술년(1418)에 이르기까지 한 겨울 두 여름 동안 5가의 강석을 세 번이나 이 절에서 베풀었다.

이후로 경계에 얽매이지 않고 언제나 수행하되 마음 가는 대로 스스로 운행하며, 산천에서 두루 소요하고 널리 인간세에서 자재하였다. 돌아다니기도 하고 머물기도 하면서 일정한 장소에 국한되지 않았고, 청하기도 하고 만류하기도 하면서 사람들은 다 '우리 선지식'이라 하였다. 그리하여 바다의 조수처럼 고루 다녔으므로 사람들의 마음에 그 명망이 아주 높았다.

그러므로 사람들의 청을 받아 경자년(1420) 늦가을에 강릉 오대산에 들어가 정성스럽게 향과 음식을 갖추고 오대산의 모든 성중에게 공양하고 영감암(靈鑑菴)에 나아가 나옹의 진영에 공양을 올리고 이 절에 묵었다.

한밤중에 한 신승이 나타나 조용히 일러 말하기를, "그대의 이름을 기화(己和)라 하고 그 호를 득통(得通)이라 하라" 하니 스님이 절을 하고 이를 받았다. 홀연히 꿈에서 깨어나니 몸과 기분이 상쾌하고 둥실 떠있는 듯 청정하였다.

다음 날 월정사에 내려가 주장자를 내려놓고 신발을 벗고 편안히 한 방에 거하여 생을 마치도록 길이 도태를 키우고, 주리면 밥먹고 목마르면 물마시며, 세월을 보내려 하였다. 이 때에 주머니 속 송곳처럼 이미 드러나 아무리 싸도 감추기 어려웠으니, 그 도덕은 훤히 드러나 멀고 가까운 곳에 두루 퍼졌다.

우리 임금께서 항상 삼보에 귀의할 마음을 내고 복전에 뜻을 두었는데, 스님의 도풍을 듣고서 그 이름을 아름답게 여겼다. 신축년(1421) 가을 초에 대자어찰에 머물기를 명하여 돌아가신 대비전하를 천도하기 위하여 영산승석(영산재)

을 크게 베푸니 종실의 모든 왕과 부마, 모든 군들이 분향하라는 명을 받들어 위의를 갖추고 친히 와서 스님에게 법을 설해줄 것을 청하였다.

스님이 굳이 사양하였으나 이기지 못하고 높은 법좌에 올라 비로소 법요를 베푸니 그 음성이 청량하고 이치가 현묘하여 저절로 음률을 이루고 바람이 불어 파도가 이는 듯하였으니, 멀고 가까운 데서 보고 듣고 다 기뻐 감복하지 않음이 없었다. 이로써 양종 5교의 제산 납자들이 많이 몰려들어 법을 물으니 다 어찌할 바를 몰랐다.

이로부터 4년을 지낸 뒤 갑진년(1424) 가을에 임금님께 글을 올려 물러날 것을 말하고 길상·공덕·운악 등 여러 산을 다니며 인연 따라 날을 보냈다. 하루는 홀연히 삼학을 넓히고 일승을 크게 천양하며, 널리 칠중(七衆)으로 하여금 다함께 여래 정각의 경지에 도달하게 하고 참된 선풍을 만회하여 말운(말세)을 붙들어 세울 것을 생각하였다.

그리하여 신해년(1431) 가을 영남 희양산 봉암사에 들어가 거듭 퇴락한 사찰을 중수하였다. 스님이 다시 미묘하고 원숙한 지혜로 세상의 모습을 관찰하니 때는 바야흐로 말엽이라, 성인이 가신 지 더욱 멀고 근기와 교법이 느슨해져 법을 넓힐 수가 없었다. 그리하여 도리어 전일에 기약한 것을 다시 거두었으므로 평소에 생각한 세 가지 일을 이루지 못하셨다.

선덕 8년 계축년(1433) 3월 25일, 가벼운 병을 보이다가 신심이 편치 않으셨는데, 4월 1일 신시 초각에 탁연히 고요히 앉아 말했다.
"담연공적(淡然空寂)하여 본래 한 물건도 없으면서 신령한 빛이 밝고 밝아 훤히 시방을 비추도다. 다시 몸도 마음도 없으면서 저 생사를 받아 오고감에 걸림이 없도다."
조금 있다가 다시 말하였다.
"떠나감에 다다라 눈을 들어 바라보니 시방세계가 푸른 허공으로서, 그 가운데 아무 길이 없고, 바로 서방의 극락세계로다."

이것이 곧 최후의 영결이었다. 말소리가 끊어지자마자 고요히 떠나갔다.

절에 모셔둔 채 5일이 지났는데도 안색이 평상시와 같아 조금도 다름이 없었다. 다비를 마치고 치아와 뼈를 수습하여 향수로 씻었더니 뼈에 붙은 사리가 환하게 빛났다. 이 때 이상한 향기가 골짜기에 가득하여, 행인들은 그 향내를 맡고 모두 두 손을 맞잡고 머리를 숙여 절하며 공경히 믿지 않는 이가 없었다.

효령대군께서 친히 왕께 아뢰어, 여러 제자들에게 명하여 부도를 네 군데(연봉사·현등사·정수사·봉암사)에 세우라고 하였다. 며칠이 지나지 않아 7중들이 모두 와서 석실을 만들어 사리를 봉안한 뒤 성대한 회를 열고 예를 베풀었다.

이 때 사람들이 모두 귀의하여 도를 받고 계율을 받드는 이가 구름같이 모여들어 전일보다 더하였으며, 손가락을 꼽아 구지(억)에 이를 만큼 수없이 많았으니, 이른바 수량으로써 존재를 나타내고 생멸을 보여 교화한다는 것이다. 스님의 나이는 58세이고 법랍은 38세이었다.

선사께서 평생 저술한 경론과 주소(註疏)·시(詩)·부(賦)·장(章)이 진실로 적지 않았다. 그러나 곳곳에 흩어져 다 구할 수가 없어서, 다만 손으로 쓴
"원각경소(圓覺經疏) 3권,
반야오가해설의(般若五家解說誼) 2권,
현정론(顯正論) 1권,
반야참문(般若懺文) 2질,
윤관(輪貫) 1권과
대령소참하어(對靈小參下語) 등을 교정하여 만든 책 몇 권을 원찰에 모셔두고 후세 사람에게 보였다.

그러나 선사의 덕행이 진실로 위대한지라 미약한 언사로 능히 다 말할 수 없으나, 내가 굳이 기록하는 것은 후세에 모범을 모여 숭앙하고 효도하게 하고자 함이니, 이는 효자효손의 지극한 정성이다. 또 하무며 병필(秉筆)이라는 직에

있으면서 어찌 감히 사양만 하겠는가. 어쩔 수 없어 거친 글로 시말을 기록하니 다만 영원히 없어지지 않고 전해지기만을 바랄 뿐이다.

행장을 기록하는 말은 비록 다하였으나 스님을 경모하는 뜻은 진실로 다 쓰기 어려우니 시 한 수를 끝에 붙여 슬픈 정을 표한다.
진리의 절 깊은 은혜는 하늘처럼 광대한데,
슬픕니다.
선사의 은혜 갚을 힘이 없습니다.
붓끝으로 덕을 기록하나 진실로 어린아이 놀음입니다.
만세에 사람들의 입에 이 비가 전해질 것입니다.

반야송(般若頌)
여기 한 물건 있으니 이름과 모양 끊어졌다.
티끌속에 있으면서도 세계를 싸고
속에는 온갖 것 다 머금고 있으면서도
밖으로 뭇 근기 따르니
삼재(천·지·인)의 주인이요 만법의 왕이로다.

〈금강경오가해 서문, 함허〉

행호(行乎)대사와 신미(信眉)스님

행호대사는 신미대사의 스승으로서 조선 초기 태종·세종조의 고승으로 고려 명신 해주 최씨 최충(崔沖, 984~1068)의 후손으로 알려져 있다. 어려서 출가하여 계행(戒行)이 뛰어났고 효행으로도 이름이 높았다. 그는 천태조사 1조인 고구려 파약선사, 백제 현광선사, 신라 연광법사, 고려 대각 의천, 고려 원묘 료세로 이어지는 23천태조사로 불리고 있다. 1430년(세종 12년) 효령대군의 후원으로 백련사의 동원 20동과 서원 4동을 건립하고 왜구의 침입에 맞서 행호 토성을 쌓았다고 기록되어 있다. 또한 세종실록에는 행호대사에 대해 다음과 같이 자세하게 기록되어 있다.

"태종이 치악산 각림사를 짓고 창건 대회를 베풀 때 그로 하여금 주관하게 하였고, 또 장령산 변한 소경공(昭頃公) 묘소 곁에 대자암을 세우고 주지로 임명하였다. 세종이 즉위하자 판천대종사로 임명하였으나 얼마 뒤 벼슬을 버리고 두류산에 금대사·안국사를 창건하였고, 천관산에 수정사를 지었다. 왜적의 침입으로 불타버린 만덕산 백련사를 효령대군의 도움을 받아 1430년(세종 12)부터 중수하기 시작하여 1436년에 준공하였다. 조선 초기 유생들의 강한 척불론 속에서도 왕실에 대한 불교 보급에 힘썼다.

마천면 가흥리에 금대암과 안국사가 있는데 안국사에는 행호대사의 은광당대 화상 부도가 있고, 그의 효성을 상징하듯 그의 어머니 부도도 있다."
〈세종실록(1438년 세종 20년 무오)〉

"전하께선 흥천사의 탑을 조종께서 부탁한 바라 하시어, 그 넘어질 것을 근 심하사 할 수 없이 새롭게 한 것이온데, 이미 이 탑을 새롭게 하였으면 그만둘 것이옵거늘, 저 중 행호는 무슨 물건이기에 번거롭게 역마(驛馬)로 불러서 흥천사에 두고, 그 공억(供億)을 주어 드디어 도성 사람들로 하여금 모두 참부처(眞佛)라고 지목하여, 위로는 종척(宗戚)으로부터 아래로는 백성에 이르기까지 앞을 다투어 예(禮)로써 우러러보고 시주하여, 보고 듣는 사람들을 놀라고 의심나게 하옵니까. 또 이 절에서 안거회(安居會)를 크게 베풀고 국고의 곡식을 하사하여 그 일을 확대시키는데도, 비록 헌사(憲司)에서라도 그 지나치게 약함을 마음대로 다스리지 못하오니, 무뢰승(無賴僧)들이 여염(閭閻)에 있으면서 그 하고자 하는 바를 방자히 행하여 약함이 더할 수 없사오매, 그 재물을 소모하고 백성을 좀먹는 해를 어찌 말로써 다할 수 있겠습니까. 임금이 분부하였다. 대자암(大慈庵)도 역시 산이니 행호로 하여금 서울 안에 있지 말고 대자암에 있게 하여, 여름 달을 지내고 서늘한 때를 타서 산으로 돌아가게 함이 가하지 않겠는가. 내가 마땅히 이와 같이 처치하겠다. 5월 중 행호(行乎)를 보내어 산으로 돌아가기를 명하고, 길 연변의 각 고을 수령과 각 역승(驛丞)들에게 전지하기를, '지금 내려가는 전 판선종사(判禪宗師) 행호에게 그 공억(供億)을 힘써 정결하게 하고, 감히 만홀하게 말지어다' 하고, 또 전라도 관찰사에게 전지하여 쌀과 소금 각 10석을 주게 하였다.

〈세종실록(1439년 세종 21년 기미 4월)〉

"사헌부가 아뢰었다. 또 근일의 일로 보더라도 중궁(中宮 ; 소헌왕후, 1395~1446)을 위하여 기도하던 때에 중 일운(一雲)이 작법(作法)을 하였는데, 조금 뒤에 죽었고, 중 행호(行乎)가 법주(法主)가 된 뒤에 오래지 않아서 또한 죽었으니, 이것으로 말한다면 불력(佛力)이 증험이 없는 것을 선명하게 볼 수 있는 것입니다."

〈세종실록(1448년 세종 30년 무진 7월)〉

이를 볼 때 행호대사는 태종에서부터 세종에 걸쳐 국사와 버금가는 직위를 받았던 것 같다.

신미스님은 행호스님의 제자이다. 속명은 수성(守省)이고 부친은 태종 때 벼

슬을 하였다. 열살 때 이미 4서 3경을 마치고, 출가 후에는 대장경에 심취하였
는데, 한문경전만으로 만족할 수 없어 범어와 티베트에 관심을 가지고 공부하
여 40세 때는 모든 학문에 능통하게 되었다.

매월당 김시습과는 막역한 사이라 매월이 유림에 데리고 가 "부처님 가운데
토막"이라고 소개할 정도로 소개하여 세종·문종·세조 때는 경전번역을 한글
로 하는 일을 이끌었으며, 예종이 불교를 탄압하려 할 때는 한글로 상소하여
탄압의 부당성을 밝히기도 하였다.

할아버지 풍천당(風川堂) 김종경(金宗敬 ; 1356~1416)은 정종 때 문과에 급
제하여 승록대부 의정부 우찬성 겸 판의금부사 및 춘추관 성균관사 세자어사 5
위도총부도총관을 지내고 영의정에 등용되기도 하였다.

그러나 고향인 영동에서 향약(鄕約)을 만들고 순속의 풍(純俗之風)을 지키다
가 사람들에 의해 용산면 풍계서원에 유배되기도 하였다.

그래서 이들의 세거지(世居地)는 지금 충북 영동군 용산면 한속리로 되어 있
다. 아버지 김훈(金訓 ; 1381~1437)은 정종원년(1399) 기묘식년시에 문과에
급제하였으나 무예에도 뛰어나 태종 2년 지동시학(志同侍學), 14년에는 고양포
에서 제면 쌓는 일을 맡기도 하였다.

태종6년 옥구 진명마사로 있다가 조모의 상을 당하여 고가(告暇) 하였으나
영동빈소에 가지 않고 상경 왕을 배알하지 않고 상왕이 있는 인덕궁에 출입한
것이 문제가 되어 불충불효 죄로 전라도 내상(內廂)으로 유배되었다. 그 후 영
동현에 옮겨 안치되고 다음해에는 외방종편(外方從便)되었다.

세종 원년(1419) 이종무가 대마도 정벌할 때 종군하여 공을 세우기를 자원
했으나 처남 이적(李迹)이 종무에게 추천하여 상왕의 허락을 받고 출정하였다.
하지만 죄인을 출전시킨 죄로 사헌부 사간원의 탄핵을 받은 이종무가 의금부
에 하옥되었다가 외방에 유배되었다. 이적은 폐서인(廢庶人)이 되어 가산이 적

몰되고 그것도 모자라 종노가 되었으나 종편(從便)되었다.

상왕은 김훈에게도 가산을 몰수하고 관노를 명하였다가 신소(申訴)에 의해 먼 변방 유배지에서 풀려나와 외종방편이 되었다.

그러나 김훈의 불충불효 죄는 이후 아들들에게까지도 큰 영향을 주었다. 김훈은 만년에 신미와 함께 영동에 있었다. 신미는 아버지에게 술과 고기를 끊도록 권했으나 영동 현령 박려(朴旅)를 찾아가 고기를 얻어 먹고 참회하다가 죽었다.

아버지가 돌아가신 뒤 세조 3년 10월에 가서야 고신(告身)을 돌려받고 아들들의 덕택에 영의정에 증직되었다.

어머니는 여흥 여주 이씨로 그 뒤 비구니가 되었으나 임종에 임하여 둘째 아들 김수온에게 "너희들 때문에 내 마음을 청산하지 못했다" 하니 "제가 출가하여 어머니의 길을 닦아 드리겠습니다" 약속하였다.

태종 17년(1417) 4월 김훈의 아들 김여달이 "할아버지 김종경이 연로한 몸으로 영동에 계신다" 하자 김훈을 영동의 농사(農舍)로 보냈다. 세종 원년(1419) 김훈이 이종무에게 부탁하여 아들 송년(松年)을 데리고 서울에 올라와 사사로이 권귀(權貴)들과 결탁하였으나 신미는 이종무가 대마도 정벌을 마치고 돌아올 때 나이 17세로 아버지를 따라 성균관에 입학하였다가 아버지가 불충불효 죄에 걸리자 스스로 퇴관하여 출가하였다.

그러나 당시 성균관 입학생들의 룰을 보면,
첫째는 생원·진사급에 올라야 하고
둘째는 15세 이상으로 소학 4서 5경 중 1경에 통해야 하며,
셋째는 공신 3품 이상의 관리 적자로서 소학에 능통한 자,
넷째는 문과 및 생원 진사시에 초시(漢城試 ; 鄕試)에 합격한 자,
다섯째는 조사(朝士) 궁이(宮吏) 중 입학을 희망하는 자에 한해서 받게 되어 있었으므로 신미스님은 생원·진사시의 초시에 합격하지 않았나 추측하고 있다.

신미스님의 동생으로는 수경과 수온·수화가 있었는데, 수경은 녹사출신으로 세조 5년 감찰이 되었다가 6년 현감이 되고, 12년에는 보은현감, 사헌부 정령이 되었다가, 성주목사를 거쳐 성종 4년 청주목사를 지내다가 마침내 당상관이 된다.

영중추부사를 지낸 김수온은 문장이 웅건하여 한때 거벽으로 중국에까지 그 이름이 알려졌으며, 석보상절·금강경언해를 낼 때 중역을 담당하고, 원각사 비문을 짓기도 하였다.

수화는 무과출신으로 강진 현감을 거쳐 단종 원년 김종서의 추천으로 함길도 감영궁을 제수받고 사헌부에 올라오기도 하였다. 세조 원년에는 현감, 원종공신 3등에 올랐고, 14년에는 선산부사, 성종 원년에는 안동부사, 4년에는 이조참의 공조참의가 되었다가 마침내는 당상 벼슬을 하였다.

모두가 신미스님의 배경으로 출세한 것이다. 특히 수경은 속인이면서도 불경을 좋아하여 스님이나 다름이 없었으며, 부인도 출가하여 니승이 되었다. 김수온도 유생이면서도 불경에 통달 대군들을 따라 다니며 불사를 안내하여 유생들의 미움을 받기도 하였다. 때때로 단식하고 좌선 독경하여 탈진할 때도 있었지만 회암사까지 갔다가도 출가하지 못한 것은 늘 한스럽게 생각하였다. 대학과 중용, 화엄·법화에 능통하고 특히 능엄경에 일가견을 가지고 있었다.

신미대사는 출가 후 대장경에 심취 범어와 티베트어를 공부하고 중국 번역에 잘못을 지적할 정도가 되었고, 한글을 창제하여 신도들을 우리말로 쉽게 가르치기도 하였다. 그는 입의 구조와 발성원리를 연구하여 자음 17, 모음 11자를 교합하여 천·지·인 3극(極)과 음양 2기(氣)의 묘리에 바탕을 두었다.

신미스님은 세종대왕께서 한글을 창제하기 13년전 "원각선종석보"를 한글로써 신도들을 가르치고 있었으며, 또 한글이 반포되기 전 시험삼아 번역했던 "석보상절" "월인천강지곡"이 모두 스님의 손에 의해 번역되었다. 제주도 고관사의 복장에서 나온 범어 티베트어의 다라니가 모두 스님이 쓴 글씨로 되어 있다.

　이로써 보면 신미대사는 행호대사의 제자로서 이 나라에 불교 뿐 아니라 민족문화 창제에 지대한 영향을 준 스님임을 알 수 있다.

백암 성총대선사(栢菴 性聰大禪師)

영암군 월출산 도갑사 묘각화상 비명과 서문

대저 바다가 크다고 하는 까닭은 맑고 깨끗한 물만 받아들이지 않기 때문이고, 도를 무엇이라고 말하기 어려운 까닭은 뚜렷하게 모습을 볼 수 있는 형체가 없기 때문입니다. 만약 이 표현하기 어려운 도를 얻으면 불문의 삼매에 유희하고 (생사의) 고해를 항해하는데, 이러한 사람은 세상의 존중을 받지만 대개 많지는 않습니다. 그러나 근고에 있어 묘각왕사가 바로 그러한 분으로 보입니다.

스님의 휘는 수미이고 옛 낭주(郎州) 사람이다. 최씨 가문 출신으로 어머니가 이상한 사람에게서 구슬을 넘겨받는 꿈을 꾸고 잉태하였는데, 태어날 때에는 이상한 향기가 방안에 가득 찼다. 어릴 때부터 영특하여 항상 세속을 멀리하려는 뜻을 품었다. 13세 때 낭주의 서쪽에 있는 월출산 도갑사로 출가하였다. 20세가 되어 구족계를 받았고, 새가 날듯 자유롭게 여러 강원을 돌아다녔다.

속리산 법주사에서 사미 신미를 만났는데 나이도 같았고, 이름도 같았다. 그와 함께 마치 옥돌을 자르고 쪼고 갈고 닦듯이 대장경을 강독하며 율장을 익혔다. 그리하여 점점 자용(慈容)과 도골(道骨)·미채(眉彩)가 빛났고, 말하는 기운이 활달하였으며, 변재가 막힘이 없어서 학자들이 모두 그들을 두 감로문이라고 추앙하니 차츰 세상에 두각을 드러냈다.

얼마 되지 않아서 동학에서 말하였다.
"내가 본분을 등지고 있는 것이 마치 승요(僧繇)스님이 인물을 잘 그려서 비록 뛰어난 그림이라고 할지라도, 마침내 살아 있는 것 같지 않다."

하면서 드디어 배우던 것을 버리고 우산을 겸용한 지팡이를 들고 짚신을 신은 후, 선굴(선원)에 출입하기 시작하였다.

처음으로 구곡(龜谷)을 만났으나 서로 계합하지 못하였다. 그 후 벽계(碧溪正心)의 문하에 들어갔으나, 어둡고 막힌 시절을 만나 신원이 황폐하고 쓸쓸한 것이 마치 새벽 별빛처럼 희미하였다. 스님은 판선종사에 뽑혀 횡으로 터져 흐르는 (억불의) 물결을 막았으며, 이미 무너진 둑을 다지고 물결을 돌려 종문의 큰 힘이 되었다.

스님이 도갑사를 찾아 돌아오니 이는 근본을 잊지 않음을 보여준 것이다. 도선국사가 지정한 비보도량이 거의 황폐화 되고 몰락하여 서늘한 안개로 덮인 무성한 잡초속에 떨어져 있는 것을 개탄하고 대중들에게 말했다.
"우리가 이 지경을 가만히 앉아 보고만 있고 복구하지 않을 수 있겠는가. 하물며 성상께서 (국사의) 문도인 홍월(洪月)에게 그 불사를 맡겨 중건 복구하도록 명령을 내렸음에 있어서랴."
그리하여 장엄의 신묘한 정성을 다하여 강궐(絳闕)과 청도(淸都)가 마치 공중으로부터 떨어진 것과 같았다.

또한 영응대군이 대단월이 되어 소조 약사여래상 3구를 감전에 봉안하였는데, 그 때가 천순 기원 원년(1457)이었다.

이리하여 4사를 공양하는 이들이 모여들고 6회의 대중이 무리를 지어 몰려왔다. 많은 대중이 둘러싸듯이 몰려오고, 고승대덕이 발에 차일 듯이 모이니 마침내 종풍이 크게 진작되었다.

뒤를 이은 세묘(元廟)는 스님께 예를 갖추고 받들어 맞이하여 왕사로 책봉하고, 묘각이라는 호와 자색가사 한 벌과 코끼리 털의 불자, 유리구슬 여러 개를 하사하였다. 또 빈번히 친서를 보내 안부를 물었다.

진신(搢紳)하고 봉액(縫掖)한 공경대부로부터 묵수(墨綬)와 동부(銅符) 등의 관인에 이르기까지 서향하고 꿇어앉아 법을 묻거나 북쪽을 향하여 예배하는 사람들을 일일이 다 이를 수 없으니, 스님은 한 시대 사람들의 존중을 받았음을 이로써 알 수 있다.

모년 모월 모일에 제자들을 불러 모아 종문의 대사를 부촉한 후 조용히 입적하시니 세납은 63세이고, 좌랍(坐臘 ; 승랍)은 51년이었다. 부도탑을 절의 동쪽 산기슭에 세우고 덕을 기록하여 비석을 세웠으나 이미 글자가 닳아 없어져 읽을 수가 없었다. 그리하여 지금의 주지 청신(淸信)스님이 다시 새로운 비를 건립하여 사라지지 않도록 보존하고자 스님의 사적을 적은 글을 가지고 와 비명을 청탁하였다. 명은 다음과 같다.

월악(月岳)이 높이 솟아 남쪽 바다 끝까지 진압하였고,
영검이 가득차고 빼어나 스님 같은 특별한 분을 탄생시켰네.
예전에도 도선스님이 있어 국로(國老)라고 칭송하였고,
후일에는 왕사라 일컬으니 묘각스님이 이 분이라.

선풍(禪風)이 이미 사그라질 때
왕사께서 다시 바람을 일으켰고,
다시 복구하여 사라진 것을 일으켜
종소리와 북소리를 크게 떨쳤네.

첫째도 묘각(도선국사)이요,
둘째도 묘각(수미대사)이라.
영원토록 잊지 않고자 마땅히 돌에 새기노라.

숭정(崇禎) 기사년(1629) 2월에 시작하여 계유년(1633) 6월에 세우다.

벽송당 야로대선사(碧松堂 埜老大禪師)

대사의 법휘는 지엄(智嚴)이고 호는 야로(埜老)이니, 그 사는 집을 벽송(碧松)이라고 하였다. 속성은 송씨이고 아버지의 이름은 복생이니 부안 사람이다. 어머니 왕씨의 꿈에 어떤 스님이 예배하고 자고 갔는데, 이에 태기가 있어 천순 8년(1464) 갑신년 3월 15일에 낳았다. 사람의 됨됨이는 골상이 기이하고 빼어났으며, 웅무(雄武)가 사람들 가운데 뛰어났다. 어려서부터 글과 칼을 좋아하였고, 더욱이 장감(병서)에 능하였다.

홍치 4년(1491) 신해년 5월에 야인이 북방을 침략하여 진장(장수)을 죽였다. 성종대왕이 허종에게 명하여 군사 2만을 거느리고 무찌르도록 하였다. 대사도 칼을 집고 따라가 채찍을 들고 한 번 휘둘러 크게 전공을 세웠다. 싸움을 끝내고 한숨을 내쉬며 탄식해 말하기를,

"대장부가 이 세상에 나와 심지(心地)를 지키지 않고 허덕이고 달린다며 비록 한마(汗馬)의 공을 얻는다 하더라도 이름만을 숭상하는 것뿐이다."

하고는 바로 옷을 벗어던지고 일어나 계룡산 와초암으로 들어갔다.

조징(祖澄)대사에게 참례하고 갓을 벗은 후 머리를 깎으니, 그의 나이 28세였다. 이로부터 뜻과 행을 높이고 가다듬어 선정을 즐겨하였으니, 마치 수나라의 낭장 지엄과 견줄 만하였다.

하루는 생각하기를 '멀리 사방으로 다니면서 스승을 찾아 교훈을 받으리라' 하고, 먼저 연희 교사(衍熙教師)를 찾아 능엄경의 깊은 뜻을 묻고, 다음에는 정심선사(正心禪師)를 찾아 서래의 비밀한 뜻을 물었더니, 그들은 모두 현묘한 이치를 밝혀 주었으므로 깨달은 바가 많았다. 5년간에 걸쳐 풍악산(금강산)이나 능가산 등 여러 산을 유력하였는데, 일정한 거처에 머무르지 않았다.

그 후 지리산에 들어가 성품과 도량은 더욱 넓어지고 풍채와 지해는 더욱 밝아졌다. 몸에는 두 벌의 옷이 없고 하루에 두 번 먹지 않으면서, 문을 닫고 고요히 앉아 인사를 닦지 않았다. 그 의범이 많은 승도들 가운데 당대의 최고였으며, 후학들의 으뜸이라고 할 만하였다. 인사를 닦지 않았으므로 세상에 아첨하지 않았고, 세상에 아첨하지 않으므로 불법을 세상에 팔지 않았으며, 불법을 세상에 팔지 않았으므로 무릇 선학(禪學)에 참여하는 자들은 언덕을 바라보고 물러서면서 거만하다고 비방하는 사람이 많았다. 옛사람이 이르기를,

"고기가 아니면서 어찌 고기를 알겠느냐?"

하였는데 바로 이를 두고 한 말이 아니겠는가.

만약 초학자를 이끌고자 하면, "먼저 선원집별행록(禪源集別行錄)으로서 여실한 지견(知見)을 세우고, 그 다음에 선요어록(禪要語錄)으로 지해(知解)의 병을 제거한 다음에 활로를 지시해야 한다" 하였으니, 대저 사람을 대하는 기봉(機鋒 ; 선문답)이 대략 이와 같았다.

어느 때 문인 영관·원오·일선 등 6, 70인의 무리와 더불어 여러 대승경론을 강설하였는데, 곧 원만한 음성이 맑고 깨끗하여 큰 바닷물이 파도쳐 넘치는 듯하였다.

가정(嘉靖) 13년(1534) 갑오년 겨울에 여러 제자들을 수국암(壽國菴)에 모이도록 명하여 법화경을 강의하였는데, 방편품에 이르러 갑자기 크게 탄식하며 말하였다.

"중생들이 스스로 광명을 가리고 윤회를 달게 받은 지 오래였나니, 저 세존을 수고롭게 하여 한 줄기 빛을 동쪽으로 비추게 하고, 입을 괴롭혀 열어 보이신 것은 다 중생을 위해 방편을 베풀었을 뿐이요, 실제의 법이 아니었다. 대개 모든 법의 적멸상(寂滅相)은 말로써 표현할 수 없는 것이다. 지금 그대들 모두가 부처님의 말없는 말을 믿고, 바로 깨달아 들어간다면 그 자기집 심지(心地)는 보배창고를 열고 부처님의 은혜를 갚게 될 것이다. 오늘 이 노승 또한 여러분을 위해 적멸상을 보이고 가고자 하니 여러분은 밖을 향해 찾지 말고 힘쓰고 진중히 하라."

마침내 시자를 불러 차를 달여오라 하시더니 마신 뒤에 문을 닫고 단정히 앉아 한참 동안 잠잠하였다. 제자들이 창문을 열고 보았을 때는 이미 입적하셨으니, 때는 11월 초하루 진시였다. 얼굴빛도 변하지 않고 몸이 움직이는 것은 생시와 같았다. 다비하는 날 밤, 상서로운 빛이 하늘에 번졌고, 재를 드리는 새벽에는 상서로운 구름이 하늘에 서리었다. 정골 한 조각마다 붙어 있는 찰진 사리가 진주처럼 빛났다. 제자 숭인(雪訔)·진일(圓悟) 등의 대중들이 석종(부도)을 만들어 의신동 남쪽 기슭에 봉안하였다. 대사의 세수는 71세였고, 법랍은 44년이었다.

　　아아, 섶의 불은 다함이 없고, 의식의 성품은 멈추지 않아 겁의 바다는 망망하고 묵은 자취는 아득하니 어느 세월에 기록할 수 있겠는가. 모두가 이미 지나간 허깨비일진대, 어찌 장차 오는 것이 환화가 아니겠는가. 삼세의 모든 부처님도 다 허깨비로 장엄하여 허깨비인 중생을 깨우친즉, 부처와 중생이 다 하나의 허깨비일 뿐이니, 어찌 우리 대사만이 허깨비가 아니겠는가. 비록 그러하나 환(幻)의 성품은 환이 아니니 보는 이는 소홀히 하지 말라. 진영(眞影)을 찬한다.

　　진단(중국)의 가죽이요, 천축(인도)의 뼈일러라.
　　중화의 달과 동이의 바람은
　　살아있는 머리털이 나부끼는 듯하다.
　　어두운 거리에 하나의 촛불이요, 법해에 외로운 배일세.
　　슬프다. 사라지지 않으리니 만년이요, 또 천추러라.

　　이 글은 가정(嘉靖) 39년(1560) 5월 10일에 판교종사 겸 판선종사 도대선사 행봉은사주지 휴정이 썼다.

선화자 일선(禪和子 一禪)스님

휴정스님이 쓴 비문을 보면 다음과 같다.

"스님의 휘는 일선이고 호는 휴옹(休翁)이라 부르며, 일명 선화자라 하기도 한다. 그의 선친은 장씨(張氏)이며 울산 사람이다. 아버지는 봉한(鳳韓)이라 부르며, 어머니는 박씨이다. 어머니가 밝은 구슬을 삼키는 꿈을 꾸었는데 깨고 보니 임신하였다. 원치 원년 무신년(1488) 12월 12일 진시 출생이다.

나이 불과 7, 8세 때에 총명하고 예리하여 흡사 경력이 많아 노련한 가풍을 가진 듯하였다. 부모를 잃고 피눈물 흘리기를 3년, 세상의 무상함을 관하고 의지를 청허(淸虛)하게 하였다.

13세에 이르러 단석산에 들어가 해산법사(海山法師)에게 몸을 맡기고 3년 동안 힘든 일을 부지런히 해냈다. 16세에 머리를 깎고 24세에 서쪽 묘향산으로 들어갔다. 문수암에 들어 앉아 표주박 하나와 옷 한벌로 오로지 고행을 닦으며 마음을 부처의 이치에 맡기고 목숨을 걸고 스스로 기한을 삼았다.

잠깐 사이 홀연히 지방을 노닐고자 하는 뜻이 일어나 남쪽 지리산으로 들어가 지엄(智嚴)장로를 참례하였다. 지엄은 한 번 보고 큰 그릇이라 생각하고 게송 한 구절을 보여 말하기를, "바람은 수수(颼颼)하고 달빛은 교교(皎皎)하며, 구름은 자욱(羃羃)하고 물은 잔잔한데, 그 속의 일을 알고자 한다면, 부디 조사의 관문에 들어가라" 하였다.

스님은 곧 밀지(密旨)를 깊이 얻어 근심을 잊고 즐겼다. 동으로 금강산 시왕동에 들어가 뜻을 대승에 두었으나 어두운 마음은 헛되고 적막하였다. 본인도 모르게 웃으며 말하기를, "조주가 칼을 뽑으니 차갑고 서릿발 같은 빛 불타듯 빛난다. 무엇이라고 물을텐가. 몸뚱이를 두 동강 내리. 할(喝). 꿈속에서 꿈을 말하면 허물이 적지 않다"고 하였다.

이로부터 입으로 읊조리는 것도 필경 경절문(徑截門)의 언구였다. 얼마 후에 다시 표훈사 승당에 들어가 한여름을 지내고, 이후 구름처럼 새처럼 자유롭게 살고 메추라기처럼 정처없이 지내니 천마·오대·백운·능가 등 여러 산을 유력하였다.

가정 갑진년(1544) 봄에 다시 묘향산으로 들어가 보현사 관음전에 머물렀는데, 석덕과 고사들이 팔방에서 구름처럼 모여들었으니 가히 해동의 절상회(걸상이 부러질 만큼 많이 운집했다는 뜻)라 할 만하였다.

혹 법좌에 올라 여러 가지 경론을 강의할 때는 설명하고 문답하는 말이 맑고 주옥같아서 듣는 이나 보는 이가 모두 뼈를 바꾸고 창자를 씻는 듯하였다.
또 도량에서 결제할 때에는 보현사가 아니면 반드시 내원암이고, 내원암이 아니면 반드시 보현사였다. 두 곳을 번갈아 돌며 20여 차례 여름을 보냈다.

옛 사람이 말하기를, "방장이 비록 물정에는 너그러우나 자신에게는 엄격하다"라고 했는데, 이것을 일컫는 것이다. 스님은 4은을 갚으려는 생각이 언제나 마음에서 떠난 일이 없었다. 항상 말하기를, "사나이의 처세란 자식이 되어서는 죽도록 효도하고, 신하가 되어서는 죽도록 충성해야 한다. 그러나 출가한 사람은 두 가지를 함께 행할 수 없으니 창과 방패가 서로 부딪침과 같아서 그 둘이 공을 함께 이룰 수 없다. 물과 불이 한 그릇에 있으면 세가 두루 온전하지 못하다"라고 하였다.

무오년(1558) 가을에 이르러 의웅·종민·법심·법진·성준·성일·혜옥·지문·조행의 무리에게 명하여, 상선암을 창건하게 하여 공사를 끝마쳤다. 암

자의 동쪽에 특별히 당을 세우게 해서 경성(慶聖)이라 이름 붙였다. 이에 스님
은 향로를 들고 날마다 성수를 빌었으니, 증득하기 어려운 지혜를 증득한 것이
이미 이러하였고, 불충의 구덩이에 떨어지지 않음이 또한 이러하였다.

때로는 깊은 밤에 제자들을 불러 말하였다.
"대개 공부하는 사람이 활구(活句)에 답하지 아니하고, 한갓 총명하고 영리한
구이(口耳)의 학문을 세상에서 뽐내며 자랑하고, 발로는 실지(實地)를 밟지 않
고 말과 행동이 서로 어긋나며, 이 곳저곳의 산수만을 그저 찾아다니면서 한갓
죽이나 밥만을 축내며, 경론을 업고 사람을 속이면서 일생을 지내면 헛됨이 생
사의 물결에 휩쓸릴 것이다. 또 보통사람은 한가함을 익히는 것이 바탕이 되어
스승을 구하지 아니하고, 여우굴 속에 앉아 졸기만 하면서 보산(寶山)에 도달한
것 같으나 빈손으로 돌아가니 참으로 가엾고 불쌍한 일이다."

또 여러 사람에게 말하였다.
"자기의 신령한 빛으로 하늘을 덮고, 땅을 덮도다. 문자에 구애받지 아니하
니 본체는 이슬과 같이 맑고, 진리는 불변이다. 밤에 노끈은 움직이지 않으나
너희들은 의심하여 뱀이라 하고, 어두운 방은 본래 비었는데 너희들은 두려워
하여 귀신이라 하면서 마음에 진실이니 거짓이니 하는 정서를 일으키고, 성품
가운데 범부니 성인이니 하는 헤아림을 세운다. 장차 지혜의 날카로움을 청하
여 무명의 씨를 쪼아 깨뜨리라."
무릇 미혹하고 어리석은 이들을 깨우쳐 인도하는 것이 이와 같았다.

융경 무진년(1568) 2월 30일, 특별히 회암사 주지 무변(茂卞), 보현사 주지
원규(元珪), 선덕인 휘정·학현·선등·의정·일정 등의 제자들에게 말했다.
"세계에 성·주·괴·공이 있고, 생각에는 생·주·이·멸이 있으며, 몸은
생·노·병·사가 있다. 무릇 시작이 있으면 반드시 마침이 있는 법이다. 만물
은 무상한 것이다. 오늘 이 늙은 중도 무상을 보이려 한다. 여러분은 부디 바
른 생각을 거두어 사모하는 생각을 품지 말고 또한 세상 풍속을 따라 쓸데없는
일로 허풍을 떨지 말라. 옛날 장자가 '천지를 관곽으로 삼는다'고 말했는데, 스

스로 이치를 아는 것이니 (사람들이) 장자를 숭상하였다. 하물며 도인이야 말해 무엇하겠는가. 나는 부사의(不思議) 고개를 향해 불사를 지으려 하노니, 부디 내 해골을 그대로 두어 새나 짐승이 먹도록 하게 하라."

말을 마치고 곧 붓을 뽑아들고 크게 썼다.
"80세라고 하는 인간의 수명이
빠르기가 하나의 번개빛과 같아
잠시 움직이다가 홀연히 눈을 든 것과 같구나.
활로(活路) 이것은 집과 고향로다.

하고 또한 입으로 계속하여 읊조리며, 종이에 크게 썼다.

여든을 넘긴 이 나이 허공꽃과 같거니
지난일 아득하여 또한 눈(眼) 속의 꽃이네.
문을 넘기 전에 고향에 돌아오니
옛 동산의 복숭아나무에 이미 꽃이 피었네.

바로 붓을 놓고 단정히 앉아 고요히 열반에 들었다.

7일이 되어 그 제자들은 (스승의) 명을 다라 그 색신을 상여에 싣고 부사의 고개로 갔다. 수천 명의 승려와 속인들은 길을 메우고 차를 공양하며 사모하여 슬피 부르짖는 소리가 산골짜기를 뒤흔들었다. 천축의 법도에 따라 다비하니 신령스러운 빛이 밤을 밝히고, 천지가 툭 터져 1백리 밖의 사람이 바라보고 절 하였으니, 곧 4월 18일 해시였다. 은색 사리를 거두어 석종을 세우고 봉안하였 으니, 스님의 세수는 81세요, 법랍은 65년이었다.
이 글은 융경 무진년(1568) 10월 화엄대종사 휴정이 썼다.

부용당 영관대선사(扶容堂 靈觀大禪師)

선사는 영남 진주 사람이다. 법명은 영관이고 호는 은암(隱菴)이며, 연선도인 (蓮船道人)이라고도 하였다. 몸은 세상을 의지하고 있으나 생각은 서방에 있었 으므로 부용당(芙蓉堂)이라 일컬었다.

집안은 대대로 미천하였으며, 재물은 많았으나 예도(禮道)는 없었다. 스님은 성화 21년(1485) 7월 7일에 태어났다.

겨우 여덟 살에 아버지가 데리고 고기를 잡으러 갔다. 고기 망태를 들고 가 게 하였더니 스님은 산고기를 가려 모두 놓아 주었다. 아버지는 크게 성을 내 며 때렸다. 스님은 절을 하고 울면서 말하였다.

"사람이나 고기나 받은 목숨은 같고 아픈 것을 참는 것 또한 같습니다. 용서 하시기 바랍니다."

아버지는 이 말을 듣고 화를 풀었다.

집 근처에 신룡(神龍)의 굴이 있어서 울밖에는 구름이 피어오르고 음악 소리 는 굴 속에서 나왔다. 부로(父老)들이 대대로 전하였다.

"이것은 엎드려 있는 용의 음악 소리이다."

스님이 지팡이로 책상을 치면 음악 소리가 이내 그쳤다. 용이 물밖으로 나올 때가 있는데 비늘과 갈기가 햇볕에 번쩍였다. 사람들이 감히 가까이 가지 못하 였지만 스님이 머리를 들고 한 번 꾸짖으면 용은 이내 사라졌다. 그래서 마을 사람들은 모두 기동(奇童)이라 불렀다.

어떤 이상한 스님이 와서 그 아버지에게 말하고 사라졌다.

"이 아이는 세상의 뛰어난 보배요, 세속의 인물이 아니오. 출가하게 하소서."

스님은 어릴 때부터 돌을 세워놓고 부처라 하고, 모래를 올리면서 공양이라 하며, 소나무를 비스듬히 눕혀 암자라 하고는 눈을 감고 꿇어앉아 해가 지는 줄을 몰랐다. 날로 세상에 얽매이는 것을 싫어하고 공(空)의 문을 깊이 생각하였다.

나이 13세가 되던 정사년(1497) 가을, 밤은 깊고 사방은 고요한 때에 몸을 빼내어 문을 나가니 마치 어떤 사람이 끌고 가는 듯하여 모르는 사이에 10여 리를 갔다. 사천(沙川)을 건너게 되었을 때, 집에서 스님이 기르던 개가 따라왔다. 스님은 개를 돌아보고 말했다.

"존당(부모)을 잘 지키고 나를 따라오지 말라. 나는 지금 길이 운수의 사람이 되어 돌아오지 않을 것이다. 너는 빨리 돌아가 잘 있으라."

개는 머리를 숙이고 그 말을 듣고는 마치 이별을 슬퍼하는 듯 몇 번 끙끙거리다가 돌아갔다.

(스님이) 외로운 그림자를 날리면서 강을 건너 돌아보니 떨어지는 달은 바로 서쪽 봉우리 위에 있었다. 새벽이 되어 바로 덕이산으로 들어가 고행선자(苦行禪子)를 찾아 3년 동안 머무르면서 그 법을 배우고 머리를 깎았다.

나이 17세가 되는 신유년(1501) 초에 신총법사(信聰法師)에게 나아가 교학을 탐구하고, 다시 위봉대사(威鳳大師)에게 참례하고 선정의 요제에 들어갔다. 그리고 곧 구천동에 들어가 손수 오두막집을 짓고 9년을 지낼 동안 언제나 앉고 눕지를 않았으니 어찌 자리에 누워 편안히 잠을 잤겠으며, 지팡이가 산을 나간 일이 없었으니 어찌 술집 대문인들 지났겠는가. 교리의 뜻을 논할 때에는 만 이랑의 물결이 멀고 넓었으며, 선정의 뜻을 굴릴 때에는 천 길의 벼랑이 높고 험하였다.

기사년(1509)에는 멀리 용문산에 들어가 조우(祖愚)대사를 찾았다. 참선을 공부하는 여가에 장자·노자를 다 읽었고, 갑술년(1514)에는 또 청평산으로 가서 학매선자(學梅禪子)에게 머무르면서 미묘한 이치를 연구했으나 법에는 다른 맛이 없었다.

기묘년(1519)에는 금강산 대존암으로 가서 조운대사(祖雲大師)와 함께 두 여름을 지냈다. 다시 표주박과 가사를 떨치고 미륵봉 내원암으로 깊숙이 들어가시 한 수를 읊고는 붓을 들어 문에 크게 써 붙였다.

유유한 세월 헛되이 보내면서 소림(少林)을 생각했으나,
떠도는 사이에 이처럼 귀밑털만 세었네.
옛날 비야리의 소리와 냄새도 없고
마갈타의 메아리 소리도 없다.

말뚝으로 능히 분별하는 뜻을 막고
어리석음으로 반드시 시비하는 마음을 막는 것과 같다.
짐짓 망령된 헤아림으로 산 밖을 나니
온종일 속세를 잊고 푸른 산을 마주한다.

그리고는 붓과 벼루를 불살라 버린 뒤에 문을 닫고 잠자코 앉아 9년을 지냈다. 그동안에 지나는 객이 문 앞에 오기라도 하면 이 시를 가리킬 뿐이었다.

경인년(1530) 가을에 갑자기 돌이켜 (부모의) 망극한 은혜를 갚을 것을 생각하게 되어 남쪽으로 출발하여 차츰 고향을 향해 갔다. 고향 산천이 가까워져해지는 강마을에 창연히 서 있을 때 갑자기 소를 끌고 나오는 어떤 노인을 보았다. 스님은 절하고 물었다.
"여기가 진촌입니까?"
노인은 이상히 여기면서 도로 물었다.
"왜 묻소?"
"이 곳은 제가 태어난 땅입니다. 우리 부모님이 살아 계신지 몰라 묻는 것입니다."

"그대 아버지의 성명은 무엇이오?"

"저희 아버지 성명은 원연이며, 저의 아이 때의 이름은 구언입니다."

노인은 소를 놓고 스님의 손을 잡으면서

"오늘 부자가 만났구나. 그대 이름은 내 아들 이름이고 내 이름은 그대 아버지 이름이다. 네가 나를 버리고 떠난 지 어언 30년, 아무리 찾아도 찾지 못하고 근심 속에 세월을 보냈는데 이제 홀연히 스스로 찾아오니 드디어 내 소원이 풀어졌구나."

두 사람이 서로를 확인한 뒤 슬픔과 기쁨을 견디지 못하고 한바탕 통곡하였다.

한동안 울고 나서 아버지는 눈물을 훔치고는 말하였다.

"네 어머니는 10년 전에 세상을 버리고, 네 주인은 7년 전 상처했으며, 전택(田宅)만 그대로 남아 있다."

"원씨(누이동생)는 어디에 있습니까?"

"네 누이동생은 내가 떠난 날 저녁부터 문을 닫고 눕고, 개 역시 해만 바라보고 앉아 있더니 7일 만에 모두 죽어 덕산의 서편에 묻어 주었다."

스님은 이 말을 듣고 삶의 덧없음을 더욱 절실하게 느끼며 눈물을 지었다. 저물녘에 집에 이르니 그 옛날 아이들은 모두들 할아버지, 할머니가 되어 있었다. 그들과 함께 평상에 둘러앉아 밤새워 이야기하느라 날이 밝는 줄도 몰랐다.

이튿날 아침 아버지가 스님을 이끌고 늙은 주인을 뵙게 하니 주인은 놀라며, "그대가 참으로 구언이란 말인가?" 하고는 자신도 모르게 주르륵 눈물을 흘렸다. 이윽고 주인은 자리를 내어주며 앉으라고 권하였으나 스님은 머뭇거리며 사양하였다.

"미천한 몸이 주인을 배반하고 어버이를 등졌으니 그 죄 하늘인들 용납하겠습니까. 이제 전택을 모두 바쳐 몸값을 대신하고 출가 수도함으로써 은혜를 갚으려 합니다."

주인이 말했다.

"출가 수도하는 것으로 어떻게 은혜를 갚을 수 있겠는가?"

반문하자 스님은 옛 선현들의 가르침을 인용하여 답했다.

"출가자는 세속을 피하여 자신의 의지를 실천에 옮기고 속세의 모습을 바꾸어 자신의 목표에 이르는 것입니다. 속세의 모습을 바꾸면 세상 사람들의 법도와 예절을 따르지 않고 세속을 피한즉 고상한 자취를 남기게 됩니다. 이러하면 3승을 성취하고 천상과 인간을 계도하며 5족과 6친을 구원하는 것을 손바닥 뒤집듯 쉽게 이룰 수 있습니다. 따라서 비록 안으로 천륜에 어긋나더라도 그 효를 잃지 않게 되는 것이며, 밖으로 주인 섬기는 예를 갖추지 못하더라도 경(敬)을 잃지 않게 되는 것입니다."

주인은 유학(儒學)을 하는 사람인지라, 이 말을 듣고 가상하게 여기며 자리에서 일어나 스님의 손을 이끌고 뜰 위로 오르면서,

"사문은 세속을 초월한 이들이니 세상의 예절을 생략해야 합니다."

하며 베개를 나란히 하여 하룻밤을 자고는 그대로 머물기를 청하였다. 스님은 이러한 청을 좇지 않고 이튿날 집문서와 땅문서를 바쳐 전택을 헌납한 후 두 번 절하고는 물러나왔다.

그러고는 늙은 아버지와 작별한 뒤 곧 두류산으로 가서 지엄 벽송대사의 문을 두드렸다. 그 때가 중종 25년이었다.

"영관이 먼 곳으로부터 스님의 법풍을 흠모하여 왔사오니 받아 주시기 바랍니다."

"영(靈)도 감히 올 수 없거늘 관(觀)이 어디서 왔다는 말인가?"

하니 스님이 앞으로 나아가 합장하고,

"스님께서 보십시오."

하니 지엄은 웃으며,

"다듬어 볼만하다."

하며 다음날 스승이 되었다.

지엄대사가 스님 마음의 안개를 걷어내고 부처님의 지혜를 쏟아부어 주니 스님의 20년 묵은 의심은 마치 커다란 골짜기에 겹겹으로 쌓였던 얼음이 한꺼번

에 녹듯 풀렸다. 스님은 곧 지엄대사 앞에 머리를 조아려 예배하고 연이어 찬탄하면서,

"참으로 제 스승이십니다."

하였다. 모신 지 3년 되던 해 지엄대사는 세상을 떠났다.

지엄 역시 세상을 싫어하였으니, 아아 스승이 시작하여 제자가 계승하였도다. 이 주춧돌이 아니었다면 어떻게 이러한 기둥이 가능했겠는가! 스님은 평소 성품이 온화하고 사랑하거나 미워하는 마음이 끊어졌으므로 생각이 한결같이 평등하여 심지어는 한 숟가락의 밥이라도 남을 보면 나누어 주었으니, 전생부터 심은 자비의 씨앗 또한 볼 수 있었다. 또한 문장이 진실하고 바르며, 의미를 파악함은 분명하고 예리하였다.

배우는 사람들을 가르칠 때는 부지런히 힘써 조금도 게을리 하지 않았으며, 무릇 칠요(七星)·구장(九章)·천문·의술에 두루 통달하여 중용을 품고 장자를 끼고 다니는 사람들까지도 의문을 모두 풀어 주었다. 그러므로 문을 바삐 드나들던 뛰어난 선비들은 이별하는 것을 한스럽게 생각하고 뜰에 가득한 법속(僧俗)들은 마음에 떠날 것인지, 머물 것인지 정하지 못하였다.

그러므로 영호남에 아무 벼슬이 없는 사람으로서 유불도 삼교에 통달한 사람들이 많은 것은 바로 스님의 법풍에 기인한다. "전단향 나무를 옮겨 심으니 다른 나무들도 같은 향내가 난다"고 할 만하다.

스님은 한 번 벽송의 문을 밟은 뒤로 황룡산에 머물다가 팔공산에 주석하기도 하고, 혹은 대승동·의신동·연곡동을 왕래하며 41년 세월을 꿈결같이 보낸 뒤 융경 5년 신미년(1571) 4월 14일 입적하였다. 세수 87세 법랍 72년이었다. 시자 법응·영웅과 대선·정원·신옹·선덕·진기·도의 등이 스님의 영골을 수습하여 연곡사의 서쪽 산록에 부도를 세워 봉안하였다.

찬은 다음과 같다.

높은 깨달음의 자리에 거하여
먼저 세 가지 수레(三車)로 이끌어 주네.
그물을 벌리고 바다로 들어가
많은 고기를 건졌도다.

쇠몽둥이로 부수노니
호랑이 굴, 마구니의 집이다.
사람이 가니 세상 적막하고
달 지니 하늘은 비어 있네.

만력(萬曆) 정축년(1577) 가을, 문인 풍악 휴정이 찬하다.

　영향송(影響頌)
부처님의 참 모습은 텅빈 하늘 같건만
물속의 달들은 사람 따라 나타나네.
깊은 산 저 두견은 아는지 모르는지
그 소리 한 소리에 천지를 울리누나.

〈나옹〉

서산대사 휴정(西山大師 休靜)

국일도대선사(國一都大禪師) 선교도총섭(禪敎都摠攝) 부종수교(扶宗樹敎) 보제등계존자(普濟登階尊者)라고 사액을 받은 서산 청허당 휴정대사의 법명은 휴정이요, 자는 현응(玄應)이며, 자호는 청허자(淸虛子)이다. 묘향산에 많이 있었으므로 또 호를 '서산'이라고 하였다.

속성은 완산 최씨이며, 이름은 여신(汝信)이다. 현윤(縣尹)으로 있던 외조부 김우(金禹)는 연산군에게 죄를 받아 안릉(安陵)에 유배되어 거주하게 되자 드디어 안주인이 되었다. 아버지 세창(世昌)은 향리에서 천거되어 기자전(箕子殿)의 참봉이 되었으나 나아가지 않았으며 시와 술로써 스스로 즐겼다. 어머니 김씨는 늙도록 자식이 없었는데 하루는 꿈에 한 노파가 와서 말하기를, "지금 배 속에 있는 아이가 대장부이므로 어머니께 경하하기 위해 왔습니다" 하였다. 다음 해(1520) 경진년 3월에 탄생하였다.

대사가 3세 때 아버지가 등불 아래서 술에 취해 누워 있었다. 어떤 노인이 와서 이르기를, "어린 스님을 방문하러 왔습니다"라고 하며, 두 손으로 아이를 들고 주문을 몇 마디 하고 나서 그 이마를 만지며 말했다.
"이 아이의 이름을 운학(雲鶴)이라고 하십시오."
말을 마치고 문을 나갔는데 간 곳을 알 수 없었다. 그러므로 어릴 때의 자를 운학이라고 하였다. 여러 아이들과 놀 때 돌을 세워 부처로 삼거나, 모래를 모아 탑을 만들기도 하였다.

점점 자라면서 풍모와 정신이 영특하게 빼어났고, 배움에 힘쓰며 게을리하지 않았다. 부모를 섬김에 효심이 지극하여 원님이 그를 아꼈다. 9세 때 어머니가 죽고, 10세 때 아버지가 돌아가셔서 외롭게 살며 의지할 곳이 없었는데 원님이 서울로 데리고 갔다.

반재(성균관)에 들어가 공부했으나 답답하고 뜻에 맞지 않았다. 동학 몇 사람과 더불어 남쪽 지리산에 가서 두루 승지를 살펴보고, 여러 경전을 탐구하였다. 그러나 매번 조실부모한 것을 슬퍼하며 생사의 의미를 더욱 생각하다가 홀연히 선가의 돈오법을 깨닫게 되었다. 마침내 영관대사에게서 법문을 듣고, 숭인장로에게서 머리를 깎았다. 7, 8년 동안 명산을 두루 다니다가, 나이 30세에 선과에 합격하고 대선을 거쳐 양종판사에 올랐다. 곧 관직을 사직하고 금강산으로 돌아가 삼몽사를 지었다.

주인의 꿈을 나그네에게 말하고,
나그네의 꿈을 주인에게 말한다.
이제 두 객들이 꿈 이야기를 하지만,
또한 이들은 꿈속에 있는 사람이라네.

향로봉에 올라가 시를 지었다.

온 나라 도성은 마치 개미집 같고,
천년의 영웅호걸들은 하루살이 닭과 같네.
한 조각 창에 비친 밝은 달은 청허의 베개를 비추고,
끝없는 솔바람은 운율이 고르지 않네.

기축년(1589) 정여립 사건으로 옥사가 있을 때 요승 무업(無業)의 무고로 대사를 끌어들여 체포되었으나 대사의 진술이 명백하고 적절했으므로 선조가 그 억울함을 알고 곧 석방하였다. (임금께서) 대사의 시고(詩稿)를 가져오게 하여 보고는 기뻐 감탄하며 묵죽을 그려 하사하면서 시를 지어 보라하니, 대사는 그 자리에서

소상의 대나무 한 그루
성주의 붓끝에서 생겼네.
산승은 고요한 곳에서 향을 피우니,
잎새마다 가을 소리를 띠었도다.
이렇게 지어 올리니 선조 또한 절구를 지었다.

잎새는 터럭의 끝에서부터 나오고,
뿌리는 지면이 아닌데서 생겼네.
달이 나오나 그림자가 보이지 않고
바람은 부나 소리가 들리지 않네.

이렇게 임금님께서 친히 하사하시면서 후한 상을 내렸다.

임진년(1592) 임금은 수레를 타고 서쪽 용만(龍灣)으로 가시니, 대사는 장검을 들고 나아가 알현하였다. 선조가 하교하시기를,
"세상의 혼란이 이와 같거늘 대사는 널리 구제할 수 있겠는가?"
하시니, 대사는 울면서 명을 받들고 청하여 일렀다.
"국내의 승려들 가운데 늙고 병들어 군대에 임할 수 없는 자들은 현지에서 기도를 올려 불신(佛神)의 도움을 기원하도록 신이 명령할 것이며, 그 나머지는 신이 모두 통솔하여 군대의 앞에 나아가 충성의 마음을 바치겠습니다."
선조가 의롭게 여겨 8도 16종 도총섭으로 임명하고, 방백에게 유시하는 예로 대우하였다.

이에 송운은 7백여 명의 승군을 거느리고 관동에서 궐기하였고, 처영은 1천여 명의 승군을 거느리고 호남에서 궐기하였으며, 대사는 문도 및 자원한 승군 1천5백, 도합 5천여 명을 거느리고 순안 법흥사에 모여 천병(明軍)과 더불어 앞서거니 뒤서거니 하여 그 세력에 도움이 되었으며, 모란봉에 출전하여 베고 포획한 것이 매우 많았다. 천병이 드디어 평양에서 이기고 송도를 수복하자 경성의 적들은 밤을 틈타 도망갔다. 대사는 용사 1백 명을 이끌고 임금의 수레를

맞이하여 서울로 돌아왔다.

명나라 제독 이여송이 첩(帖)을 보내 축하하고 장려하였으며, 시를 지어 증여하였다.

공리를 도모할 뜻이 없어
온 마음으로 도와 선을 배우다.
이제 왕사가 급하다는 말 듣고서
총섭이 되어 산봉우리를 내려왔네.

여러 장수와 관리들도 앞다퉈 편지를 보냈다. 적들이 물러가자 대사는 장계를 올렸다.

"신이 나이 80이 되고 근력이 쇠진하였으니 청컨대 군사는 제자인 유정과 처영에게 맡기고, 신은 총섭의 직책을 반납하고 묘향산 옛 거처로 돌아가게 해 주십시오."

선조가 그 뜻을 가상히 여기고 그 늙음을 안타까워하며 국일도대선사 선교도 총섭 부종수교 보제등계존자라는 호를 내려 주었다. 이로부터 의가 더욱 높아지고 이름이 존숭되었다. 풍악·두류·묘향의 여러 산을 왕래하였는데 항상 따르는 자가 천여 명이고, 세상에 이름난 제자가 70여 명이었다.

갑진년(1604) 정월 23일에 대사는 묘향산 원적암에 제자들을 불러모아 분향하고 설법하였다. 그리고 자기의 영정을 가져다가 그 뒷면에 썼다.

"80년 전에는 그대가 곧 나였는데,
80년 후에는 내가 곧 그대일세."

이윽고 송운(사명대사)과 처영에게 보내는 편지를 다 쓰고는 가부좌를 틀고 입적하였다. 세수는 85세요, 법랍은 67년이었다.

특이한 향기가 방안에 가득하였다가 21일이 지난 후에야 비로소 사라졌다. 제자 원준과 인영 등이 화장하고, 영골 1편과 사리 3매를 받들어 보현사와 안심사에 부도를 세웠다.

또한 1편은 제자 유정과 자휴 등이 모시고 금강산으로 갔다가 여러 매의 사리를 얻어 유점사의 북쪽에 탑을 세웠다.

우리 동방의 태고화상이 중국 하무산에 들어가 석옥에게 사사하고 환암에게 전하였다. 환암은 구곡에게 전하였고, 구곡은 정심에게 전하였다. 정심은 지엄에게 전하였고, 지엄은 영관에게 전하였다. 영관은 서산대사에게 전하였으니, 이는 실로 임제의 정맥이다. 서산대사는 홀로 그 종법을 이루었다고 한다. 대사가 지은 저술로는 선가귀감(禪家龜鑑)·선교석(禪敎釋)·운수단(雲水壇) 각 1권이 있고, 청허당집 8권이 세상에 전한다.

숭정(崇禎) 3년(1630) 경오 9월에 세운 이 비석은 월사 이정구가 찬한 것이다.

홍문관 대제학 장유(張維)가 찬한 금강산 묘향산 비와, 홍문관 대제학 서유린(徐有鄰)이 찬한 대흥사 기적비(紀績碑)가 있는데, 이제 간추려 반복되지 않게 정리해 보면 다음과 같다.

순안의 법흥사에서 (의승들이) 모여 항상 명의 병사들과 호응하는 형세를 이뤘다. 나아가 적을 만나면 모란꽃 흩어지듯 물리쳐 평양을 탈환하고 개성을 수복하였다. 용맹스러운 군사 7백 명을 선발하여 임금을 호송하고 환도하니 도성 사람들이 감탄하며 명의 장수 또한 더욱 공경하였으나 대사는 물러나서 자신의 능력을 자랑하지 않았다.

대사가 열반 이후 185년이 지난 현재 임금 즉위 12년(1788) 무신년에 이르러 대사의 7세 법손 천묵(天黙) 등이 대둔사의 남쪽에 사당을 세우고 대사의 초상을 걸어서 스승의 영령을 편안히 하려고 서로 이끌며 발이 부르트도록 걸어와 편액을 써 주도록 조정에 청하였다.

임금이 중흥을 이룬 전공의 미덕을 생각하고 휴정의 충성심을 가상히 여겨 특별히 명을 내려 사액하기를 '표충'이라 하였고, 증직을 더 높여 주었다. 이윽고 다음 해(1789) 4월에 예관을 보내 재계하고 향축을 올리며 제사를 지내게 했다. 이보다 앞서 영남에 사당이 있으니 표충사(사당은 밀양군에 있다)라고 하였는데(송운을 기리는 사당이다) 이제 스승의 사당 역시 표충사라고 하였다.

오호라, 충은 아름다운 이름이고 성대한 절개로다. 신하된 자로서 누가 그 아름다운 이름을 뒤따르지 않고 성대한 절개를 지키려고 하지 않겠는가. 그러나 항상 충성이 지극함에 이르지 못하니, 이르더라도 혹 충성을 발휘할 기회를 만나지 못하거나 만나더라도 혹 후세에 알려지지 못할 수도 있다. 대사와 같은 분은 불교의 으뜸가는 스님으로 전란을 만나 의분심을 일으켜 드디어 이름이 길이 빛나게 되었다.

그전에는 성왕의 각별한 대우를 받았고, 후일에는 밝은 군주가 가상하게 여겨 장려했다. 스승과 제자 두 사람이 이토록 빛나게 사당에 모셔지고 영남과 호남 천리 안에서 서로서로 우러러 예로부터 신하된 자로서 이런 대우를 받는 것은 매우 드문 일이다. 대사는 능히 이런 대우를 받으니 어찌 위대하지 않겠는가.

서악의 금정 가득 서렸으니
천 길 이름난 재목은 얻지 못하리.
신인이 있어 맨발로 일어나니
봉황 날개에 기린의 털과 같은 덕을 받았도다.

어찌 향로봉에서 노닐고 금석을 떨치지 아니하는가.
호걸을 굽어보고 웃으며 초파리 사는 좁은 곳에서
어느 날 남쪽 오랑캐 우두머리 전란을 일으키니
때마침 우리나라 백년 만에 재앙 입었네.

마침내 자비심 없애고 적 없앨 것을 서원하였으니,
용만에서 눈물 흘리며 붉은 충심 보였네.

쇠북을 꽝꽝 쳐서 의승병을 모으니,
번개처럼 모여들어 산골짜기 가득 메웠도다.
깨끗이 적을 몰아내 경관(京觀 ; 적의 무덤)을 쌓고,
임금을 맞이하여 옛 도읍을 수복하였네.
법수(불법)는 금강 같아 바다 배 물러나라고 비니,
총탄과 불길도 곧바로 식어버리네.

널리 중생을 구제하여 극락에 오르려 했는데
묘향산에서 본 모습으로 돌아왔네.
법신은 원만하여 남북이 따로 없고
방장산 봉래산 모두 내 집이네.

해남 땅 신월록(新月麓)에
우뚝한 사당 천묵(天黙)이 지으니,
어떻게 의발을 간직할 수 있으리오.

자거와 유리, 벽옥(碧玉)을 첩첩이 둘러서
천향(天香) 감아 돌아 책축(册祝)을 좇고
환한 아침햇살이 편액을 비추네.

편액을 표충이라 하여 영웅의 혼백에 보답하고,
임금께서 내린 명예 오색을 밝히네.
버팀목은 하늘의 기둥처럼 굳게 땅을 떠받치고
영원토록 그 풍도 전하여 먼 땅(일본)을 경계하네.

아! 그대 남쪽 고을 사람들아 이 비석을 보라.
스님이면서 선비의 옷을 입었구나.

건륭 56년(1791) 신해년 월 일 세움.

표충사에 도총섭과 도승통·도유사·도원장을 두었다.

이 외에도 홍문관 대제학 장유(張維)가 해남 대흥사에 세운 비가 있고, 월사 이정구(李廷龜)가 찬한 묘향산 비문도 있으나 반복되는 점이 많으므로 여기서는 생략한다.

　영가송(靈駕頌)
　얼음이 물이고 물이 얼음인줄 알면
　가고 오는데 걱정이 없다네.
　영가여, 당당한 제 모습 비쳐보소서.
　티끌이 어느 곳에 끼어 있는지!

〈나옹〉

의승장 영규대사(靈圭大師)

방패와 창을 휘둘러서 나라를 보호하는 것을 용(勇)이라 하고, 칼날과 살촉을 무릅쓰고 들판에 맡기는 것을 열(烈)이라 한다. 이 두가지를 갖추고, 또 그 의리의 정당함을 얻는 것을 충이라 한다. 이와 같은 것은 진실로 우리 명교(유교) 속의 사람이 하기는 어려운 것이다. 그런데 머리 깎고 승복을 입고, 윤리를 외면하면서 공적(空寂)에 빠진 자가 가히 그것을 얻을 수 있겠는가. 이 기허당 영규대사는 뛰어난 승려들 가운데서 홀로 높아, 옛날 충신 안상산(顔常山) 장저양(張睢陽) 무리와 같이, 여러 대사들에게 떳떳한 일을 보였다.

1839년 5월 창령위 김병주가 쓴 비액(碑額)에 춘추관사 조최영(趙㝡永)이 찬하고 금산군수 조최영(趙㝡永)이 쓴 비문을 보면 다음과 같다.

"대사의 속성은 박씨이고, 밀양 사람이며, 서산대사의 뛰어난 제자이다. 항상 공주의 청련암에 거주하였고, 신통력이 있었으며, 선장(禪杖)으로 무술 연마하기를 좋아하였다. 섬 오랑캐의 변란이 미치자 임금이 수레를 타고 피난을 떠나니 대사의 분노가 심하여 3일을 통곡하였다. 의병장이 되겠다고 스스로 천거하니, 주목(州牧) 허욱(許頊)이 장하다 하며 허락하였다. 이에 의승 수백 명을 규합하여 여러 방어장들과 더불어 청주에서 왜적과 싸웠다. 관군은 무너졌으나 대사는 홀로 적과 맞서 싸우는데 의병장 문열공 조헌이 말을 몰고 달려와 진연에 연합하여 청주를 진압하니, 서문의 왜적이 크게 패하여 밤을 타서 달아났다.

조공이 장차 금산의 왜적에게 진격하려 하니, 대사가 간하였으나 따르지 않았다. 대사가 말하기를, "조공을 홀로 죽게 할 수는 없다" 하고 함께 갔다. 금산군에서 10리에 이르렀을 때, 비를 만나게 되어 미처 진지를 세우지 못하였다. 대사가 말했다.

"싸움은 미리 대비해야 후환이 없으니 잠시 늦춥시다."

하였으나 조공이 말했다.

"이 적들은 내가 능히 대적할 것이 아니오. 나는 다만 충의로써 병사들의 마음을 격려하여 그 기세를 타려고 합니다."

다음 날 새벽 적들이 쳐들어왔는데, 우리 대사는 후속 부대가 없었고 조공은 죽고 말았다. 어떤 사람이 말하였다.

"적들이 몰려오는데 어찌 여기서 떠나지 않습니까?"

대사는 꾸짖으며 말하였다.

"죽음만 있을 뿐이니, 어찌 살려고 하느냐?"

싸움에 더욱 힘쓰다가 또한 죽었다. 이 때가 만력 임진년(1592) 8월 18일이었다. 슬프도다. 대사께서 조공을 얻었으나 죽기를 한결같이 바라니, 조공에게 또한 더욱 영광이 되었다. 조정에서는 대사의 죽음을 나라의 일로 생각하여 불교의 예법인 다비로 하지 않고 예를 따라 장사를 지냈다. 개류산(蓋柳山)에 영규대사의 무덤이 있다.

가만히 듣자 하니, 불교는 정법안장(正法眼藏)이 전래된 후로 여러 세대를 살펴보면 달마가 서역에서 온 후 비로소 은밀한 뜻이 천명되었다. 법을 이은 고덕(영규대사)이 아승지 항하사와 같을 뿐만 아니라 그 유(類)는 모두 마음을 설하고 본성을 설하여 오묘하고 황홀한 경지에서 그 도를 구하니, 그 아래의 것은 인과의 환연(幻緣)이 부른 말단에 불과할 따름이다. 역대 내전(불경)의 여러 품을 살피니, 전등(傳燈)에 기록되어 있다.

이른바 용과 열, 그리고 충이 어찌 대사에게 없다고 하겠는가. 대사를 유교에서 말하는 최고 경지의 인물이라고 해도 옳다. 그러므로 군사 중에서 그 의를 떨치는 것을 자비라고 하고, 강적을 꺾는 것을 용맹이라 하며, 그 적을 꾀로써 무너뜨리는 것을 지혜라고 한다. 필시 죽을 것을 알면서 혼자 사는 것을 견딜 수 없는 것이 선신(善信)이다. 백년 동안의 법이 있는 동안 7척의 목숨을 버리는 것은 (자신의 욕망을) 자르고 버린 것이다.

능히 이러한 고행에 힘쓰는 것은 각오(覺悟)이며, 능히 이러한 신묘한 진리를 이루는 것이 해탈이다. 원만 구족한 실상은 자재하며, 참된 진실의 근본은 무너지지 않으니, 곧 이것이 부처이고, 곧 이것이 위없는 보리(菩提)이다. 저 소승의 소리와 향에 장애가 되고, 계율에 구속되는 자를 어찌 족히 논하겠는가.

군(郡)에 종용사(從容祠)가 있어 조공을 배향하고 또 대사도 배향하였다. 2백여 년이 지나 을미년을 맞아 법제자 대인(大仁)이 군의 남쪽 진락산(進樂山) 서록에 전각을 세워 대사의 진영을 봉안하였다. 편액을 의선(毅禪)이라 하였고, 장차 비석을 새겨 뜻을 기리고자 하여 여기에 또 향화로 공양하였다. 그 일을 주관하는 사람은 읍의 군수 조최영이었다. 대인선사가 나에게 조후당으로 따르도록 하더니, 도문(都門) 앞에서 발길을 막고, 다가서며 글을 청하였다. 나는 그 뜻을 모은 정성을 아름답게 여겨 마침내 비명을 지었다.

슬프도다.
일체 중생이 죽음과 삶의 근원을 깨닫지 못했으니
금관(金管)의 진실한 도리가 아니며,
□□가 신묘한 말이 아니다.

내가 마하살을 듣고, 세존을 진실로 실현하여
베풀어주신 4은에 마땅히 보답하려 하나,
부처님의 은혜 또한 임금의 은혜와 같다.

생각하건대 대사는 진토(塵土)에 올라
큰 그릇에 오랫동안 뿌리를 쌓아
옛날 마정수기에 참여하였으리라.

서산, 즉 기원정사에서

(국가의) 위태로운 상황을 구제하려는 서원을 일으켰으니,
이를 우란분이라 한다.

천지가 백유(白乳)를 통곡하고
이무기와 사자(왜군)가 마침내 어둠을 헤매게 하나,
원광(圓光)은 이윽고 사라지지 않고
법신이 향번(香幡)을 인도하여 칠보로 장엄하였으니,
영원히 불이문을 진압하였도다.

  청산송(靑山頌)
청산은 나를 보고 말없이 살라 하고,
창공을 나를 보고 티없이 살라 하네.
탐욕도 벗어놓고 성냄도 벗어놓고
물같이 바람같이 살다가 가라하네.

〈나옹〉

신유년(1561)에 선과에 합격한 후부터 스님의 화려한 소문이 점차 높아지자, 당시에 학사 대부 시인인 박사암(淳)·이아계(山海)·고제봉(敬命)·최가운(慶昌)·허미숙(荷谷)·임자순(白湖)·이익지(蓀谷) 등의 학자들이 모두 스님과 깊은 교류를 가지면서 시와 문장을 주고받아 시문을 짓는 사람들에게 널리 전파되어 미담이 되었다.

일찍이 하곡(허미숙)과 더불어 한유의 문장, 곧 한퇴지(韓退之)가 지은 문장 가운데 가장 분량이 많은 거편을 한 번 보고 암송하자고 약속하였는데, 한 번만 보고도 틀리지 않았다. 하곡은 감탄하면서 수사본(手寫本)을 주었다. 기고봉이 말하기를,

"만약 이 재주만 믿고 스스로 만족한다면 학문은 반드시 더 이상 나아가지 못할 것이며, 세월을 허비하고 지금까지의 공로를 그르칠 것이니 아깝도다."

스님은 이 가르침을 받고 두렵고 공경하는 마음으로 부지런히 연마하고 조금도 게을리하지 않았다. 이로 말미암아 소재상(蘇齋相 ; 盧守愼)으로부터 사자서(논어·맹자·중용·대학)를 수학하였고, 또 이백과 두보의 시도 배웠다. 이로부터 문장이 나날이 증진하였을 뿐만 아니라 내전(불경)의 천함(千函) 역시 모두 섭렵하였으니, 가사를 입고 불경을 익힌 자들이 산문으로 구름처럼 모였다.

을해년(1575)에 불교의 신망을 받아 선종 사찰의 주지 추천을 받았으나 사양하고 석장을 짚고 떠나 묘향산으로 들어가서 비로소 청허스님 좌하에서 설법을 청하였다. 서산대사가 심지를 제시하여 깨닫도록 하고 성종(性宗)의 도리를 전수하니 말로써 크게 깨달았는데, 곧 말의 무리들을 모두 쓸어버리고 익숙해진 것도 함께 끊어버렸다. 이전에 시문을 짓는 사람들과 교류, 유희하면서 아름다운 말로 꾸몄던 것을 참회하면서 안심(安心)과 정성(定省)에 뜻을 집중하여 2년 동안 고행하여 정법을 얻었다.

무인년(선조 11년, 1578) 서산대사를 하직하고 풍악산 보덕사로 가서 3년간 정진한 후 남쪽 팔공산 청량산·태백산 등을 순례하였다.

병술년(1586) 봄, 옥천산 상동암에 이르렀는데, 어느 날 밤 폭우가 내려 뜰 앞에 피었던 꽃이 모두 떨어졌다. 이를 본 스님은 문득 무상을 깨닫고 문인을 모아 놓고 말하였다.

"어제 피어난 꽃이 오늘 빈 가지뿐이니 인간 세상의 변함과 없어짐도 또한 이와 다를 바 없건만 덧없는 인생이 마치 하루살이 같은데도 세월을 허송하고 있으니 참으로 슬프고 답답하다. 너희들은 각각 영성(靈性)을 갖추고 있는데 어찌 이를 되돌려 일대사인 생사 해탈을 구하려고 하지 않는가. 여래는 나의 마음속에 있거늘 어찌 마음 밖으로만 달려가 추구하면서 세월만 보내고 있는가?"

하고, 곧 문도를 흩어 보내고는 홀로 선실에 들어가서 말하지 않고 가부좌를 맺고 정진하였다. 간혹 10일간 나오지 않을 때도 있었는데, 이를 엿보니 마치 흙으로 빚어놓은 사람 같았다.

기축년(1589) 오대산 영감난야(영감암을 말함)에 머물고 있었는데, 정여립의 역모 사건에 잘못 연루되어 강릉부 감옥에 투옥되었다가 유생들이 그 억울함을 관에 호소하여 풀려났다. 경인년(1590) 풍악산으로 가서 3년간 주석하였다.

임진년(1592) 여름에 왜적이 영동으로 침입하여 유점사에 이르렀는데, 그 때 "우리나라 사람이 왜적들의 길잡이가 되었다"는 말을 듣고 스님이 말씀하였다.

"만약 왜적이라면 어렵겠지만 혹시 우리나라 사람이 있다면 필담으로 이해시 킬 수 있을 것이다."

말하고, 10여 명의 문도를 거느리고 유점사 산문으로 들어갔다. 문도들은 모두 결박을 당하였으나 오직 스님만은 중당에 이르렀다. 이 때 왜장의 두목이 스님이 비상한 사람이라는 것을 알고 손님과 주인의 예로 대접하고 그 문도를 풀어주었다. 스님이 글을 주고받았는데 모든 왜군들이 진심으로 존경하고 산중의 깊은 곳으로 보내드렸다.

스님이 문도에게 말씀하였다.

"여래께서 출세하신 본뜻은 중생을 구호하기 위함인데, 이 왜적들이 장차 횡포가 심하여져서 우리 백성들을 해칠까 염려된다. 내가 마땅히 광포한 왜적들에게 찾아가 그들을 깨우쳐 만행을 그치게 한다면 부처님의 자비한 가르침을 저버리지 않을 것이 될 것이다."

곧 석장을 짚고 고성(高城)으로 들어가니 적장 3인이 함께 예우를 갖추었다. 스님께서 글을 써서 그들에게 절대로 살생하기를 즐겨하지 말 것을 권하니 세 장수가 모두 합장하고 계를 받았다. 3일 동안 공양을 받았는데 성을 나갈 때 송별연을 베풀어 주었다. 당시 9개 군의 백성들이 죽음을 면하게 된 것은 모두 스님의 공이다.

선조대왕이 한양을 내주고 의주로 파천할 때 비분강개하여 모든 승려에게 일렀다.

"우리들이 이 땅에 살면서 편안히 먹고 넉넉하게 지금까지 살 수 있었던 것은 추호만큼 작은 것이라도 모두 임금의 덕택이다. 이와 같이 어렵고 위태한 일을 당하여 앉아서 바라볼 수만 있겠는가?"

하고, 곧 수백 명의 승려를 모아 급히 순안현(法興寺)으로 가니 여러 의승들이 각지에서 모여들었는데, 수천 명이었다. 이 때 청허는 조정으로부터 명을 받아 여러 도의 승병을 거느리는 총섭이라는 직책을 받았으나 연로하여 사양하고 대신 스님을 천거하였다. 드디어 대중을 통솔하고 체찰사(體察使) 유성룡을 따라 명 장수 유정(劉挺)을 도왔다.

다음 해 정월 평양에서 적을 격파하니 소서행장이 달아났다. 도원수 권율을 따라 영남으로 내려가 의령에 머물면서 자못 적을 베고 포로로 잡는 것이 많았다. 왕이 가상히 여겨 품계를 당상에 올렸다.

갑오년(1594) 봄, 총병(總兵) 유정이 스님으로 하여금 부산 왜의 진영에 들어가도록 하였다. 가등청정을 타이르기에 세 번이나 반복하니 그 요령을 얻었다. 청정이 물었다.

"조선에 보배가 있느냐?"

"없다. 보배는 일본에 있다."

"무엇을 두고 하는 말인가?"

"바야흐로 우리나라에서는 그대의 머리를 보배로 여기니 지금 일본에 있다."
청정이 매우 놀라워하며 감탄하였다.

임금께서 불러 대궐에 나아가니 평생의 일을 물으시며 하교하여 말씀하셨다.
"옛적에 유병충(劉秉忠)과 요광효(姚光孝)는 모두 산인으로 수승한 공을 세워
후세에 이름을 떨쳤도다. 이제 나라의 형세도 이와 같으니 그대가 머리를 기른
다면 백리의 관장이든 삼군을 호령하는 무엇이든지 줄 것이다."

스님이 사양하며 감히 받아들이지 않고 물러나니 왕께서 무고(武庫)의 갑옷
과 병기를 내어 주었다. 영남으로 돌아가 남은 적을 추격하고, 연이어 용기·
팔공·금오의 제 산성을 수축하여 방비를 굳게 하고 각지의 요소마다 진지를
구축한 뒤에, 임금께 인수와 전마를 되돌려 보내고 척적(尺籍)을 비변사에 바치
고 글을 올려 물러나 쉬기를 청하였다. 그러나 조정에서는 극구 말리며 허락하
지 않았다.

정유년(1597) 겨울 마귀(馬貴) 제독을 좇아 도산에 들어갔으며, 무술년
(1598)에는 유정 제독을 따라 애교에 들어가 모두 뛰어난 공적을 이뤘다. 전후
에 병사들에게 먹일 곡식 4천여 석과 기갑(器甲)을 준비하여 단단한 계책을 세
우니 임금이 기뻐하였으며, 특별히 가선대부 동지중추부사로 제수하였다.

신축년(1601)에는 부산성을 수축하였으며 돌아와 산에 은거하였다. 계미년
(1603)에는 명을 받아 서울로 올라왔다.

갑진년(1604)에는 국서를 받들고 일본에 갔다. 일본의 모든 재상이 일러 말
했다.
"이 분이 설보화상(說寶和尙)인가?"

대마도로부터 본토 도성으로 들어가니 모든 장수들이 다 믿고 약속을 하였

다. 승려들이 몰려와서 가르침을 받기를 원하니, 스님이 낱낱이 미혹함을 지도하자 다 부처라 칭하며 정례하였다. 또 풍신수길을 대신하여 정권을 잡고 있는 가강(家康)에게도 자세히 말하였다.

"양국의 백성들이 도탄에 빠진 지 오래되니 내가 널리 구제하기 위하여 왔다."

하니 가강 역시 불교에 귀의한 자로서 이를 듣고 신심을 발하여 공경하기를 부처님 대하듯 하였다. 마침내 화의(和議)를 이루어내고 포로로 끌려간 남녀 3천 5백여 명을 함께 돌려받으니 배불리 먹여 바다를 건너 돌아왔다.

을사년(1605)에 복명하니 왕이 기뻐하며 그 노고를 치하하였으며 가의대부(嘉義大夫)의 계위를 더하여 주고 말과 저사(紵絲), 옷의 겉감과 안감 등 많은 물품을 하사하여 치하하였다.

이 때 청허대사가 이미 입적했으므로 바로 묘향산으로 들어가 영탑에 예를 올리고 보현사를 지켰다. 병오년(1606) 봄, 영선군(營繕軍)을 거느리고 나아가 법궁(法宮)의 공사를 하였으며, 삼청동에 띠를 맺었다.

정미년(1607) 가을, 벼슬에서 물러나 치악산으로 들어갔다.

무신년(1608) 선조대왕께서 돌아가셨다는 소식을 듣고 서울로 올라가 절을 하고 울었다. 그로 인하여 병을 얻어 심한 고통을 받았다. 금상께서 서도(西道)의 변방에 가서 오랑캐의 침략을 수비할 것을 명하시니 그 명을 받지 못하고 가야산에 들어가 병을 치료하였다. 임금께서 거듭 약을 내렸다. 경술년 가을, 왕께서 이를 걱정하고 의원을 경산에 보내 방백으로 하여금 보살피게 하였다.

8월 26일 여러 문도들을 불러 모으고 말씀하였다.

"사대가 거짓 화합하여 있다가 이제 장차 진여로 돌아가려 한다. 어찌 분주히 왕래하며 이 헛된 몸을 수고로이 하겠는가. 내가 장차 적멸의 세계로 들어가 대화(大化)에 순응하리라."

하고는 결가부좌를 하고 입적하였다. 11월 20일 문도들이 유골을 해인사의 서쪽 기슭에서 다비하니 상서로운 빛이 하늘을 밝히고 날던 새도 놀라 울었다.

이에 정골사리 1구를 얻어 석종을 조성하여 간직하였다. 그리고 그 땅에 탑을
세웠다.

대사의 속성은 임씨(任氏)인데 풍천이 본관으로 명망 높은 집안이다. 증조부
효곤(孝昆)은 문과에 급제하여 벼슬이 장악원 정(正)이었다. 일찍이 수대구(守
大丘)를 지냈는데, 이로인하여 밀양에서 한 집안을 이루고 있었다. 그 곳에서
유학인 종원(宗元)이 태어났으며, 종원은 교생인 수성(守成)을 낳았다. 수성은
달성 서씨에게 장가들어 가정 갑진년(1544) 10월 17일에 스님을 낳았다. 스님
이 입적하니 향년 67세 법랍 57년이었고, '자통홍제존자(慈通弘濟尊者)'라는 시
호를 내렸다.

스님은 젊은 시절에 저술한 것이 많아서 나의 중씨(둘째 형)인 하곡(荷谷)의
처소에 있었으나 병화로 많이 없어지고 문인들이 전해 외우는 것을 모아 7권으
로 엮어서 전한다. 아는 사람들은 스님의 그 청섬(淸贍)함을 상찬하여 말하였다.

"오호라, 스님의 일생이여! 요란하고 고통스러운 시대에 태어나 용마(오랑캐)
가 핍박하고 나라가 강적과 대적해 싸우는 어려운 시대를 맞아 법보를 선영하
고 미혹한 중생의 번뇌를 털어 없애며 씻어줄 겨를이 없었다."

스님을 깊이 알지 못하는 사람들 중에는 스님이 피안으로 건네주는 뗏목의
역할을 등한히 하고, 구구하게 나라를 위하는 일에만 급급하였다고 하지만, 어
찌 나라를 침범하는 악마를 죽이고 국난을 건지는 것이 바로 불가의 공덕인 줄
알 수 있겠는가! 유마힐의 무언이 바로 불이법문에 들게 하는 것이니 어찌 요
란스럽게 말로써 가르칠 필요가 있겠는가.

재주 없는 내가 비록 유가에 속하는 무리이나 형 아우 하는 친한 사이로 스
님을 가장 깊이 알고 있었다. 논하여 묻노니, 목우자(지눌)와 강월(나옹)의 도
맥을 이은 분으로 우리 스님 외에 과연 누가 있겠는가. 후에 반드시 가릴 줄
아는 자가 있을 것이다. 명(銘)은 다음과 같다.

석가모니 부처님(薄伽梵)이 인도에서 성도하여
법을 펴서 열반묘심을 전하고 또 전하여
진단의 동쪽으로 오랑캐인 우리 삼한에 이르니
영명(永明)으로부터 강월헌이 홀로 원만히 법을 받았다.

그 말엽의 비춤을 이어서 서산이 가장 먼저
지혜의 횃불을 밝히어 지혜의 거울을 밝게 걸으니
상족이 된 자가 백천이나 되나
다만 자랑할 만한 이는 종봉(송운의 호)
능히 뗏목이 되고 나를 잇게 하였다.

위대하신 종봉스님의 교훈 한량없는 중생을 제도하였고
모든 선행 닦고 닦아 세상일에 물들지 않아
모든 행을 똘똘 말아 수행할 때에 삼의일발
전란이 벌어졌을 때 병장기 늘뿐

마구니를 꺾고 뭇 고통을 제거하며 나라를 편안하게 하니
수포(獸袍) 금장(金章)을 받았으나,
총애를 사라지는 연기처럼 여기시고
망망한 고해중에 헤매는 중생 동쪽 오랑캐가 침범하였네.
우리 스님 자비의 배를 띄워 후생의 몽매함을 일깨워 주었네.

덕 높은 스님 모습 뵙기를 목말라 샘을 찾듯
무릎을 꿇고 약속을 하되 왕의 정책 널리 천명하였으며,
국난을 모두 끝내니 산중으로 돌아갈 마음 더욱 간절하네.
몸과 마음 쉬고 정진하여 남은 여생 허송치 않았네.

법궁 건립 감목 맡아 현지로 가고
공사중에 병을 얻어 물러나와

환경좋은 사찰을 찾아가 편안히 쉬시며 정양하시다가
거의 70세를 누리시며 선법을 더욱 베풀고
단정히 결가부좌를 맺고 입적하시니
인천(人天) 대중 구름같이 몰려들었네.
단특산(檀特山)이 무너지고 니련하(泥連河)의 물이 마르며
부처님의 백호상도 빛을 잃었고 거룩하신
상호 색을 잃었네.
생과 멸 사라진 열반하시니 우매한 중생들은 눈물 흘리며
많은 스님들 함께 모여 원 세워 사방으로 화주하였네.

보답으로 탑과 비 세워 부처님과 스승의 은혜 갚고자
홍류 언덕 홍제 옆에 탑비 세우고
영정을 봉안하니 주변이 환하게 빛나네.
넓고 깊은 충정 미래겁이 다하도록 영원히 서 있어
그 칭송 끊임없어 석장비에 담고 있는 그 원력이여!

가섭존자 미소 짓고 유마힐(維摩詰) 말 없음으로
설법하고 훈도하지만 둘은 모두 방편인 것을
무쟁삼매(無諍三昧)는 가히 실(實)이고 권(權)이로다.
밝고 밝은 해와 달같이 만고에 변함없이 길이 빛나리!

부휴 선수(浮休 善修)선사

백곡산 처능스님이 쓴 홍각 등계(弘覺登階)화상의 비문을 보면 다음과 같다.

임제 24대 뒤에 적손 부휴(浮休)가 있었는데, 부휴는 호이다. 법명은 선수(善修)이고 속성은 김씨이며, 옛 대방(帶方 ; 전북) 오수(獒樹 ; 남원) 사람이다. 아버지는 적산(積山)인데, 선조는 신라의 대성이었으나 신라가 망하자 가문이 몰락하여 서인이 되었다.

예전에 어머니 이씨가 수태의 기미가 없는 것을 답답해하며 아들 낳을 것을 맹세하여 모든 것을 버리고 집을 나와 곧 길 옆의 오래된 돌에서 쉼없이 기도하며, 열흘 동안 게을리 하지 않았다. 어느 날 저녁, 눈을 붙인 사이에(꿈에) 신승이 둥근 구슬 하나를 주어서 그것을 삼켰더니 임신하게 되어 계묘년(1543) 2월 무자일에 낳았다.

두세 살 되었을 때 어머니가 고기를 먹일 때만 싫어하여 거절하고 굳이 달래면 겨우 말린 생선의 찌꺼기나 먹고, 맛난 고기의 기름진 것은 목구멍으로 넘기지 않았다. 어린 나이에 부모에게 여쭈어 말하였다.
"덧없는 인생 흘러 떠도느니 저는 장차 출가하겠습니다."
(부모님께) 하직한 뒤 두류산(지리산)에 들어가 신명(信明)장로를 따라 머리를 깎고, 부용대사를 알현하여 (대사의) 모든 것을 다 얻었다.

그 사람됨이 배는 볼록하고 눈썹은 길며, 큰 키에 뺨이 살쪘는데 다만 왼손이 자유롭지 않았다. 법을 얻은 뒤에 노상국 수신(守愼 ; 蘇齋)에게 책을 빌려 집에 소장하고, 1년에 일곱 번 열람하니 글은 읽지 않는 것이 없다. 필적 또한 힘있고 아름다웠는데 왕법(왕희지)을 본받았다. 송운 정공(政公 ; 惟政)과 이름을 나란히 하여 당시 '이난(二難)'이라고 불렀다.

일찍이 제자 하나가 몇 글자를 받았는데, 왕도(한양)을 지나가다가 서예에 능한 중국사람을 만나 그것을 내어 보이니, 오래도록 주목하다가 말하였다.
"필체가 정기가 있고 굳세니 예로부터 쉽게 볼 수 없는 것입니다. 비록 그러하지만 점과 획의 흔적을 보니 필시 도인이 휘두른 것입니다."

선조 임진년에 섬 오랑캐가 경계를 침략하여 산과 들을 크게 짓밟았다. 스님은 그 때 덕유산에 머물면서 골짜기 속에서 칼끝을 피해 몸을 숨겼다. 날이 저물어 왜적들이 이미 지나갔다고 생각하고 산골짜기 길을 따라 암자로 돌아왔는데, 왜구 십수 무리가 산기슭에서 나왔다. 스님이 손을 깍지 끼고 서자 왜적들은 칼을 휘두르며 기세를 부렸으나 스님은 태연히 동요하지 않았다. 왜적들이 대단히 기이하게 여기며 모두 둘러싸고 절을 하고 흩어지니, 적들이 평정되었다.

스님이 가야산으로 가자 마침 천장(명의 장수) 이종성(李宗城) 대인이 황제의 명을 받고(풍신수길)을 관백으로 봉하는 (책서를 가지고 일본으로) 가던 길에 해인사를 들렀다고 스님을 한 번 보고는 문득 돌아갈 것을 잊고, 며칠 머물겠다고 말한 뒤 그렇게 머물렀다. 이별할 때에 한 장의 시를 주며 서신왕래를 기약하였다.

그 후 얼마 안 되어 스님은 구천동으로 이주하였다. 그믐의 어느 날 저녁 눈을 감고 원각경을 암송하다가 마치 끝내지 않았는데, 불안한 소리가 들리는 듯하여 눈을 뜨고 그것을 보니 커다란 구렁이 한 마리가 계단 밑에 엎드려 있었다. 스님이 암송을 멈추고 한 발을 들고 그 꼬리를 밟으니 이무기가 머리를 숙이고 꿈틀꿈틀 도망가기에 쫓아갔으나 보이지 않았다. 그날 밤 꿈에 늙은이가 절을 올리며 말하였다.
"화상의 설법을 받아 이미 고뇌를 떨쳤습니다."
그 신비롭고 기이함이 모두 이와 같았다.

광해군 시절에 스님이 두류산에 머물렀는데 미친 중으로 무고되어 감옥에 잡혀 들어갔다. 담당 관리가 기개가 뛰어나고 언설이 빛나는 것을 보고 광해군에게 아뢰니, 광해군이 죄가 없다는 것을 통찰하고 다음날 궐 안으로 불러들여 도의 요체를 자문하고, 크게 기뻐하였다. 자란방포(紫襴方袍) 1령, 벽릉장삼(碧綾長衫) 1진, 연기중유(緣綺重襦) 1습, 금강수주(金剛數珠) 1관을 하사하고, 그 밖에 진귀한 노리개를 후하게 선물하니, 미처 다 기록할 수가 없다.

또한 봉인사에서 재를 베풀고 스님을 보내 증험을 삼게 하였다. 궐안의 준마 한 필을 내오게 하여 타게 하고 마부로 하여금 앞에서 인도하게 하니, 도읍 사람들이 풍모를 보고 종종걸음으로 달려와 절을 하고 뒤에 있는 것을 부끄러워하였다. 재를 마치고 스님은 사직하고 돌아가려고 하자, 승려와 속인이 앞을 다투어 가마를 교대로 들고 돌아왔다.

스님은 평생 높은 덕으로 사방에서 재화를 헌납하는 자들이 줄을 이었다. 받는 즉시 나누어 주어 물건 하나도 쌓아 놓지 않았고, 기량이 침착하고 굳세며 넓고 깊어 가늠할 수가 없었다. 승려들과 인연이 있어 끊임없이 모여드니 대중이 7백이 되었다.

만력 갑인년(1614) 스님의 나이 72세에 조계산 송광사에서 방장산에 갔다가 칠불사에 가는 등 발길이 인도하는 데로 나아갔다. 다음해 가을 7월에 경미한 질병이 나타나자 수제자 벽암대사를 불러 법을 부촉하였다.
"내 뜻을 너에게 두니 너는 명을 받으라."

11월 초 1일에 해가 겨우 신시(오후 4시)가 되었는데 목욕을 마치고, 시자를 불러 종이와 붓을 찾아 게송 하나를 썼다.

73년을 허환(虛幻)의 바다에서 놀다가,
오늘 아침 껍데기를 벗고 태초의 근원으로 돌아가네.
텅빈 공적에는 원래 물건이 없으니,

어찌 보리의 생사 근기가 있으리오.

게송을 마치고 조용히 입적하시니 세수 73세요, 승랍 57년이었다. 문인들이 다비하고 영골을 거두어 해인사·송광사·칠불사·백장사 네 곳에 부도를 세웠다. 5년 뒤에 광해군이 홍각등계(弘覺登階)를 추증하였다. 명(銘)은 다음과 같다.

임제 24세에 적통이 있었으니,
용은 용을 낳고 봉황은 봉황을 낳았도다.
석상이 스님 안아 보내온 구운 고기를 깨물지 못하였고
몸은 왜소하지 않고 글 또한 암송하였네.

손들고 붓을 휘두르는데
어찌 재주를 발휘하려고 안달하리오.
글씨는 가을 뱀, 봄 지렁이가 서로 끌고 당기듯 하고
바다 오랑캐들 방패 들고 칼날의 섬광을 드러내나
쥐며느리 보듯 마음에는 두려움 없네.

천장(明의 장수)이 동쪽으로 와서 왜적의 배 깨뜨렸으니
스님은 망설이다 잠깐 재갈 물리고 갇혔네.
눈을 감고 수다라(修多羅)를 속으로 읊으니
작은 뱀이 무슨 마음에서 시종을 욕되게 하겠는가?

미쳐 사나운 마승(魔僧)은 들춰내 헐뜯어 기만하였으나,
남관(南冠)이 누구라고, 기(氣)를 누차 아끼었도다.
군왕이 진실되게 상대하고 껄껄 웃으시며,
진기한 예물을 자못 두텁게 하사하셨네.

첩여(漢代女官)와 궁녀들이 친히 음식을 만들었으니,
오묘한 맛이 빼어났으나 수수밥만을 먹었도다.

근기가 다하자 홀연히 외짝 신 남기고 떠나가면서
법의를 전하고 법을 부촉하며 게송을 남기셨네.

(사리) 백급(白級)으로 솔도파(탑)를 네 곳에 세우니,
오호라 슬프도다. 애도의 뜻으로 추증하시니 참으로 한바탕 꿈이어라.

  불사(佛事)
수월도량(水月道場)에 공화불사(空華佛事)
무엇은 불사가 아니랴만
정관(正觀) 사관(邪觀)
전도몽상(顚倒夢想)이 나타난다.

〈보우대사〉

허한거사 경헌(虛閑居士 敬軒)

광덕대부 동양위 신익성(申翊聖)이 찬한 비문을 보면 다음과 같다.

"우리나라의 불법은 처음으로 신라에 들어와 고려시대에 번성하였다. 본조(조선시대)에 들어와 문교가 아름다워지고 밝아져서 (불교를) 점점 멀리하고 물리쳤다. 그러나 종풍은 사라지지 않고 법맥이 서로 이어져 청허당 휴정대사에 이르러 영관에게 법을 받아 중국 임제의 계보를 이어 나갔다.

곳곳의 비구들이 앞을 다투어 청강하니 강설하는 곳에는 항상 수천 명이 있었다. 오랜 뒤에 그 제자들 가운데 도리를 원만히 행하여 덕을 쌓은 자들은 각자 선문을 나누어 문도들을 받아들였다.

허한(虛閑)은 계율과 선해(禪解)로 산문에서 가장 두드러졌고, 법랍이 가장 오래되었다. 스님이 입적하시니 영이로운 기적들이 많이 나타났다.

스님의 제자 도일·홍민·설암·밀운·담원 등이 정성을 다해 기도했는데, 열흘 동안 게을리 하지 않았다. 그 앞뒤에 사리를 얻었는데, 보개산 심원사, 금강산 표훈사, 지제산 천관사, 대해산 묘희암 등에 나누어 두었다가 함께 석종을 세워 봉안하였다.

도일 등이 허한거사의 행장을 적어 나에게 비명을 부탁하며 대저 두 차례 왕래하였다. 그러므로 비로소 붓을 잡고 서문을 쓰게 되었다.

경헌은 그의 법명이고 자호는 허한거사, 그가 사는 곳을 제월당(霽月堂)이라고 하였다. 속성은 조(曺)씨, 호남 장흥 사람으로 어머니 이씨가 꿈에 한 인도 스님을 만나고 깨어나 임신하였다. 가정 갑진년(1544) 정월 14일에 태어나니,

체격이 매우 수려하였고 성품이 범상하지 않았다.

어릴 때 불상을 만들어 놀았는데, 10세에 부모를 여의고 15세에 천관산에 들어가 옥주선사(玉珠禪師)에게서 삭발하였다. 경서와 사서를 두루 읽어 고금의 사물의 진리에 통달하였으나, 한숨을 쉬며 탄식해 말하였다.
"이것은 세간의 법일뿐, 출세간의 법이 아니다."
곧바로 원철(圓哲)대선사를 찾아뵈었고, 현운 중덕(玄雲中德)을 참례하였으며, 여러 경전을 모두 섭렵하여 3장의 교리에 통달하였다. 또한 희(熙)·열(悅) 두 선사를 좇아 의심의 그물을 끊어내었다.

만력 병자년(1576)에는 서산대사의 도량에 나아가 주석하면서 서래의 밀지를 들었는데, 바로 그 자리에서 깨달아 거리낌이 없었다.
무인년(1578)에는 금강산 내원동으로 가 외물에 대한 관심을 끊고 내면을 성찰하며 먹는 것도 물리치고 혼자 앉아 좌선하기를 수 년, 확연히 얻은 바가 있었다. 이로부터 (법을) 물어오는 사람이 있으면, 도서(都書)와 절요(節要)로 의심을 끊고 이치를 분별하게 하고 선요(禪要)와 서장(書狀)으로 증명해 주었다. 배우는 자들을 조정하는 것은 스님의 손에 달려 있고, 입문자들이 헛되이 소득 없이 돌아가게 한 적이 없었다.

임진왜란 때는 청허당이 의승을 모집하자 의병을 일으키고 적을 섬멸하였다. 선조가 대사를 좌영장에 임명하자 잠시 군사를 지휘하기도 하였으나 이내 사양하고 물러났다. 선조가 그 절개를 높이 평가하여 특별히 판선교양종사(判禪敎兩宗事)에 임명하였다. 그러나 대사는 사양하고 받지 않으며, "만리장강의 물이라도 더러워진 이름은 씻어도 사라지지 않습니다" 하였다.

마침내 자취를 숨기고 세상에 나타나지 않으며 깊은 곳에 은거하여 나오지 않았다. 배우고자 하는 사람들이 운집하자 대사는 마침내 멀리 은둔하려고 풍악산이나 오대산·치악산·보개산 등으로 돌아다녔다. 대사는 풍악산을 가장 좋아하여 은선동에 암자를 짓고 7년 동안 머물렀다.

계해년(1623) 봄, 홀연히 산에서 나가고자 하였는데, 막는 자가 있었다. 대사는 시 한 수를 지어 보였다.

　금강산에 있는 것을 좋아하였으나

　항상 푸르러 구름을 일으킬 수 없을 것이오,

　도시락 차고 일찍 떠난다면

　마땅히 눈발이 밤에 흩날리리라.

오대산으로 옮겨간 후 대사의 말은 과연 그러하였다.

숭정 임진년(1632) 치악산에서 가마를 타고 보개산 심원사로 다시 돌아와서 말했다.

"이 곳은 나와 인연이 있는 산이다."

그로부터 얼마 되지 않아서 병이 들어 점점 쇠퇴하였다. 문인들이 임종게를 남기기를 굳이 청하자 문득 응하여 게를 지었다.

　진흙소가 바다에 드니 넓고도 아득하여 막연하여라.

　삼세의 일대사 인연을 깨달았거늘

　무슨 이로 다시 번뇌망상을 일으키겠는가.

　부질없이 재각(齋閣)에 와서 진편(陳篇)을 구하고 있네.

(게를 짓고 나서) 가만히 입적하였으니, 계유년(1633) 12월 26일이었다.

이날 밤에 상서로운 광명이 하늘까지 뻗쳤고, 삼나무와 전나무 등 상록수가 하얗게 변하였다. 다비하는 날 밤에는 폭풍으로 나무가 뽑히고, 눈과 우박이 번갈아 굉음을 내면서 퍼부었으며, 날아가던 새들은 떨어지고 짐승들도 슬피울었다. 다비식에 모인 대중들이 경탄하여 흠모하지 않는 사람이 없었으며, 모두 희유하고 특이한 일이라고 하였다.

내가 지난 날 관동지방으로 유람할 때, 법견·성정·응상·언기 등 여러 선승들과 함께 근세의 노덕스님들을 논하였는데, 모두 경헌스님을 으뜸으로 여겼다. 남방의 스님인 태능과 각성 또한 동감하였으며, 전국의 스님들이 그의 허점을 지적할 수 없었다고 하였다.

　슬프다! 스님 같은 분이 신라나 고려시대에 탄생하였더라면 반드시 왕사나 국사의 칭호를 받아 한 시대에 영예롭고 빛이 났을 것이다. 그러나 조선조 유학을 숭상하는 시대를 만나, 몸이 황적한 경지로 도망가서도 능히 그 도를 성취하였고, 그 문도들로 하여금 충의를 암송하여 주창케 하여 나라와 불교를 보호하였으니, 한 시대에 영예롭고 빛이 난 자와 더불어 득과 실이 분명히 가려졌다고 할 것이다.
　명(銘)은 다음과 같다.

　출가하여 수행함이 인륜을 어겼지만
　많은 중생 제도함은 천심에 부합되네.
　자나 깨나 언제든지 수행에 몰두하니
　그 이름이 고상하여 만고에 빛나리다.

　숭정 9년(1636) 8월 일 세우다.

의승군 허백당대화상(虛白堂大和尙)

이 글은 세자의 스승 이경석(李景奭)이 찬술하고 예문관제학 오준(吳俊)이 쓰고 남전군 우(俁)가 전각하였다.

지난날 내가 동욕(東浴)의 은혜를 입고, 기달산(금강산)에 들렀을 때 비로소 허백당이 선림의 종장임을 알았는데, 송월당 응상스님이 그의 스승이라고 한다. 그 후 수 년이 지나 내가 하교를 받들고 잠깐 영서(嶺西)에 갔을 때 허백당이 보개산 삼원사로부터 찾아와 겨울밤이 새도록 함께 등불의 심지를 잘라내면서 이야기를 나누었다. 아직 우군(右軍)의 관대를 풀기 전이었으므로 먼저 은봉(隱峰)의 석장을 날렸던 것이다.

또 그로부터 수 년 후 남방으로부터 서쪽으로 왔을 때, 서울에 들러 나의 집을 방문하였는데 전혀 도심에는 발을 들여놓지 않고, 나를 찾아와 묘향산에 새로 지은 암자의 기문을 나에게 청탁하였다. 이를 오랫동안 이루지 못하여 승낙한 책임과 부끄러움에 아득히 먼 거리에서 마음으로만 왔다갔다 하였다.

그러던 중 작년 말에 그의 제자인 삼인(三印)과 설해(雪海) 등이 천리의 길을 멀다 하지 않고 나를 찾아와서 스승인 허백스님께서 입적하였다면서 그의 자취가 담긴 행장을 내놓고 비명을 지어달라고 청하였다. 나는 부음을 듣고 깜짝 놀라면서, "슬프도다! 스님의 생전에 기문을 지어 달라는 부탁에도 부응하지 못하였거늘, 사후의 비명을 지어 달라는 부탁을 어찌 차마 거부하겠는가?" 하고 드디어 행장에 의거하여 서술한다.

대사의 속명은 희국(希國)이고, 법휘는 명조(明照)이다. 속성은 이씨요, 본관은 홍주이며, 허백은 그의 당호이다. 아버지의 이름은 춘문(春文)이니 통정대부로서 강동에서 살았다. 어머니는 신평 한씨(韓氏)니 훈련원 주부인 승무(承武)의 딸이다. 특이한 태몽을 꾸고 임신하여 만력 계사년(1593) 11월 9일에 스님을 낳았다. 골상이 매우 특이하여 귀는 크고 아래쪽이 두툼했다. 어릴 때부터 고기와 오신채를 먹지 않았고, 아이들과 놀 때에는 예불하곤 하였으며, 글을 읽을 때에는 한꺼번에 몇 줄씩 읽어 내려갔다.

7, 8세의 나이에 이미 출가할 뜻을 품고 있다가 13세 때 드디어 양육사인 보영(普英)스님을 따라 묘향산의 보현사로 갔다. 사명스님을 모시고 8백여 스님과 더불어 지내며 기꺼운 마음이 가득하여 머리를 깎고 사미계를 받았다. 이때 사명스님은 조정의 명을 받아 서울로 들어갔다. 이에 현빈당 인영(印暎)스님으로부터 지도를 받아 육진식심의 거친 망상심을 떨쳐 버렸다. 선·교 양종을 탐구하되 교리는 완허당에게서 송월당으로부터 각각 수학하였다. 한참 뒤에 두류산으로 가서 무염당(無染堂)에게 의심나는 부분을 질문하고, 다시 묘향산으로 되돌아갔다.

병인년(1650) 봄에 관서도백의 추천으로 조정으로부터 '팔도의승도대장'으로 임명하는 교지를 받고 승군 4천여 명을 거느리고 관군과 함께 평안남도 안주를 지켰다. 호구(胡寇)들이 전국을 유린하고 횡행하였으므로 용상대덕도 믿고 의지할 데가 없었으니, 예전에 있던 숲으로 돌아와 머물렀다.

그로부터 얼마 후 민성휘(閔聖徽)가 평안북도의 안찰사가 되었는데, 또한 스님을 초빙하였다. 스님께서 승병을 거느리고 단심으로 식량을 모아 수천 명의 군량을 넉넉히 충당하였다는 사실이 조정에 알려져서 임금께서 이를 가상히 여겨 '가선대부 국일도대선사 부종수교 복국우세 비지쌍운 의승도대장 등계'라는 시호를 내렸다. 그리하여 스님의 지혜의 구슬은 더욱 빛났으며, 자비의 배를 띄워 널리 중생을 제도하였으므로 스님의 명망과 업적이 널리 알려져서 스님들과 세상사람들이 모두 우러러보았다.

병자호란이 끝나고 국가가 안정되자 고요한 산중에서 수도하고자 표주박을 차고 육환장을 짚고 물을 건너고 산을 넘어 행각하였다. 동쪽으로는 봉래산으로부터 남쪽으로는 방장산에 오르고 심지어는 바다 가운데 있는 섬에 이르기까지 절과 명승지를 두루 찾아다녔다. 진전(참된 법)을 크게 천양하니 학도들이 구름처럼 모여들어 잠깐 사이에 수백명씩 찾아오므로 소나무 사이의 오솔길이 막혀서 왕래에 불편할 정도였다.

서쪽으로는 구월산에 이르러 패엽사에 주석하였는데, 스님의 명망을 듣고 찾아오는 학도들이 전과 같았다. 묘향산 보현사의 여러 승려들이 모두 스님을 맞이하여 모시고 돌아가 스승으로 추앙하였다. 스님은 묘향산에 있던 사고(史庫)의 옛터에 따로 불영대를 건축하고 면벽관심하는 선방으로 삼았다. 몸은 기수(기수급고독원)에 의지하고 혀는 연화정토를 설법하기를 어언 3년이 지났다.

어느 날 근처의 여러 암자를 소요하며 다른 스님들과 함께 우물물을 구경하다가 스님만이 홀로 먼저 돌아가면서 초연히 이르기를, "나는 이제 떠나야겠다"고 하였다. 이 말을 들은 사람들은 스님이 보현사로 돌아간다는 뜻으로 알아들었으나 스님은 입적하려는 뜻을 대중에게 알린 것이다. 그러나 전혀 아픈 기색은 보이지 않았으며 붓을 잡고는 임종게를 썼다.

신령한 마음은 만고에 밝도다.
진흙소는 달빛을 갈고
나무 말이 바람소리를 끌어당기도다.

이날 밤 눈을 감고 단정히 앉아 입적하였으니, 신축년(1661) 9월8일이었으며, 세수는 69세요, 법랍은 57년이었다.
모든 제자들이 흠모하는 마음에 슬픔을 머금고 맑고 지극한 정성으로 마음을 가지런히 하였다. 한 달이 지난 후 청정한 곳에서 다비하였는데, 이날 상서로운 오색구름이 자욱이 덮였고 층층으로 뱅뱅도는 회오리바람이 강하게 불었다. 홀연히 사리가 공중으로부터 쨍그랑하는 옥소리를 내면서 떨어졌다. 문도들이 함께 보현사 서쪽 산기슭에 석종을 세우고 사리를 봉안하였다. 또한 금강산 백화암(白華庵), 보개산 심원사, 구월산 패엽사, 해남 대흥사 등 여러 산중에도 각각 나누어 봉안하였는데, 그 역사의 관리는 의흠(義欽) 등 10여 명이 담당하였으니, 그 스승을 위한 정성이 참으로 갸륵하다고 하겠다.

그 문도의 말에 따르면 위로 능인(석가불)으로부터 임제 의현에 이르기까지 무려 70여 대이다. 이와 같이 대대로 상승하여 근래의 석옥 청공, 태고 보우, 환암 혼수 등은 모두 밝게 나타나 있어 상고할 수 있으며, 부용 영관, 청허 휴정, 송운 유정, 송월 응상(松月應祥) 등도 모든 사람들의 이목에 익히 남아 있다. 명조스님은 송월대사의 의발을 전해 받았지만 굳게 사양하다가 부득이하여 받아들였으므로 칠중의 명망이 더욱 높아 귀의하는 마음이 한층 더 간절하였다고 한다. 명은 다음과 같다.

아름답도다, 지혜로운 마음이여!
양 갈래로 머리 묶은 어릴 때부터
고통스런 인간세상 초월했으니
스님과 더불어 견줄 이 없도다.

일찍부터 진리의 자물쇠를 밝게 열려고
스승을 구하여 섬겼으며
두루 깨달음의 도량에 참례하여
법의 구름, 법의 햇빛 내려받도다.

묘향산의 보현사에서 주석하다가
석장 짚고 소요하며 방도(訪道)하였네.
유유하게 흘러가는 강물 위에
태산처럼 우뚝하게 솟아있도다.

왕명 받들어 관군과 함께 수비하니

군신의 의리를 어찌 감히 사양하겠는가.
금탕(金湯)처럼 견고했던 도성이 함락되니
구름도 새도 가지에 쉴 수가 없었도다.

다시 장수로 기용되어
거듭 다시 깃발을 세우니
충성심을 다 바쳐서 평정된 다음
나라 위한 공훈으로 준질(峻秩)에 서도다.

진탕(震蕩) 같은 전쟁이 비로소 안정되니
가사 떨치고 돌아섰네.
승병장을 버리고 자유로운 몸으로
구름처럼 사방으로 소요하였네.

예전 살던 도량으로 되돌아와
모든 것을 잊고 신당(新堂)에 앉도다.
주야육시 쉬지 않고 정진하였으며
대소승의 깊은 법문 연역하였네.

의심하던 부분들이 다 풀어지고
의심 그물 걸림없이 훤히 통하도다.
어느 날 저녁에 입적하시니
단정히 결가부좌한 채로다.

제자들은 모두 함께 호곡하였고
소나무와 냇물이 함께 울었도다.
보배로운 사리가 출현하니
빛나고도 영롱하도다.

여덟에서 둘을 빼고
다섯에서 하나를 더하니 여섯이구나.
이에 사리를 받들어 모시니
보배로운 탑 가운데 있도다.

보현사의 서쪽이고
안심사의 동쪽이니
어찌 유독 이 곳에만 모실 수 있는가.
또한 여러 곳에 나누어서 봉안하였네.

뜬구름은 탑을 덮어 호위하고
밝은 달은 쉴 새 없이 비추었네.
천추만대 흘러가도 사라지지 않고
묘향산과 하나 되어 영원하소서.

임인년(1602) 5월 일에 세우다.

허백당시집의 서문을 보면 다음과 같다.

옛날부터 나는 허백당과 원래 친하였다. 그뿐만 아니라 적선(謫仙 ; 李白)의 관휴(貫休)와 같고 동파에게 불인이 있는 것과 같다. 그러나 유·석이 다르고, 길을 달리함에 한가로이 잊고 있다가 중간에 얼굴 보지 못한 지가 바야흐로 20년이 넘는다. 무술년(1658) 무렵에 구월산에서 향악으로 돌아오는 길에 나를 지나치며 방문하여 한 번 얼굴을 마주하니, 옛 정이 두텁도다.

음진(音塵)이 끊이지 아니하여 항상 스스로 의문을 가지고 있었는데, 이후 신축년(1661) 가을 9월에 허백이 승화하였다는 소식을 듣고 애통하여 울부짖지만 헛된 몽상일 뿐이다.

(허백당이) 간해 10월 어느 날에 허백 문하의 선사 남인(南印)이 허백의 시문 약간 권을 소매에서 꺼내어 나에게 보여주며 말하였다.

"지금 이 시집을 목판에 새겨 장차 인쇄하여 유포하고자 하나 오직 서문이 빠져 있습니다. 상사가 우리 스님과 함께 일찍이 서로 뜻을 두텁게 하였으므로 감히 이렇게 찾아뵙고 아룁니다. 바라건대 우리 스님이 유명을 달리하셨다고 사양하지 마십시오."

내가 곧바로 대답하기를 "허백은 부처의 무리이다. 도안이 이미 높고 학술 또한 정밀하니 내가 촌학에 머물러 있으면서 어찌 그 시집에 서를 달겠는가. 하물며 문장이 이미 늙고, 재능 또한 모자란다. 단지 다른 사람들에게 웃음을 살 뿐만 아니라 반드시 허백의 영령을 욕보일 것이니, 어찌 경화(京華)의 굉유(宏儒)·석사(碩士)에게 찾아가 구하지 않는가?" 하면서 사양하였더니, 남인 등이 다시 말하였다.

"우리 스님의 행적은 빼어나기도 하고 어둡기도 합니다. 학문은 세밀하기도 하고 거칠기도 합니다. 행실에 득과 실이 있고, 시문이 기교가 있기도 하고 졸렬하기도 합니다. 상사가 이미 모든 것을 상세히 알고 있으니 부디 사양하지 마십시오" 하고, 재삼 정성을 기울여 청하였다. 내가 어쩔 수 없이 마침내 시집에 의거하여 서술하여 기록한다.

대저 허백의 사람됨이 천성이 비범하여 사려가 깊고 학술은 고명하며 동정이 법도에 합당하다. 청허·사명·소월을 보건대 앞뒤가 한결같았다. 그 사문을 보게 되면 그윽함이 드러나 현묘한 진리에 계합하고, 깊게 탐구하여 뜻이 오묘하니 풍운월로(風雲月露)이다.

그 뜻은 정성을 다하여 강하고 부드러우며, 높고 건강하다. 기상이 호방하여 성률(聲律)에 구애받지 않으며, 균등히 나누어 잡스럽지 아니하고, 의취가 초매하며, 구법(句法)이 신기(新奇)하다. 이것을 일컬어 유연유출(悠然流出)이라고 할 만하니 스스로 일가를 이룬 사람이다. 이 시집을 한 번 보니 허백의 흉금을 알 수 있다.

오호라! 석씨의 도는 허백이 송월에게서 이어받고, 송월은 사명에게서 이어받았으며, 사명은 청허에게 이어받고, 청허는 영관에게서 이어받고, 영관은 지엄에게 이어받고, 지엄은 정심에게서 이어받고, 정심은 한암에게서 이어받고, 환암은 태고에게서 이어받고, 태고는 석옥에게서 이어받았으므로 상하가 무릇 천년이 넘게 계승되어 지속적으로 끊이지 않았다. 어찌 도가 아니라면 사라지지 아니하였겠는가. 배운 것을 전할 것이다.

하물며 우리 허백이야 불가에만 공이 있는 것이 아니라 왕국에 공로가 있다. 정묘의 변(1687)에 승군 4천여 명을 거느리고 안주에서 관군을 도와 지켰고, 병자의 난에 조 수백여석을 모아 군량에 넉넉히 보탰는데, 이것으로 조정을 기쁘게 하였다. 가선대부 국일도대선사 부종수교 복국우세 비지쌍운 의승도대장 등계의 첩을 하사받았다.

이에 지혜의 검은 더욱 빛나고 자비의 배를 띄워 대중을 널리 구제하였으므로 이름과 업적이 널리 알려져서 도속이 모두 우러러보았다. 이로 말미암아 도가 더욱 밝아질수록 덕은 더욱 쌓여 허백은 이에 승려의 영수가 되니, 동방의 대종사이다. 드디어 (감로수의) 제병(提甁) 들고 석장 짚고 고요한 산중에서 수도하려고 동쪽으로는 봉래로부터 남쪽으로는 방장(지리산)까지 금전옥실(절과 불당)과 경치 좋은 곳을 찾아 두루 돌아다녔는데, 제자들이 운집하여 수백 명씩 찾아오므로 석옥의 유도(遺道)를 올바로 계승하였다고 할만하며, 능히 송월의 의발을 전하였다고 할 것이다.

그러므로 시집을 펴내 후에 영원히 전하는 것이 어찌 옳지 않겠는가. 내가 백발이 됨을 탄식하여 은둔하고, 몸을 낮추어 촌구석에 터를 잡은 지 또한 몇 년이 되었다. 남인이 서문을 청한 인연으로 이 시집을 보고 전말을 간략이 적고, 권의 첫머리에 적는다.

때는 강희 8년 기유년(1669) 늦은 봄날, 전 진사 선성후인 노몽수가 서하다.

허백 시에 정묘년(1687) 정월 초파일, 안주진에 들어가 임금님이 서쪽에 있다는 소식을 듣고 통곡하며 지었다.

임금님 수레서쪽으로 강화도 행차하니
천년의 기틀 하룻저녁에 비었구나.
온갖 벼슬아치 길가에서 슬퍼하고
삼천 궁녀 걸음걸음에 흐느끼네.

개었다 흐렸다 하는 전쟁터 구름에 시름이 끝이 없고
나팔소리의 높고 낮음은 한없는 안타까움이라.
용천검(龍泉劍) 뽑아들고 적의 무리 베어
임금님 다시 대명궁으로 돌아오시기 비옵니다.

정묘년(1687) 정월 초하루, 의승을 거느리고 안주 대진에 들어가 접전하면서 읊었다,

의병을 모집하라는 왕명이 날아와
규합한 장정이 4천 명일세.
깃발만 보이는 청천강 가에는
성 위에 급히 전하는 소리만 들리는구나.

구렁을 메운 시체 그 누구의 한이던가.
앞뒤 구분없는 길에 내 깊이 놀라네.
백상로 아래 저 청천강 물도
기나긴 슬픔으로 밤새워 올어 옌다.

병인년 7월 대장의도장을 받아 의승을 거느리고, 평양관 습진으로 가면서 마음속 품은 뜻을 글로 썼다.

어린 시절 머리 깎고 산문에 들었는데
원수의 직책으로 명리의 소리 따를 줄이야.
이 몸 온전히 이름 날림은 효도와 충의이고
백성의 안정 나라의 보전이 간절한 충정이라.

그렇지만 산림의 선객이 되지 못한다면
부처님의 청정행은 따르기 어려우니,
어느 날 저 창해수(滄海水)에 손 담그고
참다운 중으로 대장의 이름 씻어보리라.

안주 대진(大陣)에서 주변의 상황을 보고, 성에 들어가 군사를 점검하며 짓다.

화살처럼 날아드는 격문과 전갈
의승을 불러 모아 차례로 사열한다.
나부끼는 깃발에 산마루도 흔들리고
울려퍼지는 나팔소리 강과 마을 요동치네.

고된 훈련 석 달째 계속되고
순찰하는 목탁소리 한밤을 지새운다.
피를 머금어 맹세하며 뽑아든 칼
오랑캐 다 베어 임금 은혜 보답하리.

편양 언기(鞭羊 彦機)선사

금강산에 있는 이 비문은 자헌대부 이명한(李明漢)이 찬했다.

편양대사가 이미 묘향산 내원암에서 입적하였다. 그의 제자인 의심(義諶)·석민(釋敏)·설청(說淸) 등이 자세하게 스님의 행적에 대한 행장을 갖추어 눈바람을 무릅쓰며 남쪽으로 천리 길을 멀다하지 않고 서울까지 달려와서 나에게 말하였다.

"우리 스님은 서산대사의 제자입니다. 우리 스님께서 서산대사의 (비를 세우기) 위하여 돌아가신 상국(이정구)께 청탁하였던 비명은 풍악산에 있습니다. 지금 공께서 또 우리 스님의 비명을 지어 주신다면 이는 우리 공문과 상국의 가문이 세대에 걸쳐서 무궁한 인연을 맺는 것입니다."

우리 스님의 법휘는 언기요, 편양당은 그의 호입니다. 속성은 장씨이고 죽주 출신이며, 박(珀)의 자식입니다. 어머니는 이씨이니 일월이 품안으로 들어오는 태몽을 꾸고 임신하여 만력 신사년(1581) 7월에 우리 스님이 출생하였다 합니다.

어려서 현빈대사(玄賓大師)를 따라 구족계를 받고, 30세를 전후하여 서산스님을 찾아가서 심법을 전해 받았다고 합니다. 드디어 남방으로 유력하며 여러 선문의 장로를 친견하여 학문을 충실히 한 다음, 풍악산·묘향산에 주석하기도 하며, 강당을 개설하여 교법을 강설하였습니다. 널리 선교를 연창하여 스님으로부터 깨달음을 얻고 정진한 자가 매우 많았는데, 일일이 다 기록하기 어렵습니다.

갑신년(1645) 5월 10일 미미한 병세를 보이다가 입적하였는데, 법랍은 53년이었습니다. 스님은 임종하기 직전 문도들을 모아놓고 후사를 당부하였으며, 입적한 후에도 얼굴빛이 조금도 변하지 않았고, 특이한 향기가 방안에 가득하였습니다. 7일이 지나 다비한 후 정골사리를 불덩어리 밖에서 얻었으므로 제자들이 슬퍼하고 추모하며 눈물을 흘리고 흐느꼈으며, 3일 밤낮으로 정성껏 기도하여 은색사리 5과를 얻었습니다. 먼저 묘향산 보현사 남쪽 기슭의 석종에 봉안하고, 또 장차 풍악산 서산대사의 비 뒤쪽에 탑비를 세우고자 미리 돌을 준비해 두고 "감히 비문을 청합니다" 하였다.

"슬프다! 당신들은 스님을 받드는 마음이 돈독하다고 할 만합니다. 지난날을 기억하니 내가 돌아가신 부군(부친)을 모시고 있을 때, 당신들의 스승이 비문을 청탁하러 찾아와서 뵌 적이 있는데, 맑은 얼굴에 눈썹이 빼어났으며, 신비로운 광채가 넘쳐흘렀습니다. 그 말씀을 듣고 그의 수행의 척도를 알았습니다. 그로부터 10여 년이 지난 후, 내가 관동절도사로 임명되고 금강산에 들어갔는데, 장안사와 표훈사 사이에 절이 하나 있었으니, 그 이름이 백화암(白華庵)이었습니다. 이는 당신들의 스승 편양이 서산을 위하여 새로이 창건한 절이라고 하였습니다. 그 절 북쪽에 비와 탑이 마주보고 서 있었는데 중향(금강산)의 모든 봉우리들과 빼어나게 솟구친 것을 서로 다투는 듯했습니다. 이것은 모두 당신들의 스승이 서산대사를 위하여 세운 것이고, 비문은 나의 부군께서 지으신 것입니다. 또 그로부터 5년이 지난 오늘에 이르러 내가 또 당신들을 위하여 당신들의 스승의 비명을 짓게 되었으니, 이는 당신들의 스승이 세운 것과 함께 동참하게 된 것입니다. 이것은 인간이 하는 일로 우연히 그렇게 된 것이 아닌 듯합니다. 그런 까닭에 내가 비명을 짓는 것을 사양할 수가 없었습니다" 하고 명을 지었다.

　북방제일 묘향산의 내원암이란
　서산, 편양 모두 함께 열반하신 곳!
　동방제일 금강산의 백화암에는
　청허, 언기 두 스님의 탑비가 있다.

묘향산과 풍악산은 나라의 제일
천만년 지나도록 영원함이여!
서산, 편양 스승 제자가
모두 함께 그 이름 무궁하소서.

　왕자송(王子頌)
애당초 몰랐으면 속지나 않을 것을
갖가지 유혹 속에 속아 넘어 살다보니
천 닭 중에 봉 한마리 다시 닭이 되는구나.

〈인암스님〉

경열 해운(敬悅海運)스님

다산 정약용이 동사열전에 이렇게 적고 있다.

해운선사가 입적한 지 169년, 그의 성씨와 고향 등에 대해서는 알아볼 만한 자료가 거의 없다. 다만 연파 혜장(蓮坡惠藏)이 언젠가 사문의 옛 기록을 본 적이 있다하여 기록을 살펴보니 내용은 다음과 같았다.

"청련원철(淸蓮圓徹)대사가 대둔사(대흥사)에서 크게 법회를 열었을 때 소요 태능 또한 대둔사에 이르렀다. 해운 경열은 그 해에 태능으로부터 의발을 받았는데, 그 때 나이 28세였으며 67세에 입적하였다.

이제 살펴보건대 청련이 법회를 연 해는 만력 36년(1608) 정해년 겨울이다. 이로 미루어 경열은 만력 8년 경진년(1580)에 태어나 숭정 갑신년(1644)의 3년 후인 병술년(인조 24, 1646)에 입적했음을 알 수 있다. 경열이 소요로부터 의발을 전해 받을 때 소요의 나이 46세이고, 경열이 입적할 때 소요 나이 85세였다.

소요가 88세에 생애를 마쳤으니 경열이 먼저 세상을 떠난 것이다. 이 스승과 제자 두 사람의 긴밀한 인간관계는 서로를 존중한 것이 마치 '상대방의 훌륭한 점을 보면 그와 같이 될 것을 생각하라(見賢思齋)'는 가르침을 떠오르게 한다. 그러니 생애의 작은 이야기들이 비록 없어져 전해 오지 않는다 해도 무슨 관계가 있으랴!

소요의 문도는 수백여 명이지만 오직 경열만이 그 종통을 이었으므로 법호를 해운이라 한 듯하다. 해운, 즉 바다 기운이 움직인다는 것은 붕새가 옮겨 감을 뜻하고, 붕새가 날아가는 것은 자유로이 노닒을 의미하니, 소요의 법을 전해 받은 이가 해운이 아니고 누구겠는가. 그러므로 소요는 해운에게 마음을 전하고 법을 전하는 게송에서 이렇게 노래하였다.

　흐르는 별, 폭죽, 예리한 칼날인 듯
　갈라진 바위, 깎아지른 벼랑일레라, 그대의 기상은
　죽이고 살리는 자재로운 임금의 보검인가
　늠름한 위풍 오호에 가득하여라.

또 이렇게 노래했다.

쇠몽둥이 그림자에 허공 찢어지매
놀란 진흙소 해동을 지나는구나.
밝은 달빛 산호에 어리니
고금의 천지가 한바탕 웃음속에 있네.

염화미소(拈花微笑)의 소식이 여기에 있지 아니한가?
경열이 시를 읊으면 소요가 반드시 화답하니 그 시는 다음과 같다.

가슴속 진리의 바다, 깊이를 잴 수 없고
오묘한 공부 경지, 그 누가 상대하랴.

이어 이렇게 읊기도 하였다.

선의 벼리, 교학의 뼈, 그 누가 대적하랴
중국의 달, 주선의 바람, 독보적이구나.

또 이런 시도 있다.

물거품 같은 대지에 먼지가 일고
봄꿈처럼 허망한 육신에 허망한 생각이 이네.

또 이런 시도 전한다.

위음왕불 이전 더 이전에
눈에 가득 아름답던 경관들이 물속에 잠겼어라.
이쪽 언덕 저쪽 언덕이 다 미망한 꿈이요,
잘났네 못났네, 병든 눈 소치여라.

이 전편은 모두 소요집에 실려 있으니 이로써 해운에 대해 밝힐 수 있다.
해운의 법을 이은 제자는 취여 삼우(醉如 三愚)이고 삼우의 법제자는 화악
문신(華岳 文信)이며, 문신의 법제자는 설봉 회정(雪峯 懷淨)이다. 회정의 법제
자는 송파 각훤(松坡 覺喧)이고, 각훤의 법제자는 정암 즉원(晶嵓 卽圓)이며,
즉원의 법제자는 연파 혜장(蓮坡 惠藏)이니, 종풍이 이에 있도다. 명(銘)한다.

큰 붕새 남녘으로 날 제
3천리 나래로 물을 치며 간다.
해운이 아니면 뉘라서 저리 노닐건가.
그의 법 전해지고 전하여져
흐르는 별, 터지는 폭죽처럼
드넓은 하늘에 광명이 가득
진리의 등불 여섯 번 켜짐에
마침내 정암·연파에 이르렀네.
진리의 가르침을 찾고자 하면
저 새겨질 글을 보라.

해운의 문인 17명 가운데 취여가 으뜸을 차지한다. 다산 정약용이 추기(追
記)하여 논하였다.

소요 태능(逍遙 太能)스님

선사의 속성은 오(吳)이고 법휘는 태능, 호남 담양 사람이다. 가정 41년 (1562)에 태어났다. 그 해는 임술년, 하늘이 높고 기분이 상쾌한 가을 9월, 백 양사의 진(眞)스님을 의지하여 13세에 출가하였다. 황벽에게서 불법의 오묘한 이치를 터득하여 많은 사람들이 그 이름을 알게 하였다. 소요 태능은 남쪽 지 방을 두루 유력하며 제방의 선지식을 널리 참방한 끝에 부휴 선수에게서 대장 경을 배웠으며, 다시 서산 휴정을 찾아가 본원의 청정을 깨달았다.

기축년(1949) 11월 21일 세수 88세 법랍 73년으로 열반에 들었다. 그로부 터 선종을 이은 자는 침굉 현변(沈耾 懸辯)이고, 교종을 전수받은 자는 해운 경열(海運 敬悅)이다.

이 글은 홍문관 대제학 백헌 이경석(白軒 李景奭)이 찬한 것이다.

취운당 학린(翠雲堂 學璘)

통훈대부 정두경이 찬한 보계산 영원사 취운당 대사 비명을 보면 다음과 같다.

보개산 취운선사의 제자인 법혜(法慧)·육행(六行)·설현(雪玄) 등이 그의 스승을 위해 비석을 세우고자 나에게 비명을 지어 줄 것을 청탁하였다.
"우리 스님께서 열반에 드시려고 할 무렵 제자들이 임종게를 청하니, '생사가 하나인 이치로 항상 적요하거늘 이러한 심체(心體)의 자리에 어찌 나고 죽음이 있겠느냐. 이미 나고 죽음이 없다면 임종게를 설해서 무엇에 쓰겠는가?' 하였습니다."

내가 이르기를, "임종게도 없는데, 비석은 무엇 때문에 세우고자 하는가?" 하니 제자들이 말하기를, "스님께서 임종게가 없었지만 제자들이 비를 세우는 것이 서로 어긋남이 없는 것이오니, 원컨대 비문을 지어 주십시오" 하였다. 그래서 나는 그 청탁을 받아들였다.

스님의 속성은 손씨이고 이름은 학련이며 강화도 출신이다. 아버지의 이름은 의련(義連)이고, 어머니는 김씨이다. 어머니는 해가 품안으로 들어오는 꿈을 꾸고 임신한 후 만력 을해년(1575) 12월 9일에 스님을 낳았다. 어릴 때부터 냄새나는 채소를 먹지 않았으며, 언제나 모래를 쌓아 불공을 올렸으므로 사람들이 그를 손거사(孫居士)라고 칭하였다.

15세 때 인정(印淨)스님을 은사로 출가하였다. 곧 금강산으로 서산대사와 그 제자인 청련스님을 찾아가 그의 문하에서 10여 년 동안 있었다. 청련이 그를 법기로 인정하고 그에게 의발을 전하였다. 일찍이 화엄경을 읽다가 경을 덮고 의연이 탄식하였다.

"경에서 구하는 것이 어찌 마음에서 구하는 것과 같겠는가."

하고 곧 축수굴(竺修窟)에 들어가 9년 동안 면벽하고 정진하였다.

그 후 운달산으로 들어가 5년 동안 안거하고는 두루 명산을 참방하였다. 갑술년(1634)에 보개산 심원사로 들어가 머물렀다. 경인년(1650) 9월 9일 그 곳에서 입적하였으니, 보개산에서 16년간 머물렀던 것이다. 스님은 15세에 출가하여 77세에 입적하였는데 평생 고행정진을 축수굴에 있을 때처럼 하고 만년에는 더욱 힘써 정진하였다. 입적할 때에 이르러 제자들에게 말하였다.

"너희들은 부모를 버리고 출가하였는데 만약 일생을 착실히 수행하지 않고 허송세월한다면, 도리어 환속하는 것만 같지 못할 것이니 부지런히 힘써 수행하라."

이를 보면 스님의 가르침을 짐작할 수 있다.

다비하는 날, 신령한 빛이 하늘에까지 비추었다. 다비 후 사리가 나오니 제자 법혜 등이 부도를 심원사의 동쪽 산기슭에 세우고 사리를 봉안하였다. 명(銘)은 다음과 같다.

부처님 법이
인도로부터 서축(西竺)을 거쳐 중국으로 전하여졌으며
또 중국에서부터 불교가 우리나라 동국으로 들어왔네.
서산·청련 두 대사는 용과 코끼리와 같은 대덕이시다.
계승하온 스님 법통 살펴보니 임제의 정맥을 이어받았네.

임진년(1652) 가을 8월 일 세우다.

벽암 각성(碧巖 覺性)스님

스님의 역사는 세자사(世子師) 이경석이 찬하고 오위도총관 오준이 썼으며, 상서원정 조계원이 전각하였다.

대저 유교와 불교는 이치가 달라 도를 서로 도모하지 않는다. 불교의 행업을 고찰하면 또한 눈으로 보고 마음으로 느끼는 것에 가로막혀 있다. 대패로 빈 구멍을 파낸다는 뜻은 오히려 자기만 옳다고 여기는 것만 못하다. 기원정사에서 은혜를 베푸니 공은 널리 구제하는 일에 빼어나고, 하늘에 길게 드리워 높으니 실로 선림(禪林)에 흡족한 것이다.

벽암대사의 제자가 천리를 멀다 하지 않고 서호에 있는 나를 찾아왔다. 행장을 가져와서 비명을 청하였는데 날이 갈수록 더욱 간절하였다. 나는 그 갸륵한 정성을 차마 저버리지 못하여 드디어 그 행장에 의거하여 글을 쓰게 되었다.

"대사의 휘는 각성(覺性)이며 벽암(碧巖)은 그의 호로 호서의 보은 사람이다. 속성은 김해 김씨이다. 그 선조들은 대대로 벼슬을 하였다고 한다. 스님의 부친이 일찍이 현의 서쪽에 집터를 골랐는데, 관상을 보는 자가 말하기를, '아들을 낳으면 반드시 대사문이 될 것이다'라고 하였다. 마침 어머니가 자식이 없어 함께 몸을 정결히 하고 불두칠성에게 기도를 드렸다. 꿈에 오래된 거울을 보고 임신하여 스님을 낳으니 만력 을해년(1575) 12월 정해일이었다.

그는 나면서부터 풍모와 기골이 서리와 같이 엄정하고 눈빛이 번갯불같이 빛났다. 부모에게 효도를 지극히 하였으며, 어려서도 노는 것을 좋아하지 않았다. 9세에 아버지를 여의고 몸이 상했다가 겨우 나았다. 이미 상을 마치고서는 홀연히 지나가는 스님을 만나 선을 배우는데 마음을 기울였다. 어머니와 다시 이별하고서는 두루 깨달은 바가 있어 드디어 화산으로 가서 설묵(雪默)화상에게 참례하고 스승으로 섬겼다. 14세에 머리를 깎고 보정노사에게 구족계를 받았다.

부휴화상이 화산에 이르러 스님을 보고 매우 남다르게 여기고 선을 닦기를 권하였다. 이에 부휴스님을 좇아 속리산에 들어갔으며, 이후 덕유산·가야산·금강산 등을 유력하였다. 날마다 경전을 읽는 것이 이로부터 계속 이어졌고 잠시도 놓지 않았다.

임진란이 일어나자 송운 유정(사명당)이 관동에서 의승군을 불러일으켰다. 부휴선사에게 가서 물었는데, 적을 피해 산에 있을 때에도 반드시 경을 손에 들고 어려운 곳을 물었다. 계사년(1593) 송운이 조정에 부휴를 천거하자 진중에 격문을 내렸다. 스님은 또한 전장에 나아가 명나라 장수(관운장)를 따라 해전에서 왜적을 크게 무찌르니 명나라 사람들이 스님을 보고 크게 칭찬하였다.

경자년(1600) 칠불난야(七佛蘭若)에서 하안거를 하였는데 부휴가 병들게 되자 강석을 스님에게 넘겨주었다. 스님은 사양하지 못하고 좌단에 올라 토론하니, 이에 현풍을 크게 떨쳤다.

병오년 가을에 어머니가 돌아가시자 사도와 대중을 떠나 속리산의 가섭굴에서 천도재를 올리고 복을 빌었다. 다른 사람이 견디지 못할 만한 일도 참을 수 있었으므로 부휴 문하에서 20여년 동안 학업하고, 입실제자로서 법을 전해 받았다. 계행이 지극히 뛰어났고, 인연에 따라 욕심이 없고 담박하였다. 곡기를 끊었으나 배고프지 않았고, 밤을 새웠으나 잠자지 않았고, 늘 여위고 쇠약한 몸에 허름한 옷을 입었다.

방장실에서 결가부좌를 하니 배우러 오는 자가 구름처럼 모여들어 부처님의 가르침이 널리 퍼졌다. 스스로 세가지 잠언을 지어 도제들을 경계시켰으니, 생각을 망령되게 하지 말고(思不妄), 얼굴을 부끄럽지 않게 하며(面不愧), 허리를 구부리지 않도록(腰不屈)하는 것이 그것이었다.

신령스런 구슬이 한 번 빛나니 고요한 물에 광채가 일렁인다. 화엄을 엄숙하게 외우니 큰 악귀가 물러난다. 정토에 썩은 육신을 묻으니, 요망한 도깨비가 갑자기 없어진다. 심지어 맹호가 길을 호위하고, 길이 든 갈까마귀가 어깨에 모여들며, 닭은 다시 살아나 보은할 줄 알고, 물고기는 그물을 불사르자 고맙게 생각했다. 날고 달리는 동물도 오히려 교화하였는데 하물며 인간에 있어서랴!

여러 산사를 창건하거나 보수하였는데 쌍계사의 동찰, 화엄사의 거대한 중창, 송광사의 가람 같은 것이 그 가운데 큰 것이며, 나머지는 생략한다.

광해군 때에 옥사가 일어 부휴선사가 요승이라고 무고되니, 스님이 함께 서울에 들어갔다. 광해군이 두 스님을 보고 비범하게 여겨서 부휴선사를 풀어주고 산으로 돌려보냈고, 스님을 봉은사에 머물게 하여 판선교도총섭으로 삼았다. 많은 공경 사대부들이 그와 함께 하였으며, 동양위(申翊聖)와 특히 사이가 좋았다. 얼마 안 되어 남쪽으로 돌아갔다.

인조 때에 남한산성을 축성하려고 하자 의논하는 이들이 임금에게 아뢰고, 스님을 불러들여 팔도도총섭으로 삼았다. 승려들을 거느리고 3년 동안 축성을 감독하고 일을 마치자, 보은천교원조국일도대선사(報恩闡敎圓照國一都大禪師)라는 호와 의발 및 석장을 하사하였다.

병자년 지리산에 있을 때 남한산성으로 (임금의) 수레가 행차하셨다는 말을 듣고, 북을 치고 흐느끼며 대중을 타일러 말하였다.
"우리 승려들도 왕의 백성인데 하물며 널리 구제하는 일을 종지로 삼거늘, 국사가 위급한데 어찌 앉아서 볼 수 있겠는가?"

곧바로 군복을 입고 궐기하였고, 격문을 돌려 남쪽의 스님들을 불러모으니 달려온 자가 수천 명이었다. 서로 거느리고 북쪽으로 갔으나 길에서 적이 퇴각하였다는 말이 들려와 통곡하고 남쪽으로 돌아왔다. 그 뒤 일본으로 가는 사신으로 명을 받았는데 감히 거절하지 못하다가 사행(使行) 도중에 노병으로 사양하며 산으로 돌아갈 것을 간청하였다.

효종이 보위에 오르기 전에 수찰(手札)을 보내고 예물을 하사하였다. 즉위하게 되자 조정의 논의를 거쳐 총섭의 인장을 수여하고 적상사각(赤裳史閣)을 지키게 하니, 여기서 남쪽 스님들을 교화하고 진승을 널리 펼쳤다. 머무른 지 얼마 안 되어 이름난 여러 산을 구름처럼 유력하다가 부안의 변산에 올라가 남해를 굽어보고 방정산의 화엄사에 돌아와 머물렀다.

기해년 여름에 효종이 승하하자 제사를 올리고 슬피울었다. 가을 8월, 병 기운이 있자 문도들에게 선업에 힘쓸 것을 당부하고 나라의 은혜에 보답하라고 하면서, 비를 세우지 못하게 하였다.

경자년 정월 12일에 제자들이 장차 입적하려는 것을 알고 게송을 청하니, 이에 붓대를 쥐고 손수 쓰기를, "대장경 8만의 게와 염송 30권이 자리와 이타의 두 가지 이로움을 갖추었는데 어찌 따로 게송을 짓겠는가"라고 하고, 조용히 열반하였다. 세상에 몸을 맡긴 나이가 86세, 선랍은 72년이다.

함께 받들어 다비하니, 3남(충청도·전라도·경상도)의 승려들이 절에 몰려들고 7중이 골짜기를 메웠다. (3과의) 사리가 튀어나오니, 절의 서쪽 기슭 석종에 봉안하였다.

대사가 불교를 계승한 것은 저 부용 영관으로부터 말미암은 것인데, 임제가 남긴 실마리를 접한 것이다. 부휴와 청허 휴정은 함께 영관을 사사하였으며, 휴정은 송운에게 전하고, 부휴는 벽암에게 전했다고 한다. 저작으로는 『선원집도중결의(禪源集圖中決疑)』1권, 『간화결의(看話決疑)』1편, 『석문상의초(釋門喪儀

抄)』1권이 있으며, 제자 가운데 다수가 불법의 진리에 드는 관문을 열었다.

내게 명(銘)을 청한 이는 율계였다. 내가 일찍이 원대한 뜻을 품었을 때, 벽암이 구례현에 있는 나를 찾아와 주장자를 선물로 주었다. 율계가 그를 수행했는데, 몇년 전에 율계가 낙하에 있는 나를 다시 방문하였고, 이제 스승을 위하여 찾아왔으니 참으로 정성스럽다고 할 것이다. 명은 다음과 같다.

스님의 높으신 행적은 효친에 근원하였고,
스님은 속세를 버리고 참됨을 얻었네.
지혜의 칼은 의심을 끊고,
깨달음의 동산에서 무리 가운데 으뜸 되어
자비로운 배로 중생을 제도하고
보배로운 뗏목을 타고 나루를 건넌다.

수많은 미혹이 활짝 깨우치니, 밤에 새벽을 얻은 듯하다.
바다에서 큰 고래를 유순하게 하고,
산에서 사나운 호랑이를 복종하게 하니,
물고기는 연못에서 즐거워하고,
새는 집에서 길들여진다.

은혜는 광대하고 끝없는 세계에 두루 미치고,
의리는 위태로운 난세에 나타난다.
공적을 성채에 있고, 도는 상봉우리보다 높다.

자취는 선림(禪林)에 있으나,
마음은 오히려 나라에 있을 뿐
외로운 구름은 머무르지 않고,
내달리는 파도는 그치지 않네.

학은 가까이 머물 곳 잃고,
갈매기는 쪼개진 잔에 놀라네.
산천은 색이 변하고,
용상(龍象)은 슬픔이 일어난다.

빈기의 울음은 여운을 남기며,
오히려 구름 모퉁이를 감싸네.
눈에는 빛이 남아 있고,
정신은 함께 없어지지 않으니
바위가 우뚝 솟아 언제까지나 홀로 푸르리라.

이 글은 숭록대부 영의정 이경석이 찬하였다.

속리산 법주사에 모신 비석은 통정대부 정두경이 찬하고 숭정대부 우(俁)가
썼으며, 숭헌대부 복창군 정(楨)이 전각하였다.

스님의 성은 김씨이고, 휘는 각성이며, 자는 징원(澄圓)이요, 벽암은 그 호
이며 보은 사람이다. 어머니 조씨가 자식이 없어 북두칠성에 기도하니, 오래
된 거울을 보는 꿈을 꾸고 임신하여, 만력(萬曆) 을해년(1575) 12월 23일에
낳았다. 9세 때 아버지를 여의고, 14세에 설묵장로(雪默長老)를 따라 머리를
깎았다.

부휴화상이 스님을 한 번 보고 뛰어나다고 여겨서 이끌어 수제자로 삼았다.
을미년에 명의 장수 이종성 공이 왜장을 □에 책봉하는 사신으로 왔는데, 해인
사에서 스님을 만나고 감탄하며 말하기를, "불도징과 도안을 해외에서 다시 보
는구나"라고 하였다.

스님이 일찍이 사문 몇명과 더불어 밤길을 가는데 큰 호랑이가 포효하니, 여
러 스님들이 크게 두려워했다. 스님은 웃으며 말하였다.
"이것은 다만 나를 위하여 앞길을 인도해주는 것이니 두려워하지 말라."

20리쯤 갔는데 호랑이가 따라와 절 문에 도착하자, 스님이 호랑이를 돌아보며 말했다.

"멀리 와서 서로 헤어지게 되니 너 역시 수고하였다."

호랑이가 스님을 세 번 감싸고 돌다가 다시 울부짖고 가니, 절의 스님들 가운데 경이롭게 여기지 않는 이가 없었다. 송운 유정이 □□□□□ 편지를 부휴에게 보내, 법을 이을 인재를 얻은 것을 축하한다고 하였다. 스님이 욕심을 잊으니, 까마귀와 소리개가 손바닥 위에서 모이를 먹는데 쓰다듬어도 놀라지 않았다.

광해군 임자년에 부휴스님이 광승으로 무고를 받아 서울에 붙잡혀 갔는데, 스님이 함께 감옥에 갇혔으나 안색이 진실로 태연자약하였다. 광해군이 친히 국문하다 보고서 기이하게 여겨 즉시 포승줄을 풀어주고, 비단 두루마기 2습(襲)을 내어 각기 주었다.

인조반정이 있던 갑자년에 남한산성에서 스님에게 명하여 팔방도총섭을 삼았으며, 공사를 마치니 보은천교원조국일도대선사라는 호를 내려주고, 또 의발을 하사하였다. 중사(中使)를 보내 내온(임금이 신하에게 하사하는 술)을 하사하니, 스님이 두 손을 들고 땅에 엎드려 절을 하며 말하였다.

"산승은 술을 마시지 않는 계율을 지키지만, 이것은 성상께서 내려주신 것인데 어찌 한 잔 마시지 않겠습니까?"

하니, 중사가 그 말을 보고하자 임금님께서 칭찬하셨다.

병자년 겨울, 청나라 병사들이 갑자기 쳐들어오자 스님은 남쪽 승려 3천명을 모집하여 항마군이라 하고 관군과 더불어 적을 몰아쳤다. 임금께서 이를 듣고 더욱 기뻐하였다. 임오년 조정에서 일본으로 가는 사신으로 천거하자, 스님께서 서울로 가다가 노병을 이유로 사퇴하였다.

효종대왕이 즉위하기 전에 스님은 안주에서 알현하고 화엄 종자의 뜻을 논하여 밝혔는데, 효종대왕이 칭송하며 상으로 용을 새긴 피리, 옥구슬 여러 개,

유리, 도서, 도금사자 등을 시주하였다. 즉위하자 상서 이시방(李時昉)에게 물었다.

"각성노사는 무병하며 지금 어디에 계신가?"

후대함이 이와 같았다.

기해년 12월이 되어 경미한 질병이 보이더니, 다음 해 경자년(1660) 정월이 되어 대중을 모아놓고 이별을 고하며 게송 하나를 지어 말하였다.

"염송(拈頌)은 30편이요, 계경은 8만게인데 다시 또 무슨 말을 하겠는가. 웃을 만하도다. 많은 일이 있었으니."

하며, 즉시 붓을 던지고 앉은 채 열반하시니, 세수 86세요 선랍 72년이었다.

다비하던 날, 장례에 모인 사람이 1만여 명이었는데, 불을 붙이자 상서로운 회오리바람이 갑자기 일더니 새와 짐승들이 슬퍼 지저귀고 울부짖었다. 사리 3립을 얻으니, 모두 흰색이었다. 영골을 나누어 부도를 세운 것이 무릇 네 곳인데, 조계산의 송광사, 두류산의 화엄사, 조암산의 송광사, 속리산의 법주사이다.

스님은 사람됨이 용모가 단정하고 기상이 맑고 고상하였는데, 만나본 사람은 어리석은 사람, 지혜로운 사람, 귀한 사람, 천한 사람 할 것 없이 공경하고 존중하지 않는 사람이 없었다. 눈빛은 사람에게 꽂혔고, 치아는 39개였는데, 작고 맑으며 가지런하였으니 또한 기이한 상이었다.

저술로는 도중결의·참상선지 등의 어록이 있으며, 동양도위 신익성(申翊聖)이 서문을 지어 세상에 유통되었다. 처능대사는 스님의 의발을 전수받은 제자인데 (그가) 와서 명(銘)을 청하여 지었다. 명은 다음과 같다.

아! 고려 말에 태고 보우대사가
중국에 들어가 불법을 얻어 고국에 돌아왔노라.
이 때부터 선풍이 크게 진작되어
스님들이 팔방에서 고승대덕이 되기에 이르렀다.

고해를 건너는 배를 지어 중생을 구제하고
(불법) 본원을 살피니 실로 임제의 정종이네.
우뚝 솟은 속리산은 오직 대사만이 머문 곳이니
비석에 새겨 시종을 기록한다.

갑진년(1664) 4월   일

취미 수초(翠微 守初)스님

해동불조원류에 이렇게 말하고 있다.

취미 수초선사는 자가 태혼(太昏)이고 성은 성(成)씨로 우리나라의 명신 성삼문의 방계자다. 만력 경인년(1590) 6월 3일에 경성에서 태어나 어린 나이에 경헌장로(敬軒長老)에게 의탁하여 머리를 깎았다.

(그 후) 두류산에 들어가 부휴선사를 알현하였다. 부휴선사가 하루는 제자 벽암에게 일렀다.

"훗날 크게 도를 깨달을 자는 틀림없이 이 사미일 것이니, 너희들은 반드시 잘 보호해야 한다."

경자년(1660) 6월 을유일에 세수하고 목욕한 다음 옷을 갈아 입고는 종을 울리고 스님들에게 결별하는 말을 하였다.

"나는 이제 쉬려 한다."

그리고 3일 후인 정해일에 결가부좌한 채 서쪽을 바라보고 합장을 하고는 입적하였다. 세수는 79세요, 법랍은 60여년이었다. 사리 2매를 오봉산 조계에 봉안하였다.

풍담 의심(楓潭 義諶)대선사

비문은 통훈대부 이단상(李端相)이 찬하였다.

황명 정미년(1667) 가을, 재주 없는 나는 유양의 영개동(靈芥洞) 집에 틀어 박혀 있었다. 하루는 금강산인 준기(俊機)와 일여(一如)·삼부(三覆) 등이 찾아 와 청하였다.

"돌아가신 풍담선사는 바로 청허대사의 적손이요, 편양(鞭羊)의 법제자입니 다. 원컨대 공의 말씀을 얻어 불후의 비문으로 삼고자 합니다."

"우리 유교는 세상을 경영하고, 불교는 세상을 떠나는 것이므로 그 도가 같 지 않다. 뿐만 아니라 마치 암내 나는 말과 소가 짝을 구하나 서로 미치지 못 하는 것처럼 전혀 관계가 없다. 선유들이 불교와 서로 도모하지 말아야 한다고 전하고 있으니, 혹여 불교와 함께 도모한다면 아마 비판을 받게 될 것이다. 만 약 불교와 도모한다면 이는 성인의 가르침을 저버리게 되니 어찌할 것인가. 하 물며 불교는 우주 전체를 티끌처럼 여기며 세상을 꿈과 같이 생각하니 또한 여 기서 무엇을 더 구구히 말할 수 있겠는가."

준기 등이 다가와 절을 하며 일렀다.

"선조 월사상국(月沙相國)은 (청허대사의) 의로운 업적을 아름답게 여겨 이미 청허의 비를 새겼고, 선친인 상국은 세상사람들의 부탁을 받고 또한 편양의 비 명을 지어 주셨습니다. 공은 돌아가신 우리 스님과 삼대에 걸친 우의를 갖게 되는 것입니다."

이렇게 굳이 청하므로 나는 비로소 (글을) 지어 대답하였다.

"지금 공문(空門)의 3세가 대를 이어 부탁한 것이므로 그 일이 참으로 더욱 기이하나 여기에서 말을 그칠 수 없다."

하고 행장을 살폈다.

대사의 법명은 의심(義諶)이고 풍담(楓潭)은 그 호이다. 속성은 유(柳)씨로 통진 사람이다. 어머니 정씨가 보주를 품는 꿈을 꾼 후 임신하여 만력 임진년(1592)에 낳았다.

16세에 성순노사(性淳老師)를 좇아 삭발하고 계를 받았다. 처음에 원철(圓徹) 대사를 참방하였고, 이어 편양의 문하에 들어갔으니 청허의 법통을 모두 받을 수 있었다. 마침내 남쪽으로 유람하여 기암·소요 등의 여러 장로들을 두루 참방하였다. 금강산과 보개산의 두 산에 주석하면서 매일 화엄경 등의 경전 백수십 권을 공부하여 그 차이와 오류를 바로잡아 그 주석본을 저술하였다. 그런 후에 3승의 깊은 뜻이 거듭 환하게 밝아졌으며, 이를 전후하여 깨달음을 열고 이해한 사람이 이루 헤아릴 수 없이 많았다.

을사년 봄, 금강산 정양사에서 입적하였다. 병이 위중하면서도 게송을 읊었다.

기이한 이 영물은
죽음을 맞이하니 더욱 쾌활해지는구나.
삶과 죽음이 얼굴빛을 바꾸지 못하니
가을처럼 달빛이 밝구나.

잠시 후에 앉아서 입적하니 법랍 58년이었다. 9월 동안 절에 머물렀는데 안색이 평상시와 같았다. 다비하는 날 저녁, 제자 등이 영골을 받들었는데 은색의 사리 5매를 얻어 금강산에 부도를 세웠다고 한다.

아! 예산 우리의 선조 정부자(亭夫子)는 일직이 여러 조사의 전기를 보고, "인재들은 총명하였지만 그들에게 이끌려 갔구나"라고 탄식하였는데, 지금 나는 이 뜻을 세 번 되뇌게 되니 역시 마음에 느끼는 바가 있다. 마침내 명(銘)을 짓는다.

경에 이르기를 금강산에는 담무갈(曇無竭)이 주석하고
임제의 동쪽에 여러 부처님이 심전(心傳)한다.

청허와 편양에 이르러 선교가 합일되었네.
대사가 그 가르침을 이어받아 비육비골(非肉非骨)이네.
108곳의 절에 등불이요 만천봉의 달이니
진여자성은 항상 비추어 사라지지 않네.

화엄의 오묘한 뜻은 근원을 널리 떨치고
구르는 법륜은 널리 어두운 중생들을 구제하네.
이 비석에 새겨 산문의 자취를 기록하니
언덕이 세 번 바뀌어도 무너지지 않으리라.
비록 세상이 무너진다고 해도 (대사가)남긴 빛은 무한하고
천룡과 사람 귀신이 수호하여 오랫동안 보존하리라.

침굉 현변(枕肱 懸辯) 스님

해동불조원류에는 침굉 현변선사는 자가 이눌(而訥)이며, 호는 침굉이다. 나주 인으로 성은 윤씨이며, 만력 44년 병진년(1616) 6월 12일 생이다. 처음 보광법사(葆光法師)를 따라서 천풍산 탑암(塔菴)에서 출가하였고, 후에는 방장엄으로 들어갔다. 소요당을 친견하고 법을 얻었는데, 경전 20여 장을 (읽도록) 부과하면 한 번 읽고 모두 외웠다. 평생 목욕을 하지 않았으나 더러움이 없었으며, 날마다 발을 씻었다. 비록 아교풀이 꺾이는 추운 겨울에도 그만두지 않았다.

갑자년 4월 12일, 얼굴을 서쪽으로 하고 앉아서 돌아가셨다. 시신을 금화산 제2봉에 받들어 모셨는데, 작은 돌을 층층이 쌓고 전신을 봉하였는데 날짐승이나 들짐승이 침범하지 않았다. 안색도 변하지 않았다. 초동과 채녀들이 한 그릇의 밥을 점심으로 공양하는데 마치 여래에게 하듯이 하였다.

일찍이 스님이 하루는 손수 글을 써서 부촉하였는데, 부촉을 받은 율제자 약휴(若休)가 말했다.

"만약에 내가 죽은 후에 화장하게 되면 나와 더불어 백 대의 원수가 될 것이다. 모름지기 거친 숲과 들판에 그대로 두어 새들의 배를 채워주는 것이 옳을 것이다."

세수 69세이며 법랍이 57년이었다.

순천 선암사 구내 비라암의 현판에 다음과 같은 글이 있다.

"몸을 던져 호랑이의 배고픔을 걱정하고, 몸을 갈라 까마귀와 솔개의 배고픔을 구제한다는 말이 어찌 헛된 것이겠는가. 나 또한 그를 본 받을지니, 내가 죽은 후에 물가나 숲에 두어 새들의 먹이가 되게 하라. 만약에 다비한다면 실로 백 대의 원수가 되리라."

스님은 문집이 있었는데 스스로 불에 던져버렸다. 문하의 제자 약휴 등이 몇 편을 모아 새기기를 부탁하니, 은암(隱巖)·청광자(清狂子)·박세형(朴世亨)이 그를 위해 서문을 짓고 또한 스님의 행장을 찬술하였다.

운무송(雲霧頌)
눈을 뜨면 등망봉(登望峰)
눈 감으면 시루봉(甑峰)
높은 산 올라서서 산허리에 매달리니
별안간 도는 구름 몸을 선뜻 감는구나.

〈인암스님〉

취여 삼우(醉如 三愚)대종사

스님의 법명은 삼우이며, 속성은 정씨로서 강진현 보암방 구정리 사람이다. 어려서 출가하여 만덕산 백련사에서 머리를 깎은 이래 전국의 선지식을 두루 참례하였으며, 널리 불교 경전들을 섭렵하였다.

해운 경열(海運敬悅)의 제자이다. 스님의 얼굴빛이 붉고 윤택하였으므로 해운이 '취여자(술 취한 사람)'라고 호를 내려 주었는데, 우스개 삼아 한 소리이다.

돌이켜보면, 그는 담론을 잘하여 듣는 자로 하여금 심취하게 하였다. 일찍이 대둔산의 상원루에서 화엄의 종지를 부연 설명하였는데 듣는 자가 수백 명이었다. 그 때 한 스님이 농기구를 맨 채 상원루 아래에서 쉬며 강론의 한두 구절을 엿듣고는 그 자리에서 몰록 깨달았다. 그는 메고 있던 농기구를 내려놓고 당으로 올라가 비오듯 눈물을 흘리며 자신의 죄과를 진술하고 참회하며 오묘한 진리를 가르쳐 주기를 간청하였다. 스님은 그를 어루만지며 그에게 가르침을 내리고 마침내 의발을 전했는데, 그가 곧 화악 문신(華岳文信)이다.

옛날에 육상산이 아호(鵝湖)의 강석에서 의(義)와 리(利) 두 글자를 강의하자 사방에 모여 앉은 사람들이 눈물을 흘렸던 일이 있었으며, 육조 혜능이 처음 황매산 헛간에서 방아찧는 일을 하다가 마침내 5조의 의발을 이어받은 적이 있다. 스님의 상원루 강석에서의 일 또한 이에 비견할 만하다 하겠다.

스님은 천계 2년 임술년(1622)에 태어나 강희 23년(1684) 갑자년 6월 5일에 세수 63세로 입적하였다. 영정 두 폭이 전하는데 하나는 백련사에, 또 하나는 대둔사(대흥사)에 있다.

이상의 글은 예문제학 한치응(韓致應)이 찬술한 것이다.

　풍천송(風天頌)
묻노라. 일평생을 그림자만 따른 내가
그림자 가고나면 어디로 갈 것인가.
눈·귀에 분별시비 모두 다 던져내고
창밖에 부는 바람 하늘 끝에 날으리라.

〈인암스님〉

추계 유문(秋溪 有文)스님

해동불조원류에는 이렇게 적고 있다. 추계 유문(秋溪 有文)선사는 자가 환호
(煥乎)이며, 성은 김씨로 취성 사람이다. 만력 갑인년(1614) 11월 16일에 태어
났다. 13세에 대둔산 국륭 범패(國隆梵唄)에 의탁하여 머리를 깎고 동림에 나
아가 구족계를 받았으며, 원응(圓應)을 참례하고 법을 얻었다. 병인년에 산이
험준한 쌍계사로 옮겨왔다.

기사년 9월 2일에 이르러 시자에게 명다(茗茶)를 세 번 부르도록 명하고는
조용히 돌아가셨다. 다비하여 한 조각의 정골이 나왔는데 원개(圓蓋)가 계룡산
오송대에서 사리를 구하고, 백색사리 1과를 얻어 종남산(전주) 송광사(松廣寺)
에 탑을 세웠다.

해동불조원류에 이렇게 적고 있다.
"스님의 성은 국씨(鞠氏)이며 고산 사람이다. 처음에 임성(任性)을 좇아서 선
교를 섭렵하였으며, 후에 진묵대사를 따라 의심난 것을 묻고 어려움을 해결하
였다. 만년에 움직이지 않은 채 선적에 들곤 하였는데, 하루는 시자에게 몸을
씻게 하고는 앉아서 입적하였다. 문인들이 영골을 수습하여 북진사(北辰寺)에
탑을 세웠다.

또 해동불조원류에는 스님의 성은 김씨이며 전주 사람이다. 어머니 최씨가
상서로운 꿈을 꾸고 깨어 보니 태기가 있었으며, 정묘년 12월 19일에 태어났
다. 18세에 천정(天定)을 좇아 머리를 깎고, 탄연(誕衍)에 나아가 구족계를 받
았으며, 24세에 정관(靜觀)을 참례하고 법을 얻었다. 무인년 3월 29일, 이에
붓을 찾아 게송을 지었다.

70여 년을 꿈같은 집에 노닐다가
허깨비 몸을 허깨비처럼 길렀으나 아직도 안녕치 못하도다.
오늘 아침에야 벗어버리고 원적으로 돌아가니
고불당(古佛堂) 앞에 달이 밝음을 깨닫도다.

게송을 짓자마자 곧 붓을 던지고 누웠다. 4월 초하룻날 단정히 앉아 합장하고는 돌아가시니, 세수 72세이며 법랍 55년이었다. 문인 각민(覺敏) 등이 영골을 수습하여 구천동에 탑을 건립하였다.

묘향산 송계당(松溪堂)대선사

묘향산 송계당(松溪堂)대사 비명과 서문은 설암 추붕(雪巖 秋鵬)이 찬술하였다.

묘향산 대선사는 송계(松溪)라 불리며 나이 65세에 돌아가셨다. 돌아가신 지 9년이 지난 임오년(1702) 봄 정월에 그의 제자 대제자 금화(錦華)가 스승의 도풍이 땅에 떨어질까 염려하여 말 한마디를 빌려 탑에 새기고자 하였다. 이에 내가 스님을 살펴보니, 스님의 성은 최씨이며 이름은 원휘(圓輝)이고, 자는 회백(會魄)으로, 연성의 호족이다. 아버지는 응준(應俊) 어머니는 함씨이며, 꿈에서 연꽃을 보고 스님을 낳았으니, 그 때가 숭정 경오년(1630) 10월 18일이다.

지혜로운 성품이 하늘에 이르렀으니 아버지는 그를 지극히 사랑하여 항상 아기라고 불렀다. 어느 날 저녁에 스님이 곧 이르기를, "업동(業同)이 나의 이름입니다" 하니 아버지는 그를 매우 괴이하게 여겼다.

배움에 뜻을 두어 지운장로(智運長老)를 좇아 머리를 깎고 곧 용문산에 들어갔다. 풍담대사를 뵙고 자리를 두드리며 증험을 구하니 풍담대사가 오묘하고 깊음을 그윽히 보였다. 이에 부처님의 가르침을 접할 수 있는 인연으로 이미 심인을 지녔고, 두루 강석을 찾아다니며 제가의 삼매를 탐구하여 얻으니 우뚝 서악의 대종장이 되었다.

사람됨이 공평하고 후덕했으며, 소걸음에 호랑이 눈길로 도에 몰입하였다. 말하는 것 또한 극히 드물어 친인척들이 이에 무언승(無言僧)이라 불렀다. 말년에 백운산으로부터 칠엽산으로 옮겼다. 장차 병이 위독해져 돌아가시려 하자, 시자가 한 게송을 남겨줄 것을 청하여 스님이 즉시 읊었다.

손을 이끌어 일생 동안 근기를 기르고자 하였으니
머리를 드는 모든 물건이 남의 물건이 아니도다.
나아감에 어린아이에게 불을 준 듯하다.

옛 사람 앞에 가벼이 누설하지 마라.
눈 오는 밤에 진흙소가 바다를 향해 달려가고
구름 가운데 짚으로 만든 개 하늘 밝을 때 짖는다.

이튿날 아침에 조용히 돌아가시니 곧 강희 갑술년 11월 29일이다. 스님이 유학을 버리고 불자가 된 것이 51년이요, 석장을 짚고 불자를 세운 것이 36년이다. 성(性)의 바다에 넓게 들어가 진리의 근원을 조심스럽게 열어보이니, 다른 사람들이 스님을 받들었으며, 교화가 깊고 오묘하였다. 그 무리 또한 추모의 회한을 억누를 수 없었다. 불이문 가운데 첫번째의 지위를 얻었으니 대체로 능히 알 수 있는 바이다.

도태장(都馱場)에서 황금 정골을 얻었으며, 불이 타올라 가라앉은지 3일 만에 은색사리 1알을 얻었다. 묘향산 보현사 동쪽 기슭에 석종을 세워 봉안하고 명(銘)하여 이른다.

스님이 오니 이름이 스스로 이름나게 하고,
스님이 가매 사물이 다른 사물이 아니다.
속세의 품별을 깨우쳐 화화현현(化化玄玄)하고
옥기(玉機)를 굴려서 깨우치며 분별케 하니
공(空)한 것인가, 존재하는 것인가.
만고(萬古)의 맑은 바람이요, 중추의 밝은 달이로다.

송암당(松巖堂)대선사

스님의 법휘는 성진(性眞)이요, 송암은 그의 호이다. 성은 방(方)이며, 성도 (成都) 사람이다. 나이 14세에 출가하여 처음에 낙송 모하(洛松暮霞)선사에게 의탁하였으나 아직 깊은 뜻을 깨닫지는 못하였다. 늦게 풍담(楓潭)의 법석에 참 여하니 마음에 들어맞고 정신이 통하였다. 나이 72세에 이르러 소앙의 송곡사 (松谷社)에서 입적하니 때는 기묘년(가을) 23일이다.

다음 해 봄 2월을 넘겨 유명으로 (시신)을 묘향산 백운동에 메고 들어갔다가 밤에 돌아오는데, 흰 무지개에 붉은 명정(銘旌)이 뚫고 올라가 나뉘어 두 갈래 가 되는 것을 보았는데 빛이 어두운 거리를 비추었다. 다비하여 영골을 수습하 고 주문을 외워 사리 2립(粒)을 얻었다. 두 곳에 부도를 나눠 세웠는데, 하나 는 능성의 구룡산에 봉안하고, 하나는 묘향산 보현사의 동쪽에 봉안하였다. 모 두가 스님의 연회처(宴晦處)이다.

스님은 천성이 순박하였고 업행(業行)이 맑고 참되었다. 그 마음이 세상의 이익에 움직이지 아니하였으며, 자기의 계획을 다른 사람들 때문에 급하게 서 두르지 않았으며, 자기의 뜻을 배고픔과 추위 때문에 바꾸지 않았다. 이 세 가 지가 사람들이 능히 하지 못하는 바요, 스님만이 홀로 가능한 것이었으므로 가 히 굳게 뜻을 지키고 깊게 도를 깨달았다고 이를만하다.

신족 문열(文悅) 등이 선사의 뜻이 잊혀지지 않게 하기 위하여 한마디를 청 하였다. 돌에 글을 새겨 그것이 속세와 함께 존속하게 하여 스님이 돌아가시더 라도 그를 등지는 사람들을 멀어지게 하고자 한다. 내가 그 뜻을 가상히 여겨 허락하여 서문을 쓰고 또 명(銘)을 짓는다. 명은 다음과 같다.

성도(成都)와 관서(關西)에서 법을 익히니,
맑은 기운이 연이어져 진리의 빛이 드러난다.
봄내 가득한 하실(霞室)에는 나그네의 정이 가득하고,
늦게 풍담에게 배우니 세속의 티끌이 적어지도다.

반세기를 공자의 말을 널리 전하고,
네거리에서 여래의 가르침을 펼쳐 보이네.
서쪽 총령으로 돌아가니, 한쪽 신을 갖고 훌쩍 날고
북쪽 향봉에 마주 들이니 쌍 구슬이 오묘하다.

양쪽에 분장(分藏)하여 산천을 진정시키니,
오로지 천년 후에 탑묘를 열어볼 것이로다.
작은 비에 새기어 그 기풍을 읊조리니,
천고만고에 길이 비추기를 바라노라.

이 글은 설암 추붕(雪巖秋鵬)이 찬술하였다.

백암 성총(栢巖 性聰)스님

아래 글은 숭록대부 김상복(金相福)이 찬하고 공조정랑 김상숙(金相肅)이 쓰고 이조랑서 홍계희(洪啓禧)가 전각하였다.

내가 석씨의 도에 대하여 일찍이 들은 바가 없으니 공과 덕을 칭하는 것이 어떠한 연유인지 그것을 알겠는가. 지금 그 무리들이 말하기를, "불씨의 근본은 자비를 널리 베푸는 것이고, 널리 중생을 구제하는 것으로 공덕을 삼는 것이다. 그 바라는 요체는 남겨진 경전을 밝히는 것에 있는 것이며, 깨달은 후에 나아가는 것이다"라고 하니, 근세의 백암대사가 곧 그러한 사람이라고 한다.

대사의 법명은 성총이며, 속성은 이씨이고, 남원(南原) 사람이다. 고려조의 안호부원군(安乎府院君)의 10세손이다. 아버지는 강(橿)이요, 어머니는 하씨(河氏)로 숭정 신미년(1631) 11월 15일 신시에 대사가 태어났다. 13세에 출가하여 16세에 법계를 받았고, 18세에 방장산(지리산)에 들어갔다. 취미대사에게 나아가 9년 동안 배우고 그 법을 다 얻으셨다.

30세부터 명산을 두루 돌면서 승평(순천) 송광사, 낙안 징광사, 하동 쌍계사 등의 여러 사찰을 왕래하며 주석하였다. 늘 어리석고 혼탁한 속세를 깨우치고 가르치고 지도하는 것에 마음을 넓게 열었으며, 치문(緇門) 3권을 주하였다. 외전에도 능통하고 시를 잘 지어 당시 이름난 사대부, 이를테면 김문곡(壽恒)·정동명(斗卿)·남호곡(龍翼)·오서파(道一) 등 여러 공들을 모두 불가의 벗으로 받아들였다.

일찍이(1981년) 해변의 포구에 큰 배가 와서 정박한 것을 보았다. 그 배에 실려 있는 것을 보았는데, 명(明)의 평림엽거사(平林葉居士)가 교열·간행한 화엄경소초와 대명법수·화현기·금강기·기신기·사대사소록·정토보서 등 190권이 있다. 스님이 이에 크게 놀라고 기이하게 여겨 도반 및 대중들과 함께 예를 올리고 정성껏 받들었으며, 신심을 일으켜 모든 경전을 간행하였다. 몇년이 안 되어 세상에 갖추어 내놓으니, 이로부터 사방의 불교를 배우는 자가 복종하여 존경하지 않는 사람이 없었으므로, 추앙받아 종사가 되었다.

경진년(1700) 7월 25일에 쌍계사 신흥암에서 입적하니 세수가 70세였다. 화장하던 날 밤에 빛이 마치 한 필의 베가 하늘에 뻗치는 것 같았다. 며칠이 되어도 없어지지 않았다. 이어 정골 2매를 얻고 이를 나누어서 송광사와 칠불암 두 절에 탑을 세우고 봉안하였다.

그 법손이 대대로 이어져 내려와 팔정(八晶)과 최눌(最訥)에 이르러 스님의 공덕이 세월이 오래되어 잊혀질까 두려워하여 그 문하 70여 명과 함께 장차 돌에 새겨 보이고자 하였다. 그 제자 2인이 찾아와서 나에게 글을 청하므로 내가 기이하게 여겨 말하기를, "이상한 일이다. 예로부터 경전을 구하는 이는 신명(身命)을 애석히 여기지 아니하거나 산과 바다를 넘어 이역만리에 들어가 그것을 얻었다. 그러나 아직 자비의 바다를 항해하여 보배를 전하였다는 소식은 듣지를 못하였다. 아직도 구하지 못하여 오늘에 이르니 이는 이상한 이일 것이다. 나는 불교가 동쪽으로 와서 신라와 고려시대에 왕성하였음을 모른다. 예를 들어 해인사의 팔만대장경이 충실하게 갖추었다고는 하나 아직 듣지 못하였다. 진리가 가리키는 요체와 귀결이 화엄소초와 비견되고, 그 깊은 인연이 여기에 있으니 사람의 힘이 가히 미치지 못하는 바가 있다. 어찌 마땅히 그러함이 이미 있다고 하지 않겠는가. 스님이 불교와 함께 커다란 공덕이 있음은 또한 옳은 것이고, 이러한 그가 평상시에 매우 뛰어난 수행이 있어 무애의 경지에 오름을 보니, 이것으로 이른바 일세(一世)에 이름을 날리는 것이고, 사대부가 자애심을 두텁게 하는 것이다"라고 하였다. 내가 이러한 까닭에 고사(固辭)하였음에도 글을 짓는다. 명은 다음과 같다.

말세의 영재가 선문에서 많이 나오고,
마음은 염불하는데 전념하고,
뜻은 따로 나누지 아니하였네.
법을 지키고 가르침을 전하여
잃은 것은 있으나 거짓이 없으니,
오직 이 총명한 스님을 대중이 존경하였네.
바다를 항해하는 배에서 경전을 얻고, 그 보존에 뜻을 두어
용맹하게 비요를 전하니 바로 보월이 소론이라.
이에 지금 그것을 얻어 미혹함을 깨우치고 어두움을 깨우니
그 법 가운데에 업은 크고 공덕 두텁도다.
그 명성은 길이 생각하고 이를 잇는 법손이 있어
그 행적을 옥돌에 새기고, 내가 더불어 글을 짓는다.

본 비(碑) 뒤의 음기에 간략이 말했다.

살피건대 석가가 마음을 전한 정통 법맥에 6조 이하에는 임제만한 스님이 나오지 아니하니, 임제는 바로 석가의 38대 적손이다. 임제의 도는 10여 세를 지나 해동에 미치고, 태고가 비조가 되었다. 환암·구곡·벽계·벽송·부용· 부휴·벽암·취미에게 전하고, 아홉번째 백암에 이르렀다.

스님은 대방(남원)에서 태어나 수학하고, 순창 취암사(鷲巖寺)에서 출가하였 으며, 27세에 곡성 신덕암(신덕왕후 강씨의 원당)에 주석하였다. 이후부터 여 러 면산에서 많은 사람들에게 교화를 베풀었다. 강희 신유년(1681)에 이르러 해안에 정박한 빈 배에서 경전을 얻어 이후 을해년(1695)까지 15년 동안 5천 개의 판목(板木)에 나누어 간행하여 장광사와 쌍계사 양쪽의 보소에 수장하였 다. 크게 천등불사를 베풀어 낙성하였다.

일찍이 약 백 년 전에 온 나라가 일어나 경전을 간행했던 일이 있다. 옛 것 을 버리고 새로운 것을 따르니, 마치 하천에 이르러 목말라 하는 것과 같았다. 송암(松巖)과 송계(頌溪)의 진영을 조성하고 신미년(1691) 선암사에서 화엄대회

를 베풀었다.

팔방에서 구름이 나타나듯이
일이 성사되었구나!
가고 오는 때에 거슬리지 않고
모두 기이한 빛을 내뿜는구나.

선사의 저술에는 사집 2권과 경서 9수가 있고, 정토찬백영이 있는데 세상에 전하니 이것은 다른 것과 비교가 되지 않는다. 선사의 가르침은 무용(無用)에게 전해졌고, 무용은 영해(影海)에게, 영해는 풍암(楓巖)에게 전하였다. 풍암의 뒤에는 고만고만한 자들이 많았으나, 최눌(最訥)은 홀로 판장 옆에서 오래도록 가르침을 받았다. 그 신인의 소망으로 인하여 하루아침에 분연히 일어나 70여 명의 동문이 한양(京洛)에서 돌에 채찍질하여 선조 도량에 공을 돌린 것이다.

아! 선사의 법은 연화장에 두루 미쳤다. 이제 선사의 공으로 사바세계의 일을 따라 한 나라에 퍼졌다. 이제 작은 비를 세워 모아 놓으니, 이도 또한 스님의 도인데 과연 여기에 있는 것인가, 없는 것인가. 훗날에 눈물 흘리며 느끼는 사람들이 있을 것이니 시험 삼아 말을 전하게 한다. 현법손 최눌이 삼가 기록하고 마땅히 아름답게 쓴다.

숭정 기원 후 세 번째 병술년(1766) 6월 어느 날 세우다.

월담당 설제대사(月潭堂 雪霽大師)

석가의 열반 후에 가섭이 서역의 조사가 되고, 달마가 중국 선종의 종조가 되었다. 태고 보우노사께서 불법을 해동에 전했으니 환암·소은·구곡·벽계·벽송이 이를 이었고, 청허·편양선사가 이를 계승하여 삼매를 얻고 풍담대사에게 전하였다. 경을 설하는 말씀이 그윽하여 무리를 맑게 하고 사방에 이르게 하였다. 오직 월담선사만이 그 종통을 얻었다고 한다.

그 행장은 다음과 같다.

선사의 법휘는 실제, 본관은 창화(昌化)이고, 그는 김부(金傅)의 후손으로 아버지는 가선대부 태인(太仁)이다. 어머니는 청주(淸州) 한씨이다. 숭정 임신년(1632) 12월 15일이 대사가 태어난 날이다. 어머니가 꿈을 꾸었는데 두 범승(戒行을 엄격히 지키는 스님)이 "냄새 나는 것을 먹지 말고 비린내 나는 것을 먹지 말라"고 경계하고 거듭 선물한 두 개의 밝은 옥을 가리키니 갑자기 변하여 일월의 빛이 땅을 비추었다. 마침내 감응을 받아 태어났으니 이 때부터 계법을 지켰다.

선사는 어릴 때부터 놀면서 불사를 일으켰다. 13세에 운악산의 숭읍(崇揖) 장로에게 출가하였고, 16세에 동지인 승려 일여(一如)와 함께 머리를 깎고 계를 받았다. 발심하여 보개산 설청(說淸)대사에게 수업을 들었다. 영평 백운산에서 풍담대사를 따른 지 얼마 되지 않아 풍담이 한 번 보고 크게 기이해 하면서 말하기를, "너는 나날이 뛰어나니 반드시 승려 가운데서 종장이 될 것이다"라고 격려하며 인도하였다. 서로 좇아 금강산과 묘향산 등지를 유력하였다. 선교의 종지를 강설하였고 가는 곳마다 잘 해석하였다. 또한 문예에도 뛰어나 입을 열면 문장이 되었다.

매양 유명한 곳에 가게 되면 문득 도량을 베푸니 신도들과 승려들이 법석을 둘러싸 모셨으며, 종과 목어가 서로 울리고 1천여 게송을 물 흐르듯이 풀어내니 자비의 구름과 꽃비가 내리는 것이 완연히 서천(西天)과 같았다. 모든 경전의 핵심을 융회하고 관통하였으며, 특히 화엄경과 선문염송을 좋아하여 입에서 외우는 소리가 끊어지지 않았으며, 후학을 크게 지도하여 그 뜻을 듣고 깊은 뜻을 얻은 이가 수백 인에 이르렀다.

명산 유적을 편력하지 않은 곳이 없었으나 풍악(금강산)의 정양사(正陽寺)에 항상 머물렀으며, 말년에 남쪽을 그리워하여 금화산의 장광사로 옮겼다. 이 때부터 산문 밖으로 나오지 않고 후학들의 지도에만 전념하였는데, 그로 인하여 호남지방에 경교가 크게 천명되었다.

갑신년(1704) 정월 초4일, 아침 문안 때 문인들을 불러 말하기를, "인간 세상은 새가 틈 사이를 지나가는 것과 같으니 너희들은 부지런히 힘쓰라" 하고는 곧 게송을 하나 읊었다.

도에 죽고 도에 사는 판자를 짊어진 자이니,
생도 아니고 사도 아닌데 어찌 중도(中途)이겠는가.
생과 사 두 가지 중요한 글자를 설파하여
살인검(殺人劍)과 활인도(活人刀)를 주었네.

그리고 문득 조용히 운명하였으니, 세수는 73세이고 법랍은 57년이었다. 임종한 날 상서로운 빛이 창공을 두르고, 다비하는 날 크게 바람이 일고 상서로운 구름이 일어났다. 경건한 마음으로 3일간 기도하니 사리 2과가 나왔다. 다음 해 을유년(1705) 탑을 장광사 양지바른 쪽에 세웠다.

스님의 성품은 뛰어나고 외모는 준수하여 찬 소나무에 하얀 눈을 이고 있는

학과 같이 세상일에 초연하였다. 어려서부터 총명하고 뛰어났으며, 평생 경계를 세우지 않았고, 사람을 대할 때 선입견 없이 성의를 다하였다. 면벽참선하는 여가에 뜻을 읊조려 문득 사람들을 놀라게 하니 대개 재주가 뛰어났기 때문이다. 누더기 옷과 거친 밥을 싫어하지 않았고 뜻을 새겨 도를 구하였으며, 저자의 말과 속된 이야기는 입에 담지 않았으며, 오직 삼거대교에만 힘써 벼슬은 쳐다보지 않았다. 진실로 이는 이른바 한 벌의 발우로 족하고 만종(萬鍾)을 가볍게 여긴다고 하는 것이다.

내가 이에 그 풍모를 듣고 마음에 기뻐하였으나, 그 무리에 들어가지 못한 것을 한스럽게 생각하였다. 그 상수제자 의천(義天)이 행장의 초고를 모아 울면서 나에게 부탁하며 말하기를, "우리 스승이여, 우리 스승이여, 세속의 빼어난 기상을 타고났으며 심오현묘하고 부지런히 애썼으니 자취가 사라지면 되겠습니까. 탑전의 비명을 공이 아니면 누가 하겠습니까?" 하였다.

슬픈지라! 나의 쇠함이 심함이여. 붓을 놓은 지 오래되고 또한 글재주도 없으나 그 간절한 청을 물리치지 못하여 행장을 살피고 대략 깎고 윤색을 더해 이와 같이 쓴다.

명은 다음과 같다.

눈이 초가에 들이쳐도 오직 한 벌의 옷과 발우뿐,
밤을 밝히는 등촉이며 창해를 건너는 뗏목이로다.
일심이 여여(如如)하며, 한 꿈이 의연하였다.
서리가 내리고 물이 떨어진 것 같으며,
백월이 허공에 걸린 것 같았다.

이상의 글은 대제학 강현백각(姜鋧白閣)이 지은 것이다.

설암선사(雪巖禪師) 추붕(秋鵬)

스님의 법명은 추붕이다. 성은 김씨이며 강동현 사람이다. 몸집이 작고 여위어서 위의는 없었으나 두 눈동자는 유난히 빛나서 사람을 쏘아보았다. 그는 계행이 매우 높았고 사람을 대할 때는 귀천을 가리지 않고 평등하게 하였다. 그의 말씨는 불꽃이 튀고 샘물이 솟아오르듯 하여 막힘이 없었다.

처음에 종안장로(宗眼長老)에게서 체발을 하고 벽계 구이(碧溪九二)선사를 찾아가 사찰의 살림살이를 맡고 경론의 뜻을 통달하였다. 또 월저 도안(月渚 道安)대사를 찾아뵙고 배우면서 의기투합하여 오묘한 이치에 맞지 않은 것이 없었다. 도안대사가 그릇이 다름을 알아보고 매우 아끼며 의발을 전했다. 그 뒤 남쪽지방을 둘러볼 때 그 곳의 스님들은 설암의 이름만 들어도 심취하였다.

병술년(1706) 8월에 입적하였는데, 그는 신묘년(1651)에 태어나 세수가 56세였다. 다비한 후 사리 5과를 얻고 낙안의 징광사와 해남의 대둔사에 나누어서 탑을 세웠다. 대둔사에는 화엄강회가 있었는데, 기록에는 설암대사가 일찍이 대둔사의 백설당(白雪堂)에서 법회를 개설하였다고 하였다.
이 글은 홍문관 대제학 이덕수(李德壽)가 찬한 것이다.

화악선사(華岳禪師) 문신(文信)

스님의 성은 김씨로서 법명은 문신(文信)이다. 해남 화산 사람이다. 어려서 출가하여 대둔사에서 머리를 깎았다. 성품이 거칠고 어리석었으며 자기 이름을 쓸 줄도 몰랐다. 돌아다니며 농기구를 팔아 배를 채우고 지내던 어느 날, 몹시 고달픈 몸으로 상원류에 도착하여 짐을 벗어놓고 쉬고 있었다.

그 때 취여 삼우(醉如 三愚)선사가 대중을 모아놓고 화엄종지를 강론하고 있었다. 상원루의 마룻바닥 아래 있던 화악은 강의를 엿듣다가 깨달은 바가 있었다. 이에 지고 다니던 농기구를 그 동료에게 주어버리고 마루 위로 올라가 무릎을 꿇고 눈물을 줄줄 흘리면서 배움을 청하였다. …중략… 배움에 뜻을 이루어 취여 문중에서 향불을 올리게 되었다.

이 때에 사미들이 대둔사로 모여들고 강회일(講會日)에는 배우는 자가 수백 명이 되었다. 이 때에 북쪽의 월저선사가 남쪽을 둘러보다 대둔사에 이르렀는데 화악스님과 함께 선지에 대하여 담론을 하게 되었다. 화악스님은 월저선사가 종장(宗匠)이 될 수 있음을 알고 대중에게 그의 가르침을 받도록 양보하였다.

그리고 스스로 방 하나를 치우고 문을 닫고 면벽참선하며 강회가 끝날 때까지 계속하였다. 강회를 마치고 돌아가려던 월저선사가 말하였다.
"나는 남쪽지방에 와서 육신보살을 보았다."

화악스님은 숭정 2년 기사년(1629)에 태어나 강희 정해년(1707) 6월 26일 시적하니 세수가 79세였다. 시적할 때는 두륜산이 천둥소리를 내었고, 다비 후 사리 2과를 얻었다.

이 글은 성균관 대사성 한치응(韓致應)이 찬한 것이다.

　병승일지(病僧日誌)
아침에 창을 여니 밝은 빛이 더욱 곱고
저녁에 밖을 보니 흰 달빛이 영롱하다.
어쩌다 이 얼굴은 거울 보기 싫어할까!

〈인암스님〉

상봉당(霜峯堂) 정원(淨源)

세상의 학자들은 구이(口耳)의 무리들로서 글귀에 빠져 있을 뿐, 돌이켜 안으로 신심(身心)을 구하지만 마침내 그 뜻하는 바를 얻을 수가 없다. 그 행실을 생각해 보니, 저잣거리에서 나온 것이라 하여 백성들이 부끄럽게 여기기 때문이다.

내가 심히 걱정스러운데, 유자들도 모두 그러하다. 불교를 믿는 무리는 더욱 심하여 총림이라고 표명하는 자들은 모두 몇몇의 글(경전) 속에서만 찾고 행하려 한다. 기둥에 매여 있는 원숭이 같고, 고치를 켠 누에와 같아서 그 사이에 얽매여 벗어날 줄 모른다. 세간·출세간을 막론하고 그러한 폐단이 거의 같다.

대감선사가 문자를 해득하지 못하고 사람을 위해 설법하였으나 불심에 계합하고, 강서(江西)의 대매(大梅)는 오직 마음이 곧 부처임을 최상의 법칙으로 삼았다. 또한 이는 말을 잊고 묵묵히 깨달을 뿐인데, 어찌 많다는 것을 자랑하고 부를 다투는 요즘의 무리들과 같겠는가.

대저 지혜가 있는 자는 말을 하지 않으며, 말하는 자는 알지 못한다. 정성을 다해 참선을 하는 무리로 하여금 강송의 공력을 옮겨가야 한다. 영가의 성적(惺寂)과 하택의 각념(覺念)을 병약으로 삼고, 조계의 일체무심과 소림(달마대사)의 요요자지(了了自知)를 준거로 삼아 생멸멸이(生滅滅已)하고 적멸위락(寂滅爲樂)하는 경지에 이른다면 바야흐로 세간의 대자재인이 될 것인데, 이를 종일토록 함께 의논할 수 있겠지만 일찍이 그와 같은 묘한 일은 없었다.

근세의 상봉선사 또한 일찍이 많이 듣고 익힌 자인지라! 스님의 법명은 정원

(淨源)이며, 성은 김씨로 아버지는 계선(係先)이며, 조부는 세철(世喆)이다. 모두 유학을 업으로 삼았다. 어머니는 남양 홍씨인데 바다에 둥근 달이 뜨는 꿈을 꾸고 스님을 잉태하였다. 천계 정묘년(1627) 11월에 영변부 중양리에서 스님이 태어났다. 목욕을 시키지 않아도 피부에서 향기가 나고 정결하였으며 아이 때부터 불사를 짓는 시늉을 하고 놀았다. 점점 자라면서도 우뚝하게 크고 자태가 중후하였다. 등에는 7개의 붉은 점이 있었다.

일찍이 선천(善天)장로를 좇아 삭발하고 계를 받았다. 완월(玩月)과 추형(秋馨)에게서 경과 논을 배우고, 30세에 이르러 비로소 풍담 의심(楓潭 義諶)의 법문을 두드렸다.

풍담이 대하를 해보고는 기이하게 생각하고 그에게 익힌 바를 다 일러주었다. 이에 발우 하나와 주장자 하나만 가지고 국내의 뛰어난 승지를 두루 탐방하였으니 관종으로부터 바다에 이르고, 바다로부터 경기에 이르고, 영동의 금강산, 호남의 지리산에 이르러 승경을 모두 찾아보았다. 선지식들을 예참하였는데, 방망이를 들고 불자를 집어든 자들은 모두 자리를 피하고, 옷을 걷어올리고 법을 묻는 자들이 항상 방에 가득찼다.

열반경 등 3백여 부를 가야의 해인사에서 구결을 달고, 희양산의 봉암사에서 도서와 절요의 과문을 만들었다. 특히 화엄대경에 정통하였다. 경전에는 4과(四科)가 있는데 3과가 유실되었으나 대사가 문장으로부터 뜻을 궁구하여 드디어 3과를 정하고, 독자로 하여금 그 뜻을 버리지 않도록 하였다. 뒤에 당본(唐本)을 얻어 대조해 보니 차이가 없었다. 학자들이 놀라고 감복하여 '청량전세(청량국사가 다시 태어났다는 의미)'라고 말했다.

기축년(1700) 대사가 지평현 용문산에서 갑자기 미질을 보이고, 2월 8일에 이르러 홀연히 문인들에게 이르기를, "무릇 세계는 성주괴공이 있고, 몸에는 생로병사가 있으니 유시무종은 무상의 체이다. 너희들은 마땅히 정념을 지녀 번뇌가 생기지 않도록 하여라" 하고 드디어 게송을 쓰기를, "눈빛은 구름이 흰 것에 화답하고, 송풍(松風)은 이슬의 맑음을 띠었네"라고 하고 붓을 던지고 편안하게 입적하였다. 세수가 83세이고, 승랍은 64년이었다.

이 때에 승려들과 속인들이 울부짖고 사모하는 소리가 산골짜기에 진동하였다. 다비한 뒤 영골 한 조각과 영주 한 쌍, 사리 2매를 얻어 대구 동화사, 청주 보살사, 지평과 예천의 두 용문사에 부도를 나누어 건립하고 봉안하였다. 봉안하는 날에 쌍무지개가 길을 가리키고, 제사지내는 저녁에 풍운이 채색을 바꾸니 그 신령스럽고 기이함이 황홀하여 진실로 불가사의한 것이었다.

일찍이 대사에게 시문을 들었는데 붓을 잡으면 나는 듯하였고, 경전의 뜻을 묻는 자가 있으면 반드시 다른 증거를 들어 말하기를, "이것은 몇번째 판 몇 행에 있다"라고 하였는데, 뒤에 살펴보면 진실로 그러하였다. 총명함이 이처럼 남보다 뛰어났기 때문에 무릇 대사가 이미 삼공(三空)을 증득했다고들 하는데, 나는 알지 못하는 것이다. 만약 삼장(三藏)을 관통하여 일세 경사의 영웅이 되었다면 대개 믿을 만하고 징표가 있을 것이다.

내가 수십 년 전에 일찍이 용문사에서 대사를 뵈었는데, 당시 내 나이가 매우 어렸다. 눈으로 대사를 본 것이 뒤에 귀로 대사를 들은 것만 같지 못하니, 이것이 한이 될 뿐이다. 지금 대사의 큰 제자 현신(玄信)이 와서 대사의 비명을 구하니, 마침내 사양하지 않고 쓴다. 아울러 나의 평소 견해를 기술하니, 어찌 그 문도만을 일깨울 뿐이겠는가. 대사가 영령이 있다면 반드시 손가락을 튕기듯 기뻐하며 선을 칭찬해주고 서로 권할 것이다. 명은 다음과 같다.

대사의 자취가 바로 중앙(영변부 중앙리)에 있네.
바다에 뜬 달이 가득차니, 특별히 상서로움을 열었네.
그 상서로움은 무엇인가? 법문이 창성함이네.

태어나 어려서 고아가 되고,
인연을 끊고 치의(승복)를 입으니,
외삼촌은 머리를 깎아주고, 풍담은 바로 나의 스승이다.

서쪽에서 불경 천 함 전해지니 내가 그 상자 안았도다.
어지러이 오고갔으나, 나의 응대가 다하지 못했고
혀를 물결이 용솟음치게 하였다네.

환상(幻質)은 참된 것이 아니니,
오가는 것이 모두 부질없네.
눈과 구름 모두 희고, 소나무의 이슬은 더욱 푸르네.

아! 저 사리여, 분향하여 신령에 비네.
내가 오히려 내가 아니니, 하물며 그 이름에 있어서랴.
저 희양이 우뚝 솟음이여! 산의 뼈대에 아로새기니,

거북 털로 만든 붓으로 그린 거울 속 그림자여,
선사를 알고자 하면
이것이 전벌(통발과 뗏목, 방편의 의미)이 되리라.

월저당(月渚堂) 도안(道安)

이 글은 홍문관 대제학 이덕수(李德壽)가 찬하여 대흥사에 세웠다.

선사의 법명은 도안(道安)이요, 세속의 성은 유(劉)씨이고, 평양 사람이다. 아버지는 보인(輔仁)이요, 어머니는 김씨니 생년이 숭정 무인년(1638)이요, 죽은 해가 숙종 을미년(1715)이다. 세수가 78세이며 승랍은 69년이다.

처음에 천신장로(天信長老)에게 계를 받아 풍담(楓覃)에게 예참하여 서산대사의 밀전(密傳)을 얻었다. 갑진년(1604)에 묘향산에 들어가 화엄의 대의를 강구하니, 세상에서 '화엄종주'라고 불렀다. 항상 종풍을 선양하여 법을 듣는 청중들이 늘 수백 명이 넘었으니, 법회의 성대함은 근세에 없는 것이었다. 대승의 여러 경전을 간행하고 도속(道俗)에 유포하였다.

정축의 옥사에 무고를 당했는데, 임금이 본래 그 이름을 듣고 있었기 때문에 특별히 명하여 석방하였다. 이로부터 더욱 은거하였으나 그 이름은 우렁차게 온 나라를 진동하였다. 문을 바라보고 달려오는 자가 목말라 하수(河水)로 달려가 실컷 마시고 돌아오는 것 같았다.

귀진(생을 마치는 것)하는 저녁에 상서로운 빛이 하늘을 비추어 백리 밖에서도 보지 못한 자가 없었다. 다비하여 사리 3과를 얻었는데, 보현사의 서쪽 기슭에 탑을 세우고, 또 기성의 해남사에 나누어 봉안하였다.

해남사의 석법명(釋法明)은 선사의 고족(큰 제자)이다. 나를 반양으로 찾아와 선사의 비명을 구하였다. …중략… 선사의 법을 전한 제자 추붕이 일찍이 내게 말을 했었다. 선사는 경을 풀이할 때 세세한 절목에 얽매이지 않고 그 큰 뜻을 잘 통괄하였고, 제자백가에도 아울러 통하여 크든 작든 빠트리지 않았으니, 이 것이 선사가 된 까닭인 것이다.

여여송(如如頌)
여(如)라는 여(如)여,
고요한 밤하늘에
둥근 달이 솟았구나.

무용당(無用堂) 수연(秀延)

무용(無用)선사의 법명은 수연이요, 성은 오(吳)씨, 고려 태위 문양공 연총의 후예로 아버지는 섬(暹)이다. 꿈에 누렇게 빛나는 큰 뱀 한 마리가 상공에서 꿈틀거리다가 곧바로 다시 떨어져 집을 몇 겹으로 둘러쌌는데, 이로부터 임신하였다. 순치 8년 신묘년(1651) 3월 13일에 태어났다.

13세에 부모를 여의고, 우연히 조계사에 들어갔다가 혜관장로(惠寬長老)에게 출가, 구족계를 받았다. 22세에 침굉(枕肱)을 알현하니 침굉이 말하기를, "원돈법(圓頓法)이 온전하게 너에게 있다"라고 하였다.

26세에 침굉의 부촉을 받들어 조계산(은적암)에서 백암을 알현하였는데, 한 번 보고 매우 빼어남을 알았다. 이로 인해 주석하며 불경을 가지고 풀기 어려운 문제에 대해 논의하였는데, 합치되지 않은 것이 없었다. 기해년(1719) 겨울 10월에 결가부좌하고 서거하였다. 세수가 60세요, 하랍이 51년이었다.

또 동사열전에는 "선사의 문집 2권이 세상에 유행하고, 진도 쌍계사 사적문, 영암 도갑사 수미왕사비문(守眉王師碑文), 전주 송광사 사적비는 모두 대사가 손수 지은 것이다. 문인에는 영해 약탄(影海 若坦), 두륜 청성(頭輪 淸性) 등 21인이 있다."

환성당대선사(喚醒堂大禪師)

이 글은 숭록대부 홍계희(洪啓禧)가 찬한 것이다.

탐부라(耽浮羅)는 세상에서 영주라 부르는데, 그 산을 한라산이라 한다. 그 산 위에 오래된 석불이 있는데, 어느 시대에 세운 것인지는 알 수 없다. 그 뒷면에 문장이 있는데, "세 성인이 입적한 곳이다"라고 하였다.

지금 임금(영조) 기유년(1729)에 지안대사가 그 땅에 유배되었다. 도착한 지 7일이 지나 7월7일이 되었는데, 홀연히 시적하였다. 산이 3일간 울고 바닷물이 끓어올랐다. 인천(人天)의 중생들 가운데 이마가 땅에 닿도록 절하고 찬탄하지 않는 이가 없었는데, "세 성인의 증험을 보인 것이다"라고 하였다. 대개 중국 정법(正法)보살로부터 선사에 이르기까지 여기에서 열반한 사람이 셋이다. 아! 그러하던가! 그 또한 신령스럽고 괴이하다.

내가 일찍이 금강산에 들어가 월사 이공(李公)이 지은 청허휴정비와 백주 이공이 지은 편양언기비, 정관 이공이 지은 풍담의 심비를 보았는데, 모두 동방의 명숙(명승)으로 선사에게는 조사가 된다. 선사가 입적한 뒤, 그의 법손 궤홍 상인(軌弘上人)이 선사의 행장을 가지고 와서 비문을 구하니 내가 진암(晉菴)의 상국이 마땅히 찬술해야 한다고 권했다. 대개 진암은 월사와 백주(白洲)의 후손이기 때문이다. 진암이 허락했는데 비문을 끝내지 못하고 갑자기 죽었다.

궤홍이 와서 나를 보고 말하였다.
"공이 마땅히 그 일을 마쳐야 합니다."
내가 본래 선가의 문자 짓기를 좋아하지 않았는데 거절할 수 없었다. 이에 그 행장을 살펴보니 선사의 속성은 정(鄭)씨이며 춘주(春州) 사람이다. 현종 갑진년(1664)에 태어나 15세에 출가하여 미지산 용문사에서 삭발하고, 상봉 정원(霜峰淨源)에게 구족계를 받았다. 17세에 월담 설제(月潭 雪霽)에게 법을 구하였으니, 풍담의 적전이다.

선사의 골상은 맑고 단아하였으며, 말소리는 밝았고 말이 간략하였으며, 얼굴색이 온화하였으니 월담이 큰 그릇으로 여겨 의발을 부촉하였다. 선사는 내전(불전)을 정밀하게 연구하며 침식을 모두 잊었다. 27세에 모운 진언(慕雲 震言)대사가 금산 직지사에서 법회를 연다는 말을 듣고 그를 좇아갔다. 모운이 크게 탄복하고 대중 수백 명에게 말하기를, "내가 지금 사자좌에서 물러날 터이니, 너희들은 예로써 대사를 스승으로 섬겨라"라고 하였다. 이에 몰래 나가 다른 산에 거처하였다.

대사가 드디어 대중에게 나아가서 설법하는데, 세밀하게 분석하여 넓고 크기가 마치 큰 강물을 터놓은 것같이 막힘이 없었다. 대중들은 모두 활연히 깨달아 종풍을 크게 떨치게 되었다. 이로 말미암아 4백 명의 승려들이 몰려와 운집하였다.

일찍이 대둔산 속에 부처님께 올릴 공양(淨供)을 차려 놓으니, 공중에서 세 번 스님의 이름을 불러서 스님 역시 그대로 응답하였다. 이에 자를 삼락(三諾)이라 하고, 법호를 환성이라 하였다. 스님이 가르침을 펼쳐 대중을 깨우치니 강연의 취지가 그윽하고 묘하여, 혹 일찍이 듣지 못한 것이어서 의심을 가지는 사람도 없지 않았다.

낙안의 징광사에 빈 배가 와서 언덕에 닿았는데, 그 가운데 육조 이래 주석하고 풀이한 경전들이 천백 함(函)이나 되었다. 이들을 꺼내어 스님께서 설한 것과 비교하니 부절(符節)을 맞춘 것같이 꼭 들어맞아 크게 놀라고 탄복하였다. 스님은 국내에 있는 명산을 거의 모두 노닐었는데, 한 번도 도적을 만나지 않았다. 길을 가다 푸른 소나무와 흐르는 물을 만나면 발을 내리고 결가부좌하고 왼손에 염주를 들고 오른손에 석장을 쥐었는데 여유로웠다.

지리산에 머물고 있을 때 홀연히 한 도인이 나타나, "스님께서는 속히 이 자리를 떠나십시오. 머지않아 재화가 있을 것입니다"라고 하였다. 수일이 지난 후 사찰에 과연 큰 화재가 있었다. 또한 금강산 정양사에 있을 때, 하루는 비가 심하게 내리자 스님이 서둘러 행장을 차리고 나가니 대중들이 말릴 수가 없었다.

산 아래 어떤 부잣집 노인이 스님께 집에 머물기를 청하였으나 사양하며 들어가지 않고 인근 조그마한 집에 투숙하였다. 그날 밤 절과 부잣집은 모두 큰물에 잠겨 버렸다. 춘천 청평법사(淸平寺)에 머물고 있을 때, 경내 누대 아래에 진흙으로 막힌 지 이미 오래된 영지(影地)가 있었다. 스님이 그 진흙을 쳐내고 연못 가운데에서 작은 비석 하나를 얻었다. '유충관부천리래(儒衷冠婦千里來)'라는 글귀가 새겨져 있었다.

그것을 해석하여 이르기를, "선비의 마음(儒衷)은 지(志)이고 갓 쓴 여자(冠婦)는 안(安)이며 천리('千'자와 '里'를 위아래로 합침)는 중자(重)가 된다. 그래서 '지안이 다시 온다(志安重來)'이다"라고 하였다.

을사년에 금구의 금산사에 화엄대법회를 베풀었는데 대중이 1천4백 명이나 되었다. 당에 올라 불자를 곧게 세우고 대중을 향해 법을 설하자, 대중들은 모두 환희하고 일찍이 없었던 것을 얻었다.

기유년에 마침내 법회 사건으로 한 무고자가 있어 지리산에서 체포되어 호남의 감옥에 갇혔다. 얼마 되지 않아 풀려났으나 도신(道臣)이 불가함을 주장하여 마침내 탐라로 유배되었다.

스님은 일찍이 이르기를, "살아서는 단시를 없애고 죽어서는 대중들의 힘을 번거롭게 하니, 나는 편안할 바가 아니로다. 멀리 떨어진 외딴 곳에서 편안함도 없이 죽을 것이다"라고 하였으니, 마침내 그 말과 같이 되었다. 세수 66세이며 법랍이 51년이었다.

오호라! 동방에 산이 높고 물이 수려하여 옛날부터 고승과 유명한 승려들이 많다고 하였으니, 신라와 고려 때 의상과 도선, 나옹과 무학 같은 이들이 가장 현저하도다. 신령한 자취와 기이한 일들은 세속의 견해로는 엿보아 헤아릴 수가 없으며, 그 지위와 계급을 알지 못하도다. 과연 어떠한 경계를 짓는지 결문인 소승(小乘)은 능히 알지 못하도다.

스님께서 종지(宗旨)를 풀어서 펼침은 대중의 미혹을 열어 깨우침이니, 참으로 법문의 용상으로 부끄럽지 않도다. 망령됨도 없이 잡아 가두나 죄가 아니니 스님에게 어떻게 해를 끼치겠는가. 명은 다음과 같다.

지혜를 갖추어 엎드려 스승을 이었도다.
빈 배가 언덕에 닿아 경장이 그 가운데 있어
대중들이 그를 고증하니 스님은 이미 먼저 통하였도다.

큰 바다는 비고 밝으며
천풍(天風)과 함께 각지를 유행하니,
험하고 평탄함이 막히지 않고 해탈은 자취가 없도다.

봉래산 방장산 옛날 뽕나무 아래
넋이야 어디인들 못가리 천백억 화신인데
영지의 비석이며 한라산의 부처로다.

이와 같이 내가 들으니 이미 그로써 황홀하도다.
잠시 그 일을 쓰노니 부르는 소리를 대중이 듣노라.
먼 산에 달이 밝은데 심령이 영겁토록 영원하도다.

허정당(虛靜堂) 법종(法宗)

이전에 묘향산 승 각성(覺性)이 나와 경원(慶原)에서 우연히 만났다. 나는 영변으로 가라는 칙명을 받았는데, 각성 또한 묘향산으로 돌아가던 길이었다. 16년 만에 2천리 밖에서 다시 만났으니 참으로 기이하도다. 소매 속에서 자기 스승의 허정집(虛靜集)을 보이면서 행장을 갖추어 비석에 새길 비명을 청하길래 내가 감흥하여 이를 허락하였다. 그러나 선가의 귀한 적멸을 어찌 글로써 얻을 수 있을 것이며, 하물며 대사를 보지도 못했음에랴.

스님의 이름은 법종(法宗)이며 법호는 허정(虛靜)이다. 성은 진씨이고 완산(完山) 출신으로 관서의 삼화가 본적이다. 어머니 노씨는 용의 꿈을 꾸고서 태기가 있어 경술년(1670) 4월 초파일에 스님을 낳았다. 성품은 고매하고 범상하였다.

12세에 옥잠(玉岑)장로에게 나아가 머리를 깎았으며, 도정(道正)대사를 찾아 뵙고 바로 그 자리에서 깨달았다. 대사가 이르기를, "원돈법계가 지금 너에게 있다"라고 하였다. 묘향산으로 들어가 월저(月渚)대사를 참례하고 대장경을 다 섭렵하였는데, 그 때가 스무살 남짓이었다. 드디어 월저대사의 상수제자인 설암(雪巖)으로부터 현묘한 지의(旨義)를 듣고 인가를 받게 되었다. 진상전과 내원암과 조원암으로 옮겨가며 머물자 따르는 승려들이 구름처럼 모여들었다. 낮에는 강의를 베풀고 밤에는 선정에 들며, 몇년 동안 대중들의 흐린 눈을 환하게 열어 주었다.

무자년(1708) 봄에 황해도 구월산에서 청함을 받아 갈 때에 곁에서 함께 따르는 자가 항상 수백 명이었다. 다시 묘향산으로 돌아와 계축년(1733) 4월 17

일 게송을 남기고 남쪽의 정사에서 입적하니, 속세의 나이 64세이며 법랍 52년이었다. 다비하니 상서로운 빛이 하늘을 비쳤다. 영골 한 조각과 사리 3과를 얻어 묘향산과 구월산에 탑을 세우고 두 곳에 나누어 봉안하였으며, 또한 호남의 대둔사에 비석을 세웠다.

대개 스님의 학풍은 설암 위로 거슬러 올라가 서산을 바로 이었으니, 임제종을 크게 드날렸다. 스님은 일찍이 스스로 일깨우기를, "굳은 돌처럼 뜻을 지키고, 청결한 얼음처럼 정신이 집중하며, 비고 고요함을 잘 지켜 또한 물이 맑아지듯 한다"라고 하였다.

오호라! 성인의 도는 고요할 때 텅비고 움직일 때 곧도다. 애석하도다! 고요하고 텅 빔(靜虛)의 체는 밝게 빛나지만, 역동적이고 곧은(動直) 용(用)은 닫게 되었구나.

스님의 시(詩)와 소(疏)를 살펴보면, 대개 임금과 어버이와 스승을 섬기는 것과 도반들과의 우애에 깊이 뜻을 두었다. 곧 본래의 선(善)을 감응하여 일어난 것이므로 역시 꾸미거나 속일 수가 없다. 그는 장보(章甫)의 관(冠)을 썼으니 패륜자에게 어떻게 마음을 기울이겠는가. 이에 비명을 짓는다.

손가락은 거문고 소리를 발하고
눈은 불빛을 드러내도다.
손가락이며 눈이며
자취가 있으나 자취가 없도다.

성품의 근본이 드러나
오묘함을 내비치니 측량할 수 없도다.
하나에 만사를 거두어들여
집으로 돌아가노라.

통정대부 사간원 대사간 지제교(知製敎) 이중협(李重協) 찬술하고 매촌거사 (梅村居士) 양만원(楊萬元)이 쓰고 아울러 전액(篆額)을 하였다.

숭정 기원 후 두 번째 신유년(1741)

시시송(是是頌)
시(是)라는 시(是)여,
물이 파도를 여의지 않으니
파도가 그대로 물이네.
거울 속에 티끌 없고
물 속에 바람 없으니
하늘 땅이 그 속에 분명하네.

자응당(慈應堂) 신화(信和)

이 글은 자헌대부 이조판서 겸 호문관 대제학 지성균관사 이덕수(李德壽)가 찬하고 아울러 전액을 썼다.

정사년 겨울, 내가 빈양(濱陽)의 상심촌(觴深村)에 은거하며 하는 일 없이 집안에만 있으면서 간혹 사람들을 만났다. 어떤 스님이 문을 두드리며 보고자 하여 나가서 물어보니, 담원(曇源)이 그의 이름이며, 관서의 묘향산으로부터 왔다고 하였다.

내가 말하였다.
"스님께서는 멀리서 오셨습니다. 저에게 구하는 바가 있으신지요?"
"구하는 바가 없으면 어찌 왔겠습니까. 이와 같이 와서 뵙는 것은 불법이 동으로 흘러 그 등불이 서로 전해 내려왔는데, 서산에 이르러서는 종풍이 더욱 진작되었습니다. 서산을 이은 자가 편양당(鞭羊堂)이며, 편양 이후로 풍담(楓潭)이 이었고, 풍담 이후로 월저(月渚)가 이었고, 월저 이후로 설암(雪巖)이 이었는데, 나의 스승 자응당이 설암을 이었습니다. 제 스승의 법휘는 신화이고 속성은 이씨이며, 진주 사람으로 후에 영변의 사천으로 옮겼습니다. 아버지는 사남(泗男)이며, 어머니 조씨는 평상시 사람들에게 보시와 희사를 하여 선업을 닦았다고 하는데, 기이한 꿈을 꾸고 무술년(1658) 겨울에 스님을 낳았습니다. 어린시절 놀 때에도 모두 불사를 지었으며, 10세에 벽운(碧雲)장로로부터 머리를 깎았으며, 설암 추붕(雪巖 秋鵬)대사를 참례하고 삼승의 묘한 뜻을 다 궁구하였습니다. 법을 교화하고 유행한 지 40여 년인데 인연을 타고 왔다가 인연이 다하여 돌아가시니, 정사년(1737) 2월 11일입니다. 다비하여 사리 2과를 얻었는데, 하나는 기도하지 않고 스스로 출현한 것이며, 하나는 기도하여 얻었습니다. 이들을 탑에 봉안하고 비문을 받아 새겨서 자취를 전하게 하고자 지금 이렇게 왔습니다. 뜻이 대개 이와 같습니다."

내가 다시 말하였다.

"나는 붓과 벼루를 멀리한 지 오래되었습니다. 그러나 설암은 나와 속세의 정도 있으니, 상수 제자에게 어찌 정이 없을 수 있겠습니까. 하물며 스님의 근면함이 이와 같음에랴."

서산이 우뚝 솟아 있어 준걸이 곁에 있네.
설암이 그를 계승하여 청규를 두텁게 하고 법도를 쌓으니,
스님에게 다다라 (법을) 이어나가
혜일(慧日)이 더욱 빛나도다.

법우(法雨)를 맞고 많은 대중이 귀의하였다.
우리의 인연이 이미 다하여 땔나무를 옮겨 불을 붙이니,
사리가 스스로 드러내어 색상이 밝구나.

자비의 항해로 건너 들어가서
기를 세우고 대법(大法)에 이르로다.
석비에 명(銘)을 새기어 영겁토록 전하리라.

임금이 즉위한 지 14년 무오년(1738) 7월 일에 세움.

설봉 회정선사(雪峰 懷淨禪師)

이 글은 홍문관 부제학 김진상(金鎭商)이 찬한 것이다.

선사의 자는 윤중(允中)이고, 회정은 법명이다. 속성은 조(曹)씨이며 낭주인(朗州人)이다. 9세에 달마사의 조명장로(照明長老)에게 투신하여 머리를 깎고, 화악 문신(華岳 文信)대사에게 나아가 법을 받았다. 성품이 밖으로 꾸미지 아니하였으며, 두건과 납의가 남루하였으나 수선하지 않았다. 수염과 머리를 자르지 않을 때도 있었는데 헝클어져 있어 사람들은 그를 나무라기도 하였다. 문득 소리를 높여 시가를 읊기도 하였으며, 평생 구속받지 않고 소일하였다.

주막과 찻집 등을 마음대로 노닐었는데, 한(漢)나라 땅에서 진(秦)나라가 거두지 않는 것처럼 상관하지 않았다. 또 나귀를 타고 양주를 지나갈 때 시를 짓는데 조금의 변화도 없었다. 무오년(1738)은 스님의 환갑인데, 6월 8일 입적하였다.

전날 밤에 게(偈)를 읊조리며 말하기를, "뜬 구름이 정처없이 오고 갈 때에도 또한 자취를 남기지 아니하니, 자세히 보면 구름이 오고 가는 것은 단지 허공에 불과하다"라고 하였다. 화장하여 사리 1립(粒)을 얻으니 영험한 구슬이 1매이다. 미황사(美黃寺)에 탑을 세웠다.

왕이 상신(相臣)의 청으로 밀양의 표충사에 복호(復戶 ; 조세를 면제해 줌)를 지급할 것을 명하여 수호하는 자금으로 삼게 하였다.

이 글은 호조참판 이우신(李雨臣)이 짓고 가선대부 윤득화(尹得和)가 비문을 썼으며, 통정대부 이조참의 지제교 조명교(曺命敎)가 전액하였다.

쌍계사 정혜대사(定慧大師)

다음 글은 의정 풍원부원군 조현명(趙顯命)이 찬한 것이다.

정혜대사는 총명하고 학문이 깊고 넓었으며 강론과 설법이 무르익고 능란하여 이르는 곳마다 생도들이 운집하였다. 서교대종사(西敎大宗師)라고 40년 가까이 불리다가 돌아가셨다. 그의 문도 채청이 행장을 가지고 와서 비명을 청하였다. 정혜대사는 내 (사촌)동생인 동계거사(조귀명)와 서로 친했으며, 내가 영남의 관찰사 시절에 징청각으로 나를 보러 왔다.

그 때 나는 소리 기생이 가득 찬 가운데 손님들과 시와 술을 즐기고 있었다. 대사는 그 사이에 있으면서도 침착하고 자연스럽게 웃으면서 이야기하며 눈으로 보고도 못본 척하고 귀로 들어도 못들은 척하여 나는 마음속으로 대사를 공경하였다. 불교의 글을 쓰지 않고 비록 내가 유자이지만 의리상 사양할 수 없었다.

그 행장은 다음과 같다. 대사의 속성은 김씨이고, 창원(昌原) 사람이다. 9세에 스스로 범어사의 자주(自守)선사에게 가서 스님이 되었다. 선사는 그의 총명함과 지혜를 남달리 여겨 충허(沖虛)장로에게 보냈으며, (충허는 정혜를 데리고) 가야산의 보광(葆光)화상에게 가서 참학(參學)시키고 화상은 비로소 구족계를 주었다.

호남에 가서 설암에게서 배우고 보광화상에게 되돌아왔다. 이 때부터 명성이 크게 드러나서 좇아 배우는 자들이 날로 많아져 드디어 단에 올라 불자를 세웠는데 당시 나이가 27세였다.

이윽고 다시 여러 노숙(老宿)들을 두루 참례하니 더욱 지혜가 드러났다. 하루는 탄식하며 말하기를, "남의 보물을 헤아려 봐야 무슨 이익이 있으리오"하고, 금강산에 들어가서 좌선하였다. 얼마 되지 않아 돌아와 석왕사·명봉사·청암사·벽송사 등의 명찰에서 강석을 열다가 청암사에 돌아가 열반에 들었다.

대사는 만년에 항상 수강생들을 보내고 오로지 마음속을 탐구하고자 하였으나 여러 후학들이 기꺼이 떠나가지 않아 대사 또한 강석을 거둘 수 없었다. 그러나 그의 뜻은 일찍이 선으로 되돌아가고자 하지 않은 적이 없었다.

화장할 때 우박이 내리고 기이한 빛이 비쳤다. 부도를 세우고 정골사리는 불영산과 지리산에 안치하였다. 대사는 을축년(1685) 5월 초2일에 태어났고, 신유년(1741) 5월 20일에 입적하였다. 나이는 57세였다.

대사의 성품은 온아하고 도량이 컸으며 작은 예절에 구애받지 않았다고 한다. 구설(口舌 ; 교학)은 가세 등등하되 심학(心學 ; 禪)은 거칠어지고, 교종을 숭상하고 선지는 어두워지니 유가와 석가의 길은 다르지만 말폐(末弊)는 대체로 비슷하다. 대사는 능히 이러한 것을 살피고 그것을 돌이키려 하였으니 우리 유가에서 이리저리 밖으로 경계할 바를 알 수 있을 것이다. 명은 다음과 같다.

가지 끝의 가지를 살리는 것보다
차라리 뿌리 중의 뿌리를 북돋우는 것이 낫듯이,
사방 교외의 소와 양을 다시 돌이키지 않으니,
아! 우리 선비들이 그대의 선에 부끄럽구나.

숭정 기원 후 두 번째 갑자년(1784) 8월 어느 날 세운다.

환몽대선사(幻夢大禪師)

이 글은 귀록산인(歸鹿山人) 조현명(趙顯命)이 짓고 통정대부 이조참의 조명교(曺明教)가 쓰고 새겼다.

국가의 평안이 백년 이어지는데는 강토에 걱정스러운 일이 이루 말할 수 없을 만큼 많다. 내가 관서 관찰사로 있을 때 묘향산에 들어가 고찰에 있는 서산대사의 진영을 보고 감개무량하여 그 뛰어난 풍모를 흠모하니 마치 서로 만난 듯하였다. 내가 화두를 들고 산의 승려에게 물었다.

"스님 가문의 서산조사는 물고기와 고기를 먹지 않고 왜적을 먹었다는데, 의제(義諦)란 무엇인가?"

그런데 불행하게도 이 물음에 대답할 수 있는 사람이 없었다.

서산대사의 6세손인 굉활(宏濶)은 바야흐로 무리를 모아 안주의 은적암에서 경학을 강한다고 들었다. 모르는 사이에 그를 '서방대종사(西方大宗師)'라고 칭하였다. 내가 바로 편지를 보내 급히 물으니 스님은 뛰어난 글을 지어 그것을 변론하니 그 글이 심히 기이하고 그 논이 심히 위대하였다.

군신(君臣)의 대의에 연모하여 귀의하고, 몸을 버려 순국하는 것을 상승법문으로 삼으며, 그 법요는 보제자비의 인을 위배하지 않는다. 연못에 달이 비치듯 서산대사의 심법을 받았다.

나와 함께 숨은 뜻(微意)을 논하였는데, 어느새 서로 감응하는 바가 있으니, 스님은 참으로 서산대사의 법을 이은 손자이다. 또한 내가 방외자이지만 마음을 아는 이라고 (비명을) 부탁한 것은 또한 허물이 되지 않았다.

스님은 신유년(1741) 12월 7일에 황주의 도관사에서 입적하였다. 그의 제자 체인(體仁)이 행장을 가지고 천리를 달려와 나에게 비문을 부탁하였다. 그 행장은 다음과 같다.

스님의 속성은 안(安)씨로서 밀성(密城) 사람이다. 아버지는 기준(機俊)이고 어머니는 노(魯)씨이다. 태어날 때 기이한 꿈을 꾸었다. 13세에 출가하여 추붕(秋鵬)대사에게 경을 배우고 두루 남방의 여러 종장을 찾아뵈었다. 늦게 월저 도안(月渚 道安)화상의 문하에서 학업을 마쳤다.

그가 처음에 체득한 것은 추붕대사로부터 얻은 것이 많았다. 스님이 뜻을 돈독히 하여 정진하니 법의 바다가 깊고 광대하였다. 그러나 글을 쓰는 것을 즐겨하지 않았고 법을 묻는 자가 있으면 염송을 할 뿐이었다. 말을 마치고는 단정히 앉아 1불 4보살을 염송하고, 이와 같이 30년이나 하였다.

입적하기 며칠 전 미리 죽을 날을 말하고, 죽는 날에 이르러서는 상서로운 빛이 하늘을 밝혔다. 다비를 하니 영주 7과가 나왔고, 또 정골에서 사리 7과가 나왔다. 체인 등이 탑을 세워 이를 안치하였다. 스님의 세수는 62세였고, 당호는 환몽이라 하였다고 한다.

내가 유학을 배우는 사람으로서 불교의 이치를 잘 알지 못하나 선사의 조예의 깊이는 진실로 세상의 여론으로 헤아릴 수 없다. 그러나 만약 홀로 서산의 심법을 얻어 중생으로서 충의의 길에 바쳐 국가가 평안하고 위급할 때에 쓰임을 헤아린다면, 그 마음이 밝아지리니 어찌 업신여기겠는가. 내가 오직 이 한 가지 일을 발휘하여 부도의 기명을 쓰니 무릇 스님을 배우려 하는 자는 모두 다 반드시 이 뜻을 알아야 할 것이다. 명은 다음과 같다.

14매의 사리는 모두 서산 조사의 마음이다.
마음과 마음을 서로 전하고, 전한 이들 숲을 이루니
곧 남쪽의 기운이 서쪽에 스며들었도다.

안개가 걷히고 연기가 가라앉도다.
숭정 기원 후 두 번째 임술년 8월 일.

　아아송(我我頌)
나(我)라는 나(我)여,
내가 나를 주장하니 분명히 둘이 됐네.
털끝만큼도 동하지 아니하면
솔과 바람이 한데 어울리리라.

호암당 체정대사(虎巖堂 體淨大師)

석교(불교)는 생사를 무척 가벼이 보고 전법을 가장 중한 것으로 여긴다. 대개 말하기를, "도가 없어지지 않기 때문에 몸 또한 없어지지 않는다"라고 하였다. 이는 의발을 서로 전하는 것이고, 법을 금탕(金湯)처럼 지키는 것이며, 스승이 전하면 제자는 이를 지켜 나아가는 것이다. 동방의 선종에서 청허대사가 용상이 되었으니, 청허가 편양에게 전하고, 편양은 풍담에게 전하였으며, 풍담은 월담에게 전하고, 월담은 환성에게 전하였으며, 환성은 호암에게 전하였으니, 그 원류를 찾아가 보면 호암이 선지식이 된 것을 알 수 있다.

호암의 법명은 체정(體淨)이다. 속성은 김씨이며 흥양 사람으로 정묘년(1687)에 태어났다. 무진년(1748)에 죽으니 세수는 62세이며, 법랍은 47년이었다. 환성에게 법을 이어받았다. 주로 합천 해인사, 양산 통도사에 머물렀는데, 그를 따르는 동서남북의 승도들이 항상 수백 명에 달하였으며 다 청허의 후손들이었다. 노쇠하자 대중을 물리치고 홀로 관심하며 정진하였다. 금강산의 표훈사 내원암에 머물면서 조용히 열반하며 계송 한 수를 썼다.

나의 불법 강설은 오류도 많아
서편 가리키며 동쪽이라 하였네.
오늘 아침 크게 웃고 떠나노라.
금강산 대중은 금강산 향기에 묻힌다.

붓을 던지고 열반에 들었다. 함께 비를 세우고자 행적을 기록하였다.
내가 들으니 스님이 겨우 걸음마를 배울 때 집에 불이나 사방이 삽시간에 불에 휩싸였지만, 누가 끌고 나오지 않았는데도 스님은 불 속에서 스스로 걸어

나와 죽음에서 벗어날 수 있었다고 한다. 또 조금 자라서 큰 강을 건너다 빠져 죽게 되었는데 그 때도 몸이 물 위로 솟구쳐 살아났다고 하며, 또 한 번은 산길 숲속에서 사나운 호랑이를 만났으나 인근 바위굴로 피하여 무사할 수 있었다 하니 어찌 우연한 일이겠는가. 이것은 부처님의 위신력으로 살아난 것이라 하겠다.

이 세계는 욕심의 불꽃이고 고해이니 마장(魔障)이 사람을 불태우고, 물이 사람을 휩쓸어 가며, 사람을 씹어 삼켜버린다. 특히 세 번이나 죽지 않고 성명(性命)을 보존하고 심령을 깨달으니 대개 그러함이 아니겠는가. 스님은 삼재를 뛰어넘어 대중을 인도하고, 명산 법찰 가운데 거리낌이 없으시니 진실로 묘한 연화가 물위에 솟아 둥글게 감싸는 것이 아니겠는가. 환성 지안의 의발을 전하고 청허의 가풍을 수호하니 어찌 능히 이에 이르지 않겠는가. 명은 다음과 같다.

활활 타는 불덩어리라도 능히 태우지 못하며,
넘실대는 큰물일지라도 능히 빠뜨리지 못하고
사나운 범이 노려보며 손톱과 이빨을 드러냈지만,
문득 바위 사이로 몸을 피해 살아났도다.

금강해인이 주석하는 도량에 흩뿌리고
우레 가람에 떨어져 황홀하게 연화대좌에 내려앉는다.
서방과 동토(東土)가 실로 둘이 아닌 이치이니,
어찌 스님의 웃고 참회하는 게송이 입적의 소식이 아니랴!

설송당 연초(雪松堂 演初)스님

이 글은 이천보(李天輔)가 찬하였다.

옛적에 우리 5대조 월사공(月沙公)이 청허대사의 비명을 찬하였고, 고조 백주공(白州公)이 편양대사의 비명을 찬하였다. 중증조 정관공(靜觀公)은 풍담대사의 비명을 찬하였고, 종조 지촌공(芝村公)은 월담대사의 비명을 찬하였다. 청허로부터 월담에 이르기까지 4대의 비문이 다 우리 가문의 4대에서 나왔으니 매우 기이한 일이다.

영남 스님 남붕(南鵬)이 그 스승 설송대사의 명을 나에게 써줄 것을 부탁했는데, 대개 청허의 후예이다. (청허 이후) 2파로 나누어졌는데, 유정·응상·쌍언·석제는 교파이고, 언기·의심·설제·지안은 선파이다. 스님(연초)은 처음에는 석제를 스승으로 섬겼으나 후에 지안을 참례하고 그 법을 모두 전등하였으니 청허의 계파가 스님에 이르러서 비로소 하나로 합치게 된 것이다.

스님의 속성은 백씨이며, 호는 설송(雪松)으로 자인현 사람이다. 나이 13세에 운문사에서 머리를 깎았다. 외모가 청초하며 심성이 순하였고 불경에 두루 밝아 그 근원을 탐구하여 묘함을 다하였다. 단에 올라 강설하면 따르는 학도들이 모여들어 종장으로 받들었다. 노후에는 문도들을 물리치고 오로지 면벽 좌선하였다.

하루는 시자에게 차를 가져오라고 하여 차 한 잔을 마시고 임종게를 쓴 다음 염불을 하고 입적하였다. 대사는 병진년(1676) 5월1일에 태어나 경오년(1750) 5월1일에 입적하였다. 나이 75세 법랍 63년이었다. 다비한 뒤 사리를 얻어 통도사와 운문사에 나누어 안치하였다. 내가 부도(불교)의 문자를 좋아하지 않으나 스님에게 5대에 걸친 우의가 있는데 어찌 가히 사양할 수 있겠는가. 드디어 명을 지었다.

정(定)은 혜(慧)이며 혜는 곧 정이니,
선과 교를 (별개로) 말하지 말라.
도에는 동(動)이니 정(靜)이니 분별이 없다.
마치 달이 연못 위에 비치듯 서와 동으로 비출 뿐
오직 스님의 심법만이 2문을 1종으로 아울렀다.

풍운송(風雲頌)
바람 그치면 구름 끝나고
물이 넘치면 바다가 된다.
서리 내린 오후
날으는 기러기 소리에 천지가 울린다.

천은사 용담대선사(龍潭大禪師)

다음 글은 문인 혜암 윤장(惠菴玩藏)이 찬하였다.

화상의 법휘는 조관(慥冠)이고, 자는 무회(無懷), 용담은 그의 호이다. 속성은 김씨로 남원 사람이다. 어머니는 서씨인데 꿈에 한 마리 용이 승천하는 것을 보고 임신하였다. 강희 경진년(1700) 4월 8일에 태어났다. 체격이 매우 뛰어났고 총기가 빼어났다.

9세에 학문을 시작하여 눈으로 보면 모두 암송하였고, 15세 이전에 유학의 학업을 모두 마쳤다. 이 무렵 한묵장(翰墨場)에 들어갔는데 무리 중에서 항상 일등에 오르니 고향에서는 신종이라고 칭송하였다. 16세에 아버지가 돌아가시자 3년 동안 피눈물을 흘리며 슬퍼하였다. 세상의 무상함을 보고, 굴레를 떠날 깊은 생각이 있었다.

19세에 출가하고자 어머님께 청하자, 모친은 만류할 수 없음을 알고 허락하였다. 마침내 감로사 상흡(尙洽)장로에게 나아가 삭발하고 대허당(大虛堂) 취간(就侃)대덕에게 구족계를 받았다. 고향의 유사들이 이 말을 듣고 한탄하여 이르기를, "호랑이가 빈 숲속에 들어갔으니 장차 큰 포효가 있을 것이다"라고 하였다.

22세에 화엄사로 가서 처음으로 상월(霜月)대사를 뵈었다. 대사는 한눈에 그릇이 깊음을 알았다. 수 년간 문하에 있다가 영호남의 20개 사찰을 두루 유랑하였다. 참례한 유명한 스님으로는 영해·낙암·설봉·남악·회암·호암 등의 여러 화상들이다. 선과 교는 신묘에 이르지 못함이 없으므로 곧 이르는 곳마다 의심을 제거하니 이름이 크게 드러났다. 이를 가리켜, "사향노루가 봄날의 산을 지나가면 향내를 덮기 어렵다"고 하는 것이다. (대사는) 행각을 모두 마치고 오직 자신의 업을 위하여 돌이켜 보고, 붓과 벼루를 거두어 돌 위에 정리하였다. 견성암(見性庵)에 있으면서 대승기신론(大乘起信論)을 통독하였다.

어느 날 밤 홀연히 여러 부처님의 설법이 다만 각각의 견지일 따름이라는 것을 깨닫고 신령한 마음이 훤히 열렸다. 날이 밝아 여러 경전이 손가는 대로 눈에 잡힐 듯하니, 곧 모든 말들의 결과를 한밤중에 밑바닥까지 깨달은 바와 같다. 3일이 지나 꿈속에 한 신동(神童)이 나타나 책 1상자와 종이 10장을 높이 들어 화상에게 주었다. 종이에는 '진곡(震谷)'이라 쓰였는데, 그것은 동방(東方)의 징험을 떨친다는 뜻이다. 화상이 스스로 깨달은 후 더욱 (지혜가) 밝고 환해져 이에 휘장을 걷어 올리고 배우러 오는 이들을 맞아 만족을 얻음이 부족하지 않도록 하니 더욱 대사 앞으로 몰려들었다.

호남에 명진당 수일(守一)대사가 있었는데, 곧 월저의 첫번째 제자로 종안(宗眼)이 명백하고 사고가 높고 빼어났다. 말에는 울림이 있었고, 글에 날카로움을 간직한 분이었다. 대사는 그 말을 듣고서 빨리 가 뵙고 싶었다. 명진당 역시 대사의 기풍을 듣고는 먼저 대사를 찾아왔다.

대사가 기뻐하며 말하기를, "만나는 것이 숙원이었습니다."라고 하며 묻기를, "연화장 세계는 어느 곳에나 두루 펼쳐져 있는데 천당과 지옥은 지금 어느 곳에 있습니까?"라고 하였다.

수일대사가 답하기를, "화주의 소가 연초(煙草)를 피우면 익주의 말이 배부른 것이오" 하였다.

또 대사가 물었다.

"이것은 상식을 넘어선 식견이라 진실로 깨달아 이해하지 못하니, 다시 한마디로 바꾸어 주시길 청합니다."

"세상 사람들이 의사에게 구운 돼지의 왼쪽 팔 윗부분을 구하는 것이니, 대사께서는 여기서 그 속을 엿보고 가슴속에 간직하십시오."

하였으니, 가히 신기를 서로 주었다고 할 만하다.

33세에 곧바로 영원암으로 들어가 "원공(혜원)이 10년간 그림자조차도 산을 나서지 않겠다"라고 한 서원을 (스스로) 깊이 맹세하였다. 암자의 동쪽 귀퉁이에 손수 토굴을 만들고, 또 암자의 서쪽기슭에 하나를 창건하여 가은사(佳隱寺)라 하고 만년의 안식처로 삼았으며, 더욱 극기(克己) 공부에 매진하였다.

아! 지혜의 신령함이 빛을 발하고 잘 익은 과실(果實) 향기가 질풍처럼 퍼졌도다. 빼어난 고승들이 사방에서 나타나 앞을 다투어 찾아오니, 가히 해동의 절상회(折床會)라 할 만하였다.

그러나 대사는 항상 스스로 겸손하기를 기본으로 하였으므로 아교처럼 굳게 거절하였다. 그 앞 5리가 안개 깔린 시장과 같이 붐볐으므로 끝내 해산하기 어려웠다. 무리가 어지럽게 섞여 있어도 스스로 깨달음의 문에 올랐으니 가히 무(無)에서 깨달음을 이루었다고 하지 않을 수 있겠는가.

(대사는) 사람들이 이끄는 대로 좇다가 마침내 본래의 서원을 완수하지 못하고, 두루 유력(遊歷)하며 심원사(深源寺)에서 강설하였고, 도림사에서 (강설의) 즐거움을 일으켰다. 지리산의 여러 암자는 모두 저잣거리로 변하였으며, 염송의 가르침으로 용상의 울타리를 쌓고, 선종의 법으로 총림을 높이 날게 하기를 20여 년이었다.

강단에 나아가 설법을 하면 소리가 웅장하게 파도치듯 하였고, 강설은 급히 흐르는 물처럼 거침없었으며 말씀 한마디 글귀 한 구절이 사람들로 하여금 (수행의) 입지(立地)로 이끌게 하였다. (대사를) 뵌 자와 (대사의 말을) 들은 자는 마치 환골(換骨)하고 내장을 씻은 듯하였다.

또한 경론 중에 다만 요점과 근본만을 밝혔고, 경전을 꾸미지 않았으며, 늘 방편만을 숭상하는 것이야말로 쓸데없는 것을 받아들이는 것이라고 꾸짖었다.

기사년(1749) 겨울, 상월화상에게서 발우와 가사를 전해 받았고, 이를 전후로 해서 5년간 시봉하여 깨달은 바가 더욱 많았다. 신미년(1751) 봄, 제자들에게 고하기를, "내 나이 52세인데 문자 공부가 부끄럽지 않겠는가?"라고 하였다. 마침내 게로 율시 한 수를 지었다.

억지로 깊숙이 품은 업보를 토하여 널리 알리고
강단에서 현묘한 법을 헛되이 희롱하며
젊은 날에는 간경을 허락하고
백발이 되어서는 염불에 치우치는 것이 마땅하다.

생사를 성력(聖力)에 기대지 아니하면
죽어서 무계획의 방임에 깊이 빠질 터이니 어찌 지키겠는가.
하물며 다시 세간이 자못 시끄러우니,
흰 연꽃의 깊은 계곡으로 돌아갈 생각이 있노라.

게를 대중들에게 보이고는 강설을 마쳤다.
무인년(1758) 여름, 문도들이 다시 강의 듣기를 청하였으므로 다시 대암에서 설법도량을 열었다가 이듬해 겨울 다시 거두었다. 다시 율시 한 수를 지었다.

경전 본지 몇년이던가.
헛되이 보내고 귀밑 가에 청춘만 더 얻었네.
병을 핑계로 아는 사람들 근심 짓게 하였으며
숨어 살며 세상의 어지러움을 싫어하였노라.

골바람은 절친한 친구되고
송월(松月)은 손님으로 찾아와
선정(禪定) 중에 있음을 알고는
도(道)에 관해 서로 기쁘게 사귀었네.

대저 무리를 물리친 전후로 조화롭게 정혜를 닦는 것은 자못 옛날 사람과 같았다.
대사의 외모는 크고 뛰어났으며, 성품은 깊고도 넓었다. 일을 처리하는데는 부드러웠고, 대중을 대하는데는 너그러웠으며 거리낌이 없었다. 그 권서(卷舒)에 맞추어 변화하였고, 누구와도 능히 헤아려 의논하였다. 비록 문하에 노니는 무리들이 있어도 그 담장 안을 엿보지 않았다.

무릇 승속 간에 찾아오는 이들은 물러나오면서 다시 탄식하며 말하기를, "귀로 듣는 것보다 얼굴을 보는 것이 곱절로 낫다"고 하였다. 건륭 임오년(1762) 6월27일 입적하니, 세수는 63세요 법랍은 44년이었다. 임종 때에 시자에게 명하여 한 구절의 게송을 받아쓰게 하였다.

먼저 9품의 연화대 위에 올라
미타의 옛 주인을 우러러 대한다.

다음에 손수 부탁의 글귀를 써서 남겼다.

인생이 일어나고 사라짐은
마치 먼 하늘에 구름이 일어나는 것과 같아
원래 참된 바가 없거늘
어떻게 참되지 않은 것으로써 참됨을 삼을 수 있겠는가.
원컨대 도우(道友)들은 즉시 다비하라.

문인들은 하나같이 남긴 가르침을 좇았다.
다비하는 날 밤 신령한 빛이 내원암 하늘에 두루 뻗치니 밖에 있던 사람들이 먼저 보았다. 문인들이 5재(齋)하는 날 저녁에 5과의 사리를 수습하였으니 꿈에서 감응한 것이다. 세 곳, 즉 머리를 깎은 곳인 감로사와 익숙하게 노닐던 곳인 파근사, 입적지인 실상사에 탑을 세우고 나누어 봉안하였다.

또 스님께서 노래한 게송이 약 1천편 가량 있었는데, 일찍이 흩어져 잃어버리고 지금은 겨우 1백여 수를 얻어 간행하였다. 그러나 문장은 도인이 여가 삼아 한 일이라 무릇 청하는 이가 있으면 유의하지 않고 붓가는 대로 휘갈겼는데, 형산 사람이 옥(玉)으로 까치를 잡는 것과 같았다.

　그러므로 음률이 적합하지 않은 것도 있었다. 크고 신령스러운 집에서 노닐어 문득 가히 엿볼 수가 없으며, 법의 바다에 잠겼다가 솟아오르는 것과 같으니, 몸을 굽혀 잘 살펴보아도 가히 측량할 수 없도다. 실로 빈약한 말로 능히 칭찬하여 서술할 바가 아니나, 영원토록 전하기 위하여 간략하게 시작과 끝을 기록할 뿐이다.
　무자년(1768) 중추일.

　하나냐 둘이냐
　하나가 둘이 되고
　둘이 셋이 되니
　건곤혼돈(乾坤混沌)이
　그 속에서 나타난다.

화월당 성눌(華月堂 聖訥)

이 글은 홍문관 대제학 서명응(徐命膺)이 찬한 것이다.

유가는 석가를 거절하고 석가는 유가를 비난하니 도가 하나가 아닌 지도 오래되었다. 그러나 석가는 비명을 반드시 유가에서 구하고, 유가 역시 기쁘게 석가의 비명을 지으며 사양하지 않으니 어찌된 일인가? 그것은 도는 하나가 아닐지라도 도의 마음은 곧 하나이기 때문이다.

그러므로 그것(비문 짓는 일)을 거절하는 것은 그 도를 거절하는 것이 아니므로 이것이 내가 말하는 도이다. 비명을 짓는 것은 그 능력과 더불어 도에 게으르지 않아야 하고, 그를 유가로 옮겨오게 해야 한다. 당(堂)에 오르고 실(室)에 들어가는 것 또한 이와 다르지 않은데 애석하지만 그렇게 할 수 없다. 내가 화월법사의 비명에 대하여 감화가 있다.

법사 성눌은 그의 이름이고, 화월은 그의 호인데 부암(斧巖)이라 부르기도 한다. 그는 평강(平康)에서 태어나 평강의 보월사에서 머리를 깎았는데, 평강은 옛날에 부양이라고 불렀기 때문에 그의 호가 되었다. 스님의 성은 이씨로 완산(完山) 사람이다. 어머니는 경주 이씨로 꿈에 큰 도끼가 공중에서 천천히 내려오자 손으로 그것을 높이 들었는데, 이 때 태기가 있어 스님을 낳았다. 7, 8세부터 비린내 나는 고기와 오신채를 즐겨하지 않았다. 아이들과 함께 놀 때에도, 돌을 쌓아 놓고 그 가운데 결가부좌하여 부처님이 공양을 받는 형상을 하였다.

14세에 운마산 옥심(玉心)장로에 의지하여 출가 하였으며, 또한 연운당(燕雲

堂) 탄규(坦圭)대사로부터 도를 듣고 기뻐서 이르기를, "새가 장차 쉬고자 하면 반드시 그 숲을 고르며, 사람이 배움을 구하고자 하면 스승과 벗을 고른다"라고 하였다. 이러한 일은 우리 유가의 뜻에 진실로 절실하다. 드디어 석장을 날려 구름과 같이 동남으로 노닐고, 송우(松藕)대사와 남악화상을 친견하며, 또 환성선사를 친견하였다. 환성이 도에 대해 이야기했는데 그를 남달리 여기고 방장실로 이끌고 들어가 심인(心印)을 전하였다. 이는 우리 유가에서 말하는 것처럼 널리 배우되 거리낌이 없는 것이다.

환성이 호남의 금산사에서 화엄대법회를 베풀었는데, 법대중이 1천4백여 명에 이르렀다. 선가에서는 설법의 융성함이라 일컬었으며, 기원 이후로 있지 않았던 일이다. 스님께서 강좌에 올라 도를 논하니, 강이 터지고 바람이 이는 듯 법회의 대중은 조용히 경청하고 돌연히 소리도 없이 고요해졌다. 환성스님이 크게 탄성하며 즉석에서 게송을 읊어 그에게 주었다.

원에 들어가 추위에 부처를 태우고
경을 보고 전독하여 마(魔)를 깨치니
문(門)을 나오면 큰 길인데
적각선인(赤脚仙人)은 산을 노래하는도다.

당시에 환성의 문하에서 노닐던 자로는 설송당 연초(演初), 호암당 체정(體淨), 취진당 처림(處林), 낭연당 신감(信鑑), 함월당 해원(海源) 등이 있었다. 앞뒤로 도를 듣고 모두 정수를 얻었으며, 만물에 앞서는 천지의 묘함에 이르고 무형의 근본인 적료(寂廖)함을 깨달았다. 곧 모두 스승으로 추대되었으며 동문(同門)으로 자리를 잡으니 한 순간에 스승의 자리에 나아갔다. 이를 우리 유가에서는 홀로 그 종을 얻는다고 한다.

스님은 환성에게서 배우고 으뜸 되는 가르침을 모두 천명하였다. 그런 후에 다시 푸른 바다와 꽃피는 강, 동쪽 마을들을 두루 노닐었으며, 금강산에 들어가 보개사와 운마사의 다섯 성인을 왕래하였으며, 따르는 무리가 넷에 이르렀다.

도를 강설한 지 30년이 되자 다시 보월사로 돌아가 대중들을 떠나보내고,, 오로지 정혜에 힘을 쏟았으니 그 때가 60세이다. 이는 우리 유가에서 많은 것을 거쳐서 간략한 곳으로 돌아가는 것과 같다.

계미년(1763) 봄 갑자 초하루 병인에 스님은 문하의 제자를 불러 열반에 들 것을 말씀하였다. 제자 탄경은 십념을 청하며 합장하였다. 스님은 손을 들어 미소를 지으며 이르기를, "소승들이나 염구에 집착 하느니라" 하였다. 탄경은 다시 계송을 남기기를 청하였다. 스님은 붓을 찾아서 글을 썼다.

몸을 뒤집어 굴려 던져 버리니
맑은 달은 푸른 산봉우리 서쪽에 걸렸도다.

드디어 돌아가시니 법랍 61년이었다. 이는 우리 유가에서는 이불을 걷고 손과 발을 보라는 말과 같다.

동방의 불법이 태고(太古)화상으로부터 시작하여 태고는 그것을 환암에게 전하고, 이어서 구곡·등계·벽송·부용·서산·편양·풍담·월담으로 계승되어 환성에 이르렀다. 도리어 크게 번성하는 가운데 유독 화월이 그의 의발을 얻었다고 한다. 탄경과 대중들은 절의 남쪽에 탑을 세우고 영골을 봉안하였으며, 나에게 와서 비명을 써 주기를 청하였다.

오호라! 석가의 도는 내가 말하는 바 도는 아니지만, 능히 이와 같이 전하도다. 유가의 도는 지금에 이르러 또한 전해지는가? 그 제자가 스승을 존경하는 것이 마치 탄경이 화월을 대하는 것과 같도다. 여기에서 나는 느낌이 있으므로 비명을 썼다. 명은 다음과 같다.

불(佛)에는 진정한 도리가 있으니
지관과 참청(參請)이로다.
참청은 내가 아는 바이고

지관은 내가 공경하는 바이다.

그밖에 또 나눔이 있으니
이것은 참이고 저것은 빈 것이로다.
털끝만큼이라도 차이가 있으면 천리도 같지 않도다.
비록 같지는 않지만 각각의 도(道)도 도이로다.

누가 있어 참으로 걸어가는가.
높은 발걸음으로 깊은 경지에.
탁월하도다, 화월이여, 선가의 영웅이로다.
알고 행함이 시종일관하니 밑바닥까지 나아가 이루도다.

달마의 가사, 마침내 혜가에게 맡기니
공(空)을 관함으로써 공 또한 허깨비와 같도다.
법신은 흙으로 되돌아가고 지혜의 영골은 언덕에 남았도다.
부도가 높이 솟으니 뭇 법손들이 감탄하네.

나는 그 도를 물리치지만 그의 탁월함을 취하여
높은 산등성이에 새기고 남겨
그로써 경책하고자 함을 누르지 못하도다.

벽하당 대우(碧霞堂 大愚)

이 글은 세자 익위사(翊衛司) 이경의(李敬毅)가 찬하였다.

스님의 법명은 대우(大愚)이며, 영암 사람으로 속성은 박씨이다. 어머니 이씨는 푸른 새들이 어깨 위로 모여들고 푸른 노을이 품안으로 들어오는 꿈을 꾼 뒤에 태기가 있어 스님을 낳았다. 후에 새의 울음소리를 듣고서 출가할 마음을 일으켜 벽하(碧霞)로써 이름을 삼았다. 환성대사에게서 머리를 깎고 고압(孤鴨)선사에게서 참회하였다. 모두 서산의 5세 법손이다.

기상이 높고 준수하여 사람들이 쉽게 가까이할 수 없었다. 일을 만나서는 바로 나아가는데 되돌아서거나 꺾임이 없으며, 비록 바로 앞에서 사나운 호랑이를 만나더라도 마음에 조금의 동요가 없었다. 경전의 가르침 외에 별도로 제가백가와 역사서를 두루 통하였다.

만년에는 선송(禪頌)을 즐겨하여 손에서 그러한 책을 놓지 않았다. 일찍이 구곡 각운의 선문염송설화에 사이사이 잘못된 곳이 있음을 지적하며 노쇠를 무릅쓰고 스스로 붓으로 바로 잡으셨다. 환성노사는 스님에게 시를 지어 주었다.

동토의 대종장은
벽하(碧霞)장로 그로다.
서쪽 강 만리 물을
한입에 삼키겠도다.

스님의 양미간에 백호가 나 있었는데, 보는 사람마다 그를 기이하게 여겼다.

스님의 면모는 서릿발 같은 위엄이 어려 쳐다보는 이들을 두려워 떨게 하였으며, 참문하는 자들로 하여금 자신도 모르게 허망된 생각을 떨쳐 버리도록 하였다. 스님은 병진년(1676)에 태어나 건륭 계미년(1763) 6월에 입적하였는데, 세수 88세였다.

계송에서 이렇게 읊었다.

태어나 다른 세계에 의지하다가
가니 고향으로 돌아감이로다.
가고 옴이 흰구름 속이라
일이 평상과 다름없도다.

붓을 놓고 담담하게 앉은 채로 입적하였다. 다비하여 정골 한 조각과 사리 한 과를 얻었다.

상월당 새봉(霜月堂 璽封)

이 글은 의정부 좌의정 이은(李溦)이 썼다.

내가 동쪽 병사(病舍)에서 요양하고 있을 때 인근 암자 지리산 사람 춘파 의일(春坡 義王日)대사가 때때로 와서 그의 스승 혜암윤장(惠庵玧藏)의 사법조사인 상월의 비를 세워 봉양하는 일을 이야기하며 친근히 대하였다. 하루는 소매에서 응운 징오(應雲 澄悟)가 찬술한 상월당(霜月堂)의 행적을 내놓으며 비명을 지어 주기를 간청하였다. 나는 불교를 아는 바가 없고 다만 한가한 시간을 보내기 위하여 그 책자를 살펴보았을 뿐이다.

스님의 휘는 새봉(璽封)이며 자는 혼미(混迷)로 상월은 그의 법호이다. 속성은 손씨로 순천 사람이며, 어머니 김씨가 꿈에서 밝은 구슬을 보고 태기가 있었는데, 정묘년(1687) 정월 18일에 낳았다. 어린 시절에 놀면서도 모래와 돌을 모아 탑을 쌓으며 놀았다.

11세에 조계산 선암사 극준(極峻)장로에게 몸을 맡겼다. 15세에 삭발하고 그 다음 해에 세진당 문신대사에게 구족계를 받았다. 18세에 설암스님을 찾아 득도하였으며, 벽허·남악·연화 등을 두루 찾아다녔다. 계사년(1713)에 고향에 돌아와 어버이를 뵈었다. 사방에서 배우고자 하는 자들이 날마다 늘어났다. 무용 수연이 한 번 보고 감탄하면서 말하기를, "지안(志安) 이후에 제일인자"라고 하였다. 스님은 머리가 희어져 중년이 되었는데, 원만한 얼굴에 큰 귀를 지녔으며, 소리는 큰 종이 울리는 것처럼 우렁찼고, 앉아 있으면 마치 흙으로 빚은 조각처럼 움직임이 없었다. 설암에게서 의발을 전해 받으니 임제의 적손이다.

찬연당 서곡(粲然堂 瑞谷)

이 글은 대광보국숭록대부 김상복(金相福)이 찬하고, 통훈대부 김상숙(金相肅)이 쓰고 아울러 정리하였다.

승려 재명(再明)이라는 자가 그의 스승인 서곡대사(粲然)의 지계와 수행을 적은 행장을 들고 나를 찾아와서 사리탑의 비문을 구하면서 말하였다.

"우리 스승이 입적하였는데 3일 동안 빛을 발하였으며, 다시 후에 사리 2과를 얻었는데 그 중 하나는 뼈에서 나와 다른 사람에게 보여주니 기이하다고 하였으므로 이것은 가히 글로 적을 만합니다."

내가 말했다.
"세상의 스님들이 죽어 화장하니 종종 이와 같은 일이 있습니다."
또 그가 말했다.
"근세에 사안장로(思岸長老)·담월각혜(潭月覺惠)·관파두옥(寬坡斗玉)·기성쾌선(箕城快善)·만화원오(萬化圓悟)와 같은 5대 선지식을 우리 스님이 참방하여 그 법을 받았으니 이것은 가히 글로 적을 만합니다."
내가 말했다.
"출가한 스님이 사방을 구름같이 떠돌고 여러 스님을 참방하는 것은 진실로 당연한 것입니다."
거듭 밝혀 말했다.
"우리 스승이 어려서 명산을 유람하면서 계곡 물을 마시고 나무를 갉아먹으며, 두루 경전에 통하고 널리 선한 인연을 지었습니다. 말년에 교(敎)를 버리고 선(禪)으로 돌아와 명리를 더럽게 여기고, 사물과 자신을 동등하게 하였습니다. 고적(苦寂)을 즐기고 고요함에 빠지는 것을 좋아하고, 자취는 뒤섞여 순리를 따랐지만 덕을 숨기고 빛을 감췄습니다. 우리 스승은 이렇게 삶을 마쳤습니다."

내가 말했다.

"슬픕니다. 가히 글로 지을 만합니다."

내가 들으니 부처의 도에는 선이 있고 교가 있는데, 대저 모두 조사의 법에서 나온 것이다. 그러나 그 도를 논한다면 반드시 먼저 그 마음을 깨달은 이후에야 가히 다른 사람을 깨우칠 수 있다는 것이다. 내가 세상에서 말하는 위대한 교학의 승려를 보았는데 많은 사람들을 모아 붐연을 널리 개설하여 경전의 종지를 연설하였지만 종일 고달프더라도 쉬었다는 말을 듣지 못하였다.

마음의 자취를 고발하면 모진 뿌리와 미혹을 능히 없애지 못하는 자가 많다. 진실로 대혜(大慧)라는 것은 소위 한 사람의 맹인이 여러 맹인을 인도하여 불구덩이 속에 들어가는 것이다. 대저 태양의 빛을 구름과 안개가 가리면 그 빛이 어두워지고 구름과 안개가 엷어지면 그 빛이 새어나온다.

구름이 사라지고 안개가 물러나면 태양은 이에 그 빛을 회복하는 것이다. 지금 대저 선을 배운다는 것은 이와 같은 것이다. 그 빛이 어두워지는 것이 빛이 새어나오는 것만 못하며, 빛을 새어나오게 하는 것이 빛을 회복하는 것만 못하다. 비록 능히 빛을 회복하지 못한다고 할지라도 빛을 새어나오게 하는 것이 진실로 그 빛이 어두워지는 것보다 낫다.

조탑경을 강하는 것은 공덕이 없는 것과 같으며, 면벽하여 관심하는 것이 직지의 지름길이다. 만일 이러한 스님이라면 진실로 배울 만하다고 할 수 있다. 그러므로 명산을 유람하여 여러 스님을 참방하고 그러한 드러난 족적 위에 (얻어진) 사리는 과연 진여의 종자인 것이다. 이것은 가히 적을 만하다.

삼가 살피건대 스님의 속성은 김씨(金氏)요, 본관은 경주이다. 아버지는 업상(業尚)이며, 어머니의 성은 완산 이씨이다. 이씨가 49세 때에 부부가 관음보살에게 기도하였는데 품으로 별이 떨어지는 꿈을 꾸고 잉태하여 스님을 낳으니,

임오년(1702) 3월 17일 축시였다. 무자년(1768) 11월 3일 사시에 홍천 공작산 수타사에서 입적하니 법랍 51년이다.

다음해 기축년(1769) 봄에 그의 문도 재명 등 1백여 인이 1과의 사리로 봉복사에 탑을 세우고, 뼈에서 나온 사리로 수타사에 탑을 세우니 이 곳은 스님이 항상 거주하던 곳이라 하였다. 명은 다음과 같다.

내 마음 얻은 바 있어 다른 사람을 깨우치고,
내 마음 얻은 바 없어 진실이 아닌 것 설하게 되니
이것이 옛 부처가 먼저 선한 후에 교화한 것이다.
슬프도다. 상서로운 스님이여! 이것이 본받을 만한 것이로다.

숭정 기원 후 세 번째 기축년(1760) 7월 일 세움.

완월당 궤홍(翫月堂 軏泓)

완월당대사 궤홍은 한씨요, 청주 사람이다. 갑오년(1714) 3월 7일에 태어나 경인년 11월 23일에 입적하니 세수 57세이다. 대사는 12세에 처음으로 편강현 보월사에 들어가 삭발하고 승려가 되었다.

함월 해원(函月 海源)대사를 따라 불교를 배워 드디어 그 종지를 얻었다. 해원대사는 일찍이 안변부 석왕사에 거처하였는데 대사를 좇았다. 입적하는 날 밤에 사리를 얻었는데, 그 문도 환웅(煥雄)이 부도를 세우고 봉안하기 위해 찾아와서 명을 지어 주기를 청하였다. 명은 다음과 같다.

설봉사 햇볕으로 탑이 우뚝 서고
사리 모시니 네 문짝에 신광이 비추이네.
스님 태어날 때 어머니 별 떨어지는 태몽 꾸고,
어려서 선종 섬기고 산중에게 교를 행했도다.

천화(天花) 자리를 둘러싸고, 제자들 머리 숙여 섬기며
한없이 넓은 강설에 오직 공(空)으로써 깨우치니,
산하 대지가 일견 충만하지 못하여도,
죽음과 삶, 근심과 즐거움 모두 미소로 돌아갔네.

갑자기 입적하니 신이 육허(六虛)에서 노닐고,
영험한 광명은 꺼지지 아니하니, 진여(眞如)에 합당하다.

완월당 진찬(翫月堂眞讚)

이 글은 이복원(李福源)이 찬하였다.

승려들은 일체의 색상(色相)을 여의고 허깨비를 잊고자 한다. 그러나 부처님 이래로 모두 도상(圖相)을 가지고 있는데 무슨 까닭인가? 도를 존중하는 것은 사람을 추모하는 것이며, 사람을 추모하는 것은 그 형상을 생각하는 것인데, 이는 대중의 정성이다. 스님이 어찌 관여하겠는가.

내가 일찍이 바다를 따라 북쪽을 유람할 때 설봉사에서 완월을 한 번 보았는데, 고개 숙여 우러러보았다. 그 때가 법랍 35년이었는데 스님은 이미 만법을 깨우치고, 사대를 벗어났다. (스님의 그릇이) 높고 커서 대중들이 사모하였다. 내가 오히려 옛날 좁은 지견(知見)에서 벗어나지 못하여 비환과 영욕으로 종종 번뇌하니 스님에게 많이 부끄럽다. 완월의 문도 환웅이 멀리서 찾아와 스님의 진찬을 구하였다.

내가 본 것은 옛날 스님의 모습이었다. 연세 드실수록 도가 원만해지고, 훗날의 훌륭한 모습과 빼어난 기질이 오히려 사미 시절부터 지녔던 것이 아닌지 모르겠다. 고색창연하고 허담(虛湛)한 것은 고목과 명경지수와 같았다. 늙고 병들어 출입을 삼가고, 구름 낀 산에서 멀리 떨어졌다. 안타깝게도 부처님 한 번도 뵙지 못하여 오근과 육진을 맑게 하는 것은 몇 마디 말에 의지할 뿐이니, 이로써 숙연을 갚는다.
찬은 다음과 같다.

구름이 태허로 돌아가는 것은 신이요,
달빛이 수많은 내에 비치는 것은 모습이라.
돌아가고 비치는 것에 어찌 진과 망이 있겠는가.

모습이 성하고 쇠퇴하며,
본질이 생기고 없어지는 것은
스님도 중생과 마찬가지

성하고 쇠퇴하는 것 없으며,
생기고 없어지는 것 없는 것은
모습과 본질 이외에 초연한 것이니
뜻으로는 구할 수 있으나,
글로 다하기는 어렵도다.

완월당진찬

이 글은 영의정 채제공이 찬한 것이다.

스님이 불멸한다고 하는 것은
눈속의 무지개, 아침내 자취없는 것
스님이 시적했다고 하는 것은
서쪽 봉우리 달, 긴긴 세월 비추는 것

나는 생멸 알지 못하지만
환화(幻化)의 경지 애태워하는 것은 망(妄)이요,
고승대덕 바삐 달려와 슬피울며
허무의 진리에서 목숨 구하는 것은
망 중의 망이니라.

함월당 해원(涵月堂 海源)

이 글은 의정부 영의정 김상복(金相福)이 찬한 것이다.

부처님의 법이 동쪽으로 흘러와 크게 상교를 드날려 온 이후 임제의 종풍이 지금의 청허 휴정에 이르렀으며, 또 5세를 지나 해원(海源)이 법을 이어받았으니 오직 이 스님만이 환성 지안의 의발(법통)을 이어받은 적전이다. 스님은 부지런하고 신망이 있으며 자비롭고 통달하였다.

법사에게 입실제자가 된 지 40여 년간 정진하되 게을리 하지 않았다. 어금니가 빠지면서 그 자리에서 사리가 나왔고 다비하여 정골 사리를 얻으니 얼마 뒤에 그 제자들이 존숭이 봉안하기 위해 (선사의) 일생에 대한 탑을 세우고 석왕사 동쪽 기슭에 모셨다. 그리고 그 행장을 나에게 가져와 비명을 써주기를 부탁하였다.

스님의 성은 국씨(國氏)이며 함흥인이다. 어머니 조씨가 꿈에 큰고기를 보고 임신하여 열 달이 지나 태어났다. 14세에 도창사로 출가하였으며, 자는 천경(天鏡), 호는 함월(涵月)이다.

명숙(明宿)들을 두루 찾아뵌 뒤 환성을 섬겨 종문의 묘전(妙詮)을 터득하였다. 계율을 지키고 수행할 때 일상생활에서 첫닭이 울기 전에 일어나니 이것이 부지런함이요, 여기저기 다니며 교화하며 처소에서 나가거나 돌아올 때 소식을 알리니 이것은 신망이다.

남들이 춥고 굶주린 것을 보면 자기의 옷을 벗어주고 음식을 아낌없이 주니 이것이 자비심이다. 질병이 심상치 않음을 느끼고 대중을 불러 모아 임종게를 쓰고 부처님의 명호를 부르며 담담하게 열반에 드니 이것이 통달함이다.

자기 몸같이 한 것은 이와 같기 때문이다.

입적하시는 날에 쌍무지개가 뜨는 이적을 보이며, 다비하는 밤에 눈발이 나타나는 상서로움을 나타내니, 멀고 가까운 곳의 선사를 알고 있는 이들이 찬탄해 마지 안했다. 스님은 신미년(1691)에 태어나 경인년(1770)에 세상을 마치니 나이가 80세이고, 선랍 65년이었다.

기억하건대 내가 서울에 재상으로 있었을 때 스님과 그의 제자 궤홍(軌弘)이 석왕사에 주석하며 경의 요지를 강하고 계행을 닦고 있었는데, 나는 그 때의 일을 잊지 못하고 있다. 그 후에 궤홍이 다시 서울로 찾아와 스님의 글을 주었는데, 지금으로부터 20년 전 일이다. 궤홍이 먼저 죽고 스님 또한 돌아가셨다.

부처님께서는 이 세상을 물거품 같은 허깨비라 하셨다. 내가 짐짓 스님의 자비심을 잊지 못하고, 또 스님과 나는 실로 옛정이 있으니 비명 짓는 것을 어찌 사양하겠는가. 드디어 스님께서 말씀하신 게송으로 명을 짓는다.

명은 다음과 같다.

몸이 구름과 같이 오니 어느 곳에서 오는가.
마음이 달과 같이 가니 어느 곳으로 돌아가는가.
오고 가는 것이 오직 무상함이다.
오고 가지 않은 것 또한 오직 그윽함이다.

아름다움이 비어 있는 속에 있고,
밝고 밝음이 공한 가운데 있도다.
저 두 가지 물건은 시간이 다함이 없으나
둥글게 솟은 비석 천진당(天眞堂)의 동쪽에 세워
백년 이후 스님의 이름과 함께 영원하리.

추파당 홍유(秋波堂 泓有)

임제하 32세 홍유 공은 나와 사이가 좋았는데 일찍이 같은 산에서 살았다. 길에서 혹 만나기라도 하면 은근이 대하며 이야기를 나누었는데 학문이 박학하고 심오하여 내가 경외(敬畏)함이 도타웠다. 갑자기 생을 마쳐 노후의 좋은 벗을 잃고 말았다. 생을 마친 지 10년이 채 못되어 문인 관식(慣拭)이 탑을 세우고 진영을 조성하였으며, 문집의 작업을 마쳤다.

또 책의 말미에 나에게 한마디 말을 채우라고 부탁하였다. 이에 옛적 서로의 우의를 생각하고 슬프고 또 그리운 나머지 그릇되지나 않을까 하여 사양하였으나, 삼가 소매 속에 갖고 온 초고에 의하여 글을 쓴다.

우리 선조 때에 부휴 선수가 있었고, 부휴의 문하에서 벽암 각성이 배출되고, 벽암의 문하에서 모운 진언(暮雲 震言)이 나오고, 그 아래 보광 원민(葆光 圓旻), 회당 정혜(晦堂 定慧), 한암 성안(寒巖 性眼)이 배출되니, 추파는 곧 한암의 훌륭한 제자이다. 추파는 처음에는 용담 조관(龍潭 慥冠)에게서 공부하였다.

용담이 하루는 일을 하다가 말하였다.
"훌륭한 이들을 찾아 세 번이나 산에 오르고 아홉번이나 동산에 찾아 나섰다는 옛이야기를 듣지 못하였는가. 화엄경의 선재동자는 53명의 선지식을 찾아다녔는데 선재의 스승이 아닌 이가 없었다. 너는 이 곳에서 머물지 말고 두루 참례하고 다니는 것이 좋겠다."

추파는 이 말을 따라 두루 훌륭한 스승을 찾아다니다가 가장 먼저 한암의 문하에 투신하여 그의 법과 의발을 받았다. 추파는 종사(宗師)가 되어서는 거의

30여년 동안 찾아오는 납자를 제접하여 가르쳤다. 뜻이 교정(言詮之表)에 있어 항상 경을 강하였으나 정업(定業 ; 禪宗)에 전념하지 못함을 개탄하였다. 스님의 임종게를 보면 연화국에 왕생하는 것이라는 것을 뚜렷이 알 수 있다.

스님은 숙종조 무술년(1718) 5월 20일 광주(廣州) 흑동(黑洞)에서 태어났으며, 본관은 완산(完山)이씨로 조상은 유력 가문이었다. 영조 갑오년(1774) 5월 13일에 입적하였다. 추파집의 글이 건실하고 단아하니 많은 사람들이 보고 싶어 했는데 문집을 귀하여 여겼다. 공의 심정으로 미루어보건대, 비록 오랜 세월 동안 곁에서 모신 사람일지라도 나만큼 알지 못한다. 나는 스님의 품성을 '곧고 공손하다(直慈)'는 두 자로 말하였다.

성상(정조) 4년 경자년(1780) 9월 가야운인 유기(有機)가 쓰다.

묵암당 최눌(黙菴堂 最訥)

묵암종사의 이름은 최눌이며 법호는 묵암이다. 풍암세찰(楓巖世察)을 이어 받았으며, 백암성총(栢菴性聰)의 법후손이다. 문풍이 고준하여 많은 석덕을 배출하였으며 교화를 잘하였다. 두루 선지식들을 참례하여 가르침을 받았는데, 쪽과 꼭두서니가 본색을 잃듯이 스승보다 나았다. 학인 대중들을 제접할 때에는 간절한 마음으로 정성을 다해 가르쳤으며, 화엄경의 대의를 총괄해서 분합하여 품목으로 만든 화엄과도(華嚴科圖) 1편과 사교과(능엄경·금강경·원각경·기신론) 행상(行相)을 널리 채집하여 편집한 제경회요(諸經會要) 1편을 지었는데, 이는 지식의 요체로 배우는 자들의 안목이 되었다. 또한 연담(連潭)과 더불어 성리학의 대의를 함께 논하였는데 사자후가 천지를 진동하였다. 60세 무렵 7언율시를 읊어 심경을 드러냈다.

인생 황혼이라 귀 또한 울림증 생기고
흘러간 60년 광음에 맑은 정신도 혼미해져
병으로 인해 율의(律儀)도 자주 거르고
선은 배우고 생각은 많아도 알지 못하겠도다.
헛되이 해탈을 설하며 생애를 소모하고
졸음 못이겨 잠 속에서 삼경을 보내누나.
병 속에 거위를 꺼낼 수 있는 약이 있다면
생사를 일으키는 이들을 위해 의사에게 나누어 주련만.

연담은 묵암의 시에 대해 다음과 같은 운율로 화답하였다.

대숲에 찬 샘물, 알 아래 소리로

선궤(禪几)에 홀로 앉아 귀를 씻나니
솔개 날고 물고기 뛰는 속에 천기(天機) 드러나고
물은 맑고 산은 푸르니 조사 온 뜻 분명하도다.
지극한 도는 어렵지 않아 모두 배울 수 있건만
이 말의 결점을 서둘러 고쳐야 하리라.
묵암당 근일의 아름다운 시구에 탐닉하시니
혹 병이 깊어질까 근심스럽다네.

스님께서 74세에 입적하니, 연담이 만사(挽詞)를 지었다.

70성상(星霜)에 또 4년을 더하여
경(經)을 강론하여 병에 신음하며 보내왔구려
평생 많은 서적을 잃는 데다 총명도 하니
어느 종사인들 견줄 수 있겠는가!

설파당 상언(雪坡堂 尙彦)

이 글은 정조 20년 병진년(1796) 규장각제학(奎章閣堤學) 번암(樊巖) 채제공(蔡濟恭)이 찬술한 것이다.

내가 일로 인해 마침 성문밖을 나가게 되었는데 해진 옷을 입은 어떤 스님께서 가도(呵道)를 듣지 못한 듯 돌연 검은 옷을 입은 채 앞에 엎드렸다. 그 행색을 보아 고민이 있어 급한 것 같았다. 나는 괴이하게 여겨 물었다.

"그대는 무엇 하는 자인가?"

"소승은 호남의 사문으로 이름은 성연이라 합니다. 법사 설파화상을 위하여 대인의 한 말씀을 얻고 거듭 시방 중생들을 가르치고자 합니다. 국가의 금령이 있어서 소승은 도성에 들어갈 수 없으며, 재상의 가문에는 또한 사정을 전달할 수 없었습니다. 성밖의 객점에서 음식을 구걸하며, 여름 지나 가을 되고, 가을 지나 겨울 되어 조석간에 쓰러져 죽더라도 소원을 이루지 못하면 죽어도 돌아가지 않을 것입니다."

나는 저절로 그 성의에 감동하여 그들이 지은 행장을 올리도록 하였다. 그 행장은 다음과 같다.

대사의 법명은 상언(尙彦)이며, 호남의 무장현(茂長縣) 사람으로 국조 효령대군의 11세손이다. 부친은 태영이며 모친은 파평 윤씨이다. 일찍이 부모를 여의고 집안이 매우 가난하여 스스로 생활할 수 없었다.

나이 19세에 선운사에 몸을 의탁하고 희심장로에게 머리를 깎았으며, 연봉(蓮峯)과 호암(虎巖) 두 화상에게서 게송을 받았다. 또한 회암(晦菴)스님에게 배웠다. 선종의 계보로 말하면, 스님은 서산의 7세손이 되며 환성의 손자뻘이 된다. 33세에 대중들의 간절한 청으로 용추판전(龍湫板殿)의 강좌에 올랐다.

스님은 어릴 때부터 무척 총명하였으며, 이름 있는 스승을 참례하여 3승 5교에 대한 말씀이 떨어지자마자 곧 깨달아 묘하게 계합하고 신이하게 이해하였다.

화엄에 더욱 돈독하여 반복하기를 헤아릴 수 없을 만큼 많이 하고, 강송하면 가릉빈가가 한차례 지저귀는 것 같았다. 마침내 그 잘못된 것은 바로잡아 그 귀의를 하나로 하여 근세의 어리석은 사람들이 꿈 이야기 같은 견해를 씻어냈다. 배움을 원하는 자가 나날이 떼지어 모여들었고, 각자에게 뛰어난 깨달음의 길을 보였는데, 그 설법이 끊임없이 이어졌다.

옛날에 청량대사께서 소과(疏科) 10권을 찬술한 것이 있는데, 그 뜻이 많이 숨겨져 있어 책을 풀어 밝히려는 자들이 어렵게 여겼다. 대사가 한 번 열람하시고 권점(圈點)으로 표시하여 소(疏)라 하고 과(科)라 하니 각기 주(主)된 바가 있어 마치 나그네가 돌아갈 것을 얻은 것 같았다.

조금 있다가 승제(勝濟), 부영(扶穎) 등이 대사에게 아뢰기를, "『대경초』 가운데 인용한 것에 잘못되고 쓸데없는 것이 없지 않습니다. 어찌 해인사로 옮겨가서 여러 판본을 고증하여 같고 다름을 보완하지 않습니까?"라고 하였다.

그러자 대사가 그 곳에 가서 머물면서 자세히 고증하고 교정하여 이내 마쳤다. 이로부터 금강산에 간 것이 두 번이요, 묘향산에 간 것은 한 번이며, 두류산에는 항상 면벽을 하였다.

경인년(1770)에 징광사에 불이 나서 소장하고 있던 80권 화엄경 경판이 모두 소실되었다. 대사가 탄식하여 말하기를, "여기에 마음을 다하지 않는다면 감히 여래께 예배할 수 있겠는가?" 하고 재물을 모으고 다시 판각하였는데, 사람과 하늘이 도와 봄에 시작하여 여름에 마쳤다.

분명하지 않은 부분은 오직 대사의 구송(口誦)에 의지하였다. 경판이 완성되자 영각사 옆에 각(장판각)을 새로 세우고 보관하였다. 그 며칠 전에 호랑이가 포효하고, 또 승려의 꿈에 신인이 나타나 아뢰어 말하기를, "여기는 여래대장경을 소장할 만하다"라고 하였다. 바야흐로 경판을 장판각에 봉안할 때, 서광이 하늘에 서렸는데 모인 사람들이 다 기이하게 여겼으나 대사는 이를 보고 우연일 뿐이라고 하였다.

이후에 영각사에 기거하였는데 하루는 절의 주지에게 이르기를, "절을 옮겨 짓지 않으면 반드시 물에 무너질 것인데 어찌 대책을 세우지 않는가?"라고 하였다. 얼마 있다가 큰 물이 져서 절이 과연 무너지고 승려들도 함께 빠져 죽었다. 그제야 대중들이 그 신통함에 감복하였다.

노후에는 영원사에 들어갔는데 죽을 각오를 하고 염불로써 일과를 삼으니, 하루에 1만 번씩 염불하는 것을 열번 되풀이하였는데 10여년을 하였다. 경술년(1790)에 경미한 병세가 보이더니 신해년(1791) 정월 3일에 기쁜 낯으로 입적하시니, 세수가 85세요 승랍이 66년이었다. 이날 제자 27명이 열반을 받드니, 여러 대덕들이 서둘러 와서 통곡하였고 비록 하계의 중생들이지만 또한 서로 알리며 탄식하지 않는 이가 없었다.

대사가 일찍이 근세에 화장하여 사리가 나오는 것을 논하며 마음에 달가워하지 않으셨는데, 열반하자 비록 상서로운 광채가 7일 밤을 끊이지 않았으나, 마침내 하나의 사리로도 영험을 나타내지 않았다.

부처님의 이치를 살펴보면, '유(존재)'는 진실로 애초에 없음이 되지 않음이 아니고, 무(無)도 또한 애초에 있음이 되지 않음이 아니다. 있으나 없다고 이르는 것이 가하며, 없으나 있다고 하는 것 또한 가하지 않음이 없다. 참된 있음(眞有)과 참된 없음(眞無)을 또 누가 능히 분별하겠는가? 여러 제자들이 그 정성을 기탁할 곳이 없어 영원사에 탑을 세웠다. 선운사 스님 또한 그렇게 하니, 이것은 옛날 머리 깎던 때를 잊지 못한 것이었다.

슬프다! 대사를 한마디로 말하면 화엄의 충신이시다. 성연(聖淵) 또한 스님의 충신과도 같아 섬기는 대상에 마음을 다하는 것은 유교나 불교나 일찍이 다르지 않다. 내가 명(銘)을 짓지 않는다면 어떻게 천겁의 후인들을 권선하겠는가. 이에 명을 짓는다. 명은 다음과 같다.

불교에는 화엄이 있으니 정법안장이라.
누가 품어 지키리오. 설파대사 마음에 기르니,
불의 신이 어떤 놈이기에 감히 날뛰어 태웠는가.

머리속에 옮겨 간직했다가
저 경판에 올려 새겼도다.

여래께서 미소 지으며 말씀하시기를,
나는 너를 훌륭하게 여기노라.
설파대사 공덕을 내가 이와 같이 들었노라.

천봉당 무등(天峯堂 無等)

이 글은 수관거사(水觀居士) 이충익(李忠翊)이 찬한 것이다.

내가 대선사라고 하는 사람을 많이 보았으나 우뚝 솟은 어깨와 드리워진 눈썹에 자리를 펴고 앉으니, 사람들이 그를 보면 묻지 않아도 대선사라는 것을 알았다. 우뚝 솟은 어깨와 드리워진 눈썹에 자리를 펴고 앉은 것은 스스로 자신이 대선사라는 것을 보이는 것이다.

마치 눈은 인간과 하늘을 같이 보고, 마음은 범부와 성인과 같은 경계이며, 사대가 축생과 아귀와 더불어 함께 태어나고 함께 죽으며, 염려가 담·벽·기와·자갈과 더불어 함께 일어나고 함께 소멸하여 1만 2천 명의 사람들이 함께 공경하더라도 그를 하나의 덕(德)으로 부를 수 없는 것이다.

그러므로 1만 2천 명의 사람들로부터 공경을 받더라도 나라고 하는 한 생각이 없는 이가 바로 우리 대선사이다. 이것이 곧 천봉대선사(天峯大禪師)가 대선사가 되는 까닭이다.

교에는 소승과 대승이 있고 문구와 의미가 있으나 나는 오직 하나의 이치만 있다. 선(禪)은 방망이로 치고 불자를 떨치며 주먹으로 치고 발로 차서 죽이고 살리며 주고 빼앗는 것이지만 나는 오직 한 가지 본성만 있다. 사람에게는 의심하고 사악하며 어리석고 완고하며 성실과 지혜가 있지만 나에게는 오직 한가지 자비만 있다. 유달리 뛰어나거나 특별히 다른 모습도 없고 해탈하여 도를 깨닫는 모습도 없다.

이와 같은 것을 불법 가운데 얻은 바가 없다고 하는데, 무슨 까닭인가? 본래 이러한 상(相)이 없기 때문이다. 말(言)이 바로 마음이고 마음이 바로 본성이다. 가고 멈추고 앉고 눕고 옷을 입고 밥을 먹고 하는 것이 바로 마음이자 본성이다. 전체가 발현하면 중간에 털끝 하나라도 더하거나 버릴 것이 없어 모든 것이 유위인 것이다. 이와 같은 것을 순수한 부처의 마음이고 본성이라고 하는데, 무슨 까닭인가? 불심(佛心)과 불성(佛性)은 본래 이와 같은 것이기 때문이다.

스님의 이름은 태흘이요 자는 무등(無等)이며, 천봉(天峯)은 그의 호이다. 해서(海西) 서흥(瑞興) 사람이다. 김두필(金斗弼)의 아들로 어머니는 조씨이다. 16세에 유덕사의 명탁장로(明琢長老)에게 머리를 깎고 옷을 바꾸어 입었으며, 도원(道圓)스님에게 구족계를 받았다.

20세에 은월 우점(隱月 雨霑)스님에게 수업하고, 국내를 두루 돌아다니며 선지식을 찾아 두루 참방하였다. 만년에 백천의 호국사로 돌아와 대중을 사절하고 입선(入禪)하였다. 풍계 해숙스님의 법통을 이으니 혜숙은 백월 옥혜(白月玉慧)스님의 높은 제자로 청허의 5세손이 된다.

속세의 나이 84세가 되던 건륭 계축년(1793)에 작은 병증을 보이니 문도들이 물었다.
"스님께서 항상 말씀하시기를 '생이란 괴롭고 공허하며 무상한 것이지만 역시 생사에 영향을 받는다. 그러나 나는 앉아서 죽지는 않겠다'고 하셨습니다."
하니 스님이 대답하였다.
"앉는다고 해서 그것이 꼭 앉은 것이 아니고 눕는다고 해서 그것이 꼭 누운 것이 아니다."
"스님께서는 지금 적멸하려고 하시는데, 그렇다면 불멸(不滅)은 어디에 있습니까?"
스님은 한참을 있다가 고개를 끄덕이고 돌아가셨는데, 얼굴빛이 평일과 다름이 없었다.

입정할 때 화욕(다비)하여 부서지지 않은 정골(頂骨)이 두 조각 나오고 사리 64매가 나와 호국사에 탑을 세우고 문화(文化)의 월정사 및 양주의 망월사 등에 나누어 봉안하였는데, 도 납은 68년이었다. 제자로 종지를 얻은 자는 환열(幻悅)·묘일(妙一)·낭규(朗奎) 등 20여 인이며 계율을 받은 자는 수백 인이다.

내가 스님을 처음 만났을 때에 스님의 나이가 이미 80을 넘었는데, 광대뼈가 높고 입은 모가 졌으며 귀는 컸다. 눈은 샛별과 같아 두리번거리면 광채가 났고 같이 이야기를 나누면 진실 되고 꾸밈이 없었으니 복과 지혜를 두루 갖춘 분임을 알 수 있었다. 이제 환열 등이 나를 찾아 명(銘)을 부탁하였는데, 내가 스님을 본대로 말했더니 환열이 말하였다.
"그대는 선입관 없이 우리 스승을 보았기 때문에 잘 알 수 있었던 것입니다."
명은 다음과 같다.

선사는 덕의 굴에 들어가 지성으로 발원을 하더니
문득 길어 먹던 우물에서 세 가닥으로 물을 높이 퍼 올렸는데
구슬같이 맑은 얼음이 얼어 씹어 보니 달면서도 차가웠다네.

때는 첫 여름이라 모두들 예전에 없던 일이라고 놀랐으나
선사는 묵묵히 못 본 듯 했으니 얼음과 물은 둘 다 공허함이라
얼었을 때나 흐를 때나 내 소견은 다름이 없다네.

선사에게 양생(養生) 길 물으려 했으나
이제 모두 어디 있던가.
오직 발우만 남아 밥 담아 예를 올리는데

다만 발우에 밥 담을 줄만 알고 쌀이 밥 되는 것 모르며
다만 쌀이 밥 되는 줄만 알고 그것이 돈 되는 것 모른다네.
하루아침 밥이 익어 받아 먹으면 배가 부르고

남은 밥 주린 사람 주변 모두들 좋다고 하는데
이 법은 불가사의하되 범부의 일에서 벗어나지 않으니
만일 범부의 일에서 벗어난다면
이 법은 불가사의가 아니로세.

더럽고 궂은 것 다 버리면
그대로 나타나는 것은 바로 범부니
천봉의 종지 알려거든 이 뜻을 스스로 깨쳐야 한다네.

   부처(佛)
얼굴도 눈도 없는 놈,
이것이 무엇인가.
어려서는 실달다요
커서는 석가,
구멍없는 피리로 태평가를 부니
밑빠진 배가 생사해를 넘어갔다.

인악당 자의(仁岳堂 字宜)

이 글은 문인 성안(聖岸)이 찬하였다.

화상의 휘는 의소(義沼)이고 자는 자의(子宜)이며, 호는 인악(仁岳)이다. 고려 개국 벽상공신 대광사공 성산부원군 이능일의 23세손으로 영조 병인년(1746) 9월 9일에 달주 인흥촌에서 출생하였다. 8세에 향학에 들어가서 소학을 읽었는데, 심오한 그 뜻을 한 번 들으면 통했고, 책에 나와 있는 백가지 행실은 세 번 읽고는 모두 외웠다.

재주가 이웃 고을까지 들리니 그냥 둘 재주가 아니었으므로 사람들이 더욱 기특하게 여겼다. 이에 고을 사람들은 다투어 도와주면서 오직 성취되지 못할까 걱정하였다. 15세에 이르러 시경·서경·주역을 다 읽고 문장도 잘하였으므로 당시에 이름난 선비가 되었다.

아! 천재가 아니면 어찌 이와 같을 수 있겠는가. 18세 때 고을의 여러 동료들과 용연사에 가서 공부하였는데 스님들의 엄숙함을 보고 갑자기 감동하는 마음이 생겼다. 이에 가선 헌공에게서 출가하고 벽봉화상에게 구족계를 받았다. 화상은 매우 큰 그릇이라 여겨 금강경과 능엄경 등을 가르쳤고, 서악·추파·농암 등 여러 대사들에게 다니며 공부하도록 하여 학문에 더욱 밝아졌다. 또 무자년(1768) 봄에는 다시 벽봉화상을 만나 신구(信具)를 받고 법당에 올랐는데, 그 때 나이가 23세였다.

그의 계파는 임제의 34세손이며 서신의 8세손이요 상봉의 5세손이다. 어느 날 말하기를, "내가 들으니 설파화상은 우리나라 화엄의 종장이라고 하였다.

그러나 미처 가서 뵙지 못하였으니 이는 내가 유감스럽게 여기는 바이다"하고 드디어 예폐를 가지고 영원정사에 가서 배알하였다.

화상이 손을 잡고 기뻐하며 말했다.
"나도 대사와 함께 하고 싶은지 오래되었는데 어찌 이리 늦었는가?"
잇따라 잡화경(화엄경)을 강하였는데 여덟 달만에 보는 것을 끝내고 계속해서 선송(禪頌)으로 마음의 찌꺼기를 없앴다.

얼마 후 선제(禪弟)가 되기를 원하였는데 화상이 승낙하면서 말하였다.
"생각컨대 대사는 소중하여 지금 세상의 동량이며 후세의 표준이 될 것이니 우리 불도에게는 다행스런 일이다."
돌아와서는 슬산·공산·학산·용산·불령산 등지에서 수행하였으며, 이하는 번거로워 다 기록하지 않는다.

대사는 천성이 착하여 행동이 항상 태평스러워 보이고 조금도 걱정하는 모습이 없었으므로 만나는 이마다 마음에 기뻐하지 않는 이가 없어 칭송이 자자하였다. 일상 생활의 독실함과 남을 가르치기를 게을리하지 않음에 있어서는 오직 옛 현사(賢師)와 비교해야 할 것이다.

왜냐하면 밤에는 참선하여 잠자는 시간이 1경이고, 낮에는 강론하여 수준의 높고 낮음에 따라 순수한 말로 알려주어 쉽게 들어가도록 하고 통달하지 못하는 폐단이 없게 하였기 때문이다. 심지어 유학자들도 희역(羲易)을 가지고 와서 많이 배웠는데 역시 싫어하는 기색이 없었다. 이는 누가 그렇게 되도록 한 것인가. 지금 불도가 침체되어 세상에는 불도를 배우는 자가 거의 없어졌다. 그러나 온 나라에서 불경을 연마하려고, 그렇게 하자고 한 것이 아닌데도 함께 모인 자들이 항상 백여 명이 되어 영산의 옛 자취를 방불케 하였다.

애석하구나! 때를 만나지 못한 것을!
만약 화상을 전성시대에 태어나게 하였더라면 대중을 교화함이 어찌 지금과 같겠는가.

경술년(1790) 조정에서는 새로 용주사를 짓고 불상을 만들도록 명령하였다. 이에 임금이 이르시기를, "당세의 명승을 선택하여 그 일을 주관하게 하는 것이 좋겠다"라고 하였다.

그 당시 대사는 증사가 되어 불상에 복장할 원문을 지었는데 임금이 가져다 보시고 칭찬하여 말씀하시기를, "어찌 뜻을 시원스레 풀고 이처럼 문장을 잘하는 이가 있을 줄 알았겠는가?"라고 하셨다.

이에 은지(恩旨)를 하사하였는데, 이는 송운과 벽암 이후 없었던 일이니, 그 귀중함이 마땅히 어떠하였겠는가.

그 후로 꿈에 임금을 뵙는 일이 자주 있었다. 어찌 임금의 은혜에 깊이 감격하지 않았다면 한때도 감히 잊지 않고 그렇게 할 수 있었겠는가.

성상 병진년(1796) 5월 15일에 입적하니 세수는 51세요 법랍은 34년이었다. 오호라, 이와 같은 덕이 있어도 이처럼 장수를 누리지 못하니 어찌 하늘은 우리 불교를 진흥하지 못하게 하는가. 장례길에 서로 이르기를, "인악대사는 서거하여 산속에 있을 뿐이다"라고 하였다. (슬픔이) 심한 사람은 지극히 눈물을 흘리며 말을 하지 못하였다. 이것이 대략인데 돌아가실 때의 영이로움과 이적 같은 것은 다 기술하지 않는다.

연담당 유일(蓮潭堂 有一)

이 글은 수관거사(水觀居士) 이충익(李忠翊)이 찬하였다.

대사의 휘는 유일(有一)이고 자는 무이(無二)이며, 연담은 그 호이다. 호남 화순현 천씨의 아들로 18세에 법천사 성철대사를 따라 출가하였고, 안빈 심사에게 계를 받았다. 해인사의 호암 체정대사에게 투탁하여 수 년간 시봉하면서 그의 밀지를 모두 체득하였으며, 두루 대선사를 참방하였다.

또 같은 해(1745)에 설파 상인을 따라 화엄경을 선양하였다. 30여년 동안 강석을 주관하면서 (화엄경을) 15번이나 강독하였는데, 항상 따르는 제자가 백여 명에 달하였다. 정조 기미년(1799) 2월 초3일에 장흥 보림사 삼성암에서 입적하였다.

대사는 숙종 경자년(1720)에 태어나 80세에 이르렀다. 대사가 지은 경론과 의소는 모두 7부 18권이고, 문집과 법어 4권이 세상에 전한다. 사집수기(四集手記) 각 1권과 기신사족(起信蛇足) 1권, 금강하목(金剛鰕目) 1권, 원각사기(圓覺私記) 2권, 현담사기(玄談私記) 2권, 화엄유망기(華嚴遺忘記) 5권, 제경회요(諸經會要) 1권, 염송착병(拈頌着柄) 2권, 임하록(林下錄) 4권 등이다.

자하산인 정약용(丁若鏞)이 연담시(蓮潭詩)라는 제목으로 이르기를, "초목이 꽃을 피우려면 뿌리가 모으고 싹이 힘써야 하네. 그 가지와 잎을 펼치고 꽃봉우리를 맺는구나. 만약 장차 크게 되는 사람 있다면 그 꽃에 비길 만큼 일을 마칠 수 있고 한껏 피다가 시들해지라"라고 하였다.

연담대사 유일은 우리나라 불교의 꽃이다. 태고 보우의 법맥이 여섯 번 전하여 서산대사에 이르렀고, 그에게 두 문도가 있으니 편양 언기와 능(소요 태능)이다. 큰 줄기가 나란히 뻗어 무성히 번창하고 그 끝머리에 이르러 찬란히 빛났다. 뛰어난 문장으로 티끌과 더러움을 씻어내고, 무리의 미련함을 채찍질하였다.

전국 여러 산의 이른바 사자좌에 오른 분들로 하여금 모두 홀(手版)을 받들고 물품 목록을 관장하듯 무리들 1만의 구슬을 엮어 커다랗게 하나로 통일하였으니, 연담대사가 그런 분이다. 어찌 연담대사가 불교의 꽃이 아니겠는가. 경전을 밝히고 불문을 크게 하였노라.

장차 번창하고 불길처럼 일어날 것이다. 이후로 배우는 사람이 쇠(衰)하였다고 하고, 스승은 지속하다고 하는구나. 쓸쓸하구나. 다시 일으켜 떨친 지 30여 년 만에 그 꽃이 시들었으니 이를 징험하는구나.

아암 혜장(兒菴 惠藏)은 대사의 후예인데, 신체가 작으나 뜻은 크고 꼿꼿하여 마음이 진실로 그러하지 않으면 비록 부처님의 말씀이라도 순순히 따르지 않았다. 오직 연담대사에게서 글을 배우는데 머리를 조아리고 명을 따랐다. 어느 때 청량을 버리고 쫓아와 나에게 연담대사가 이룩한 깊은 업적을 알려 주었다. 대둔사의 12종사(宗師) 중에 연담은 그 끝에 놓이는데, 끝이 아니라 꽃이다.

또 그 후의 12강사 중에 연파(蓮坡)는 그 끝에 놓이지만 끝이 아니라 꽃이다. 연담은 대연(大蓮)이고 연파는 소연(小蓮)이다. 또 김정희(金正喜)가 비문에 이르기를, "연담의 비는 있으나 글자가 없네. 유(有)는 이 유일(有一)이요, 무(無)는 이 무이(無二)로세"라고 하였다.

연파당 아암(蓮坡堂 兒菴)

이 글은 자하산인(紫霞山人) 정약용이 찬하였다.

아암의 본은 김씨이고 법명은 혜장(惠藏)이며 자는 무진(無盡)이다. 색금현(해남)의 화산방 사람이다. 어려서 출가하여 대둔사(대흥사)에서 머리를 깎고 월송 재관(月松再觀)에게 구족계를 받았으며, 춘계 천묵(春溪天默)을 추종하여 배웠다.

천묵은 외전에도 해박하였는데, 아암은 지혜가 무리 중에 뛰어나 배운 지 몇 년 만에 이름이 승려 사이에 드날리게 되었다. 자라서는 널리 불서를 배우고, 연담 유일과 운담 정일 등을 두루 섬겼다. 나이 27세에 정암 즉원에게 염향(拈香)하였으니, 곧 소요의 종도로서 화악 문신의 적손이었다.

아암이 여러 스승을 좇아 불경을 배우는데 비록 고개를 숙인 채 말을 들었으나 문을 나서면 저절로 입에서 '비(吡)' 하는 소리가 났다. 비는 비웃는 것이다. 오로지 연담의 글과 구수(口授)에만 비웃지 않았다. 나이 겨우 30에 두륜(두륜산)의 법회에서 주맹(主盟)이 되었는데, 모인 자가 1백여 명이나 되었다.

아암은 외전 중에서 주역과 논어를 매우 좋아하여 그 깊은 뜻을 연구하고 탐색하여 조금도 남겨 두는 것이 없도록 (신중을) 기하였다. 기윤(朞閏)의 수와 음악의 도(度), 그리고 여러 가지 성리서(性理書)에 이르기까지 모두 정확하게 연마하였으니, 속유(俗儒)들로서는 미칠 바가 아니었다.

성품이 시를 좋아하지 않아 지은 것이 매우 적었다. 또 급히 짓지는 못하였지만 시를 주면 반드시 뒤에 화답을 하였는데, 사람을 놀라게 하였으며 병려(騈儷)에 더욱 뛰어나 율격을 정확하게 지켰다.

불서 가운데 수능엄경과 기신론을 가장 좋아하였고, 조왕경과 측주 따위는 입에 올리지 않아 승려들이 안타깝게 여겼다. 두 제자가 있으니 수룡 이성(袖龍 頤性)과 기어 자홍(騎魚 慈弘)으로 이미 의발을 전해 주었다. (아암이 물러나니, 그 때법랍은 35세였다. 시를 짓고 술을 마시며 이리저리 거닐면서 쉬던 것이 또 4,5년이었다) 신미년(1811) 가을 병이 들어 9월 보름 무렵에 이 암자(北菴)에서 입적하니 그의 나이는 겨우 40세였다.

내(상현)가 살펴보건대, 해동에 불교가 들어온 이래로 현인과 성인이 배출되어 면면히 서로 이어왔다. 예컨대 조계산 송광사의 경우 대개 불일 보조국사로 시작하여 뒤를 이어 진각·청진·충경 진명(沖鏡 眞明)·회당 자진(晦堂 慈眞)·자정(慈靜)·원감(圓鑑)·자각(慈覺)·담당(湛堂)·묘명 혜감(妙明 慧鑑)·묘엄 자원(妙嚴 慈圓)·혜각(慧覺)·각엄(覺嚴)·부암 정혜(復菴 淨慧)·홍진(弘眞)·고봉(高峯)화상·나옹 혜근(懶翁 慧勤)·환암 혼수(幻菴 混修) 등이 있다.
이들을 조계산 16조사라고 하며 또한 16국사라고 한다.

그러므로 송광사는 승찰의 대본산이라 부른다. 또 해남군 두륜산의 대흥사는 서산대사에 이르러 의발을 의탁한 장소로서 12대종사와 12대강사가 있다.

12대종사는 제1대 풍담(楓潭), 제2대 취여(醉如), 제3대 월저(月渚), 제4대 화악(華岳), 제5대 설암(雪巖), 제6대 환성(喚醒), 제7대 벽하(碧霞), 제8대 설봉(雪峯), 제9대 상월(霜月), 제10대 호암(虎巖), 제11대 함월(涵月), 제12대가 연담(蓮潭)이다.

12강사는 만화 원오(萬化 圓悟), 연해 광열(燕海 廣悅), 영곡 영우(靈谷 永遇), 나암 승제(懶菴 勝濟), 영파 성규(影波 聖奎), 운담 정일(雲潭 鼎馹), 퇴암 태관(退菴 泰灌), 벽담 행인(碧潭 幸仁), 금주 복혜(錦洲 福慧), 완호 윤우(玩虎

尹佑), 낭암 시연(朗嵒 示演), 연담 혜장(蓮潭 惠藏)이다. 이들은 모두 『대둔지』
에 실려 있다.

독좌송(獨坐頌)

홀로 앉아 향로에 불을 켜고
두어줄 읽고 보니
바깥이 소란하다.
가련한 거마객(車馬客) 들이여.

영파당 성규(影波堂 聖奎)

이 글은 홍문관 대제학 남공철(南公轍)이 찬술한 것이다.

대사의 법명은 성규(聖奎)이며 자는 회은(晦隱)이다. 속성은 김씨로 고려 옥산군(玉山君) 영령(永齡)의 16세손이다. 아버지는 만기(萬紀)라 하며, 어머니는 응천(凝川) 박씨로 꿈에 큰 별이 품안으로 날아드는 것을 보고 태기가 있었는데, 영묘(英廟) 무신년(1728) 11월 11일에 낳았다.

아이 때는 태몽(泰夢)이라 명명하였는데 그 (태몽의) 기이함을 나타낸 것이다. 대사는 태어날 때부터 기이한 골격을 갖추고 있었고 평범한 사람보다 탁월하였다.

15세에 청량암에서 책을 읽다가 부처님께 공양할 때에 여러 스님들이 둘레를 돌면서 무릎을 꿇고 절하는 것을 보고 마치 숙세의 인연에 대한 묘한 깨달음이 있는 듯하여 홀연히 출가할 뜻을 지녔다. 4년이 지난 뒤 집을 떠나 용천사에 이르러 스스로 오체를 던져 출가를 간절히 청하였는데, 환응장로는 기특하게 여기며 이를 허락하였다.

드디어 머리를 깎고 계율을 받았는데, 그날 밤 꿈에 승복을 입은 노스님이 섬돌 앞에 서서 경쇠를 울리며 예를 세 번 올리는 것을 보았다. 이 때부터 사방으로 멀리 선지식을 찾아다녔는데, 각 지방을 구름과 같이 노닐면서 해봉(海峯)·연암(燕巖)·용파(用坡)·영허(影虛) 등 유명한 스님들을 차례대로 참례하여 그 가르침을 받아 부지런히 힘을 다해 정진하였다.

하루는 홀연히 생각하기를, "부처님 문중에서 가르침을 천명하려면 깨달음을 우선으로 삼아야 한다"고 하고는, 금강대에 "이포성공척결도량(伊蒲盛供滌潔道場)"을 설치하고, 우러러 관세음보살의 법력을 기원하였다. 재를 파하던 날 밤 꿈에 어느 방에 들어갔더니 서가에 불서가 가득 꽂혀 있고 장정이 아름답고 깨끗하였는데, 모두 다 화엄경이었다. 곁에 한 노스님이 있다가 가리키며, "도가 여기에 있다"고 하였다.

그로부터 9년이 지나 황산 퇴은(退隱)장로를 만났는데, 한 번 보고 마음이 계합하여 화엄경 전부를 그에게 주었다. 책의 장정을 손으로 만져보니 과연 전에 꾼 꿈과 부합하였다. 스님은 화엄경을 숙독하고는 깊고 현묘한 이치를 탐구하고 가장 묘한 뜻을 궁구하기를 30년을 하루같이 하였다.

일찍이 선 공부에는 지송이 최고라고 하면서 보현과 관세음의 양 보살을 원불로 삼아 재를 올리고 더욱 부지런히 정진하였다.

또한 무술년(1778)부터 신축년(1781)까지는 대비주 외우기 10만 번을 하루의 과제로 삼았다. 갑술년(1754) 이래로 설파·함월 두 화상을 참례하고, 화엄경의 종지와 선교의 요령을 모두 다 얻었다. 이에 의발을 전해 받아 등단하였으니, 대개 공문의 연원은 원래 유래가 있는 것이다. 임신년(1812) 7월 27일 가벼운 병을 앓고 입적하였으니, 나이 85세이며 승랍은 66년이었다.

해붕당 천유(海鵬堂 天遊)

스님의 이름은 전령(展翎)이며 자는 천유 법호는 해붕으로 순천 사람이다. 선암사에서 출가하였으며, 묵암 최눌선사의 법인을 받은 법제자이다. …중략… 스님은 선과 교에 모두 막힘이 없었으며, 문장은 구슬이 서로 이은 것 같고, 덕은 총림에 으뜸이며, 이름이 명사들 사이에 드날렸다. 당시 호남 칠고붕(湖南七高朋) 가운데 한 사람이다. 칠고붕은 다음과 같다.

첫번째는 노질(盧質)인데 자는 수이(秀爾)이며 호는 하정(荷亭)으로 함양에 살았다.

두 번째는 이학전(李學傳)인데 자는 계붕(季朋)이며 호는 부재(復齋)로 남원에 살았다.

세 번째는 김각(金珏)인데 자는 대화(大和)이며 호는 운천(雲川)으로 함양에 살았다.

네번째는 이삼만(李三萬)인데 자는 십천(十千)이며 호는 강재(强齋)로 창암(蒼巖)에 살았다.

여섯번째는 석전령(釋展翎)인데 자는 천유(天遊)이며 법호는 해붕으로 선암사에 거주하였다.

일곱번째는 석의순(釋意恂)으로 자는 중부(中孚)이며 호는 초의(草衣)로서 대둔사에 거주하였다. 속가에서 흔히 백곡(栢谷)·무용(無用)·해붕(海鵬)을 승가(僧家) 중의 문장이라고 일컬어 온다.

세상에 전해지는
"만 리의 황금의 나라,
천 층의 백옥 누각에,

천지를 흔드는 가무는 세계를 다하는 풍류이도다."
하는 시는 해붕스님의 시라고 전한다.

　짝짝궁
손바닥 하나로는 소리가 나지 않는다.
높고 얕고 가고 오고
백천종광(百千種光)에
성범(聖凡)이 우러른다.

대은당 낭오(大隱堂 朗旿)

스님의 이름은 낭오(朗旿)이며 법호는 대은(大隱)이다. 성은 배씨(裴氏)로 낭주(朗州) 사람이며, 건륭 경자년(1780)에 태어났다. 월출산에서 출가하여 금담(金潭)선사에게서 머리를 깎았는데, 금담선사는 연단의 제자이다. 스님은 연담·백련 의암(白蓮義菴)·낭암(朗巖)·완호(玩虎)·연파(蓮波) 등 용상(龍象)들을 참례하였다. 도가 이루어지자 금담선사에게 향을 사르고 법당을 개설하여 후학들을 제접하였다.

중생에 대한 물정이 일월과 같이 밝고 맑은 정신과 송백같은 굳건한 수행에 오히려 장애가 되자, 스님은 경율론 삼장을 손수 베껴 함에 나누어 좌우에 봉안하고, 하루에 세 번 예배하고 마기(摩器)·향로·다기·촛대 등으로 공양을 올렸다. 신심이 철저하여 앉으나 누우나 예경하였는데, 공력을 들이는 것이 사람으로서는 행하기 어려운 것이었다.

교학을 버리고 선문에 들어가자 전국 각지에서 개미떼처럼 몰려들어 하루에 한 끼만 먹는 계율을 따랐다. 유명한 사찰에서는 스님을 청하지 않는 것이 죄가 되었다. 여러 곳의 사찰을 전전할 때 어떤 사람이 스스로 등짐을 지면서 스님은 우리 동방의 대선지식으로 중국 남산 도선이 세상에 나와 (도를) 다시 흥하게 하는 것 같다고 하였다.

도광 신축년(1841) 3월 25일, 두륜산 만일암에서 설법을 마치고 조용히 입적하니 세수는 62세이며 법랍은 47년이었다. 선휴(禪休)는 주인을 잃고 법천(法泉)은 막힌 듯하였다. 법을 전해 받은 제자는 혜홍(慧洪)스님이며, 혜홍의 밑으로 유진(有眞)이 있다. 그 외에 선을 전해 받은 이와 교학을 전해 받은 이는 매우 많다.

　월출산의 상견암(上見菴), 두륜산의 만일암(挽日菴), 달마산의 지장암, 덕룡산의 천축사, 반야사, 무량사, 가지산의 내원암, 조계산의 삼일암, 칠전, 동리산의 미타암, 쌍계사의 불일암, 지리산 칠불암, 승당에는 스님이 남긴 법풍이 스며있고, 스님의 위의가 성하게 남아있다. 스님의 3세 법손 성연은 "스님께서 손수 쓰신 경장은 옥과사의 문손 제자들 사이에 전해져 오고 있다"라고 하였다.

〈동사열전〉

경화당 화담(敬和堂 華潭)

이 글은 판부사(判府事) 이유원(李裕元)이 찬술한 것이다.

동방의 불법이 태고화상에서 비로소 성한 뒤에 차례로 전해져 서산에 이르고, 편양·풍담·월담·환성·함월·완월·한암·화악에 이르러 마침내 크게 번성하여 당에 오르는 자가 많았다. 그(화악)의 의발을 얻은 사람은 화담법사이다.

경화(敬和)가 그의 이름이고 시중(示衆)은 선호(禪號)이며 화담은 교호(教號)이다. 스님의 성씨는 박씨이며, 세간에서는 밀양 사람이라 한다. 어머니는 남양 홍씨로 꿈에 맑은 시냇물 가운데에서 은가락지를 얻었는데, 이에 태기가 있어 스님을 낳았다. 건륭 병오년(1786) 4월 18일이다.

어려서부터 냄새 나는 풀과 고기를 좋아하지 않더니, 18세에 양주 화양사의 월화장로(月華長老)에게서 머리를 깎았다. 또한 농월 율봉(弄月 栗峯)을 따라 계와 참(懺)을 받았다. 법을 전수한 이는 화악당(華嶽堂) 지탁(知濯)대사이다. 대사의 성품은 허령(虛靈)하고 강개(慷慨)한 마음이 많았으며 정결하여 속되지 않았다.

여러 곳을 구름처럼 떠돌면서 화엄대회 때마다 강주가 되었는데, 을해년(1755)부터 시작하여 명산의 법도량 55곳에 모두 83회였다. 낮이나 밤이나 가사를 벗지 않았고 자리에 눕지 않은 것이 40년이었다. 송전(松饘)을 먹은 것 또한 이와 같다.

호남의 지리산에서 서봉(瑞鳳)대사를 만나 염송과 격외의 법을 배웠다. 관동

보개산 석대암에서 대부분 거주하였고, 화엄·열반 등 여러 경서를 여러번 읽었으며, 팔양경을 주석하였는데, 꿈에 달을 씹는 신기한 일이 있었다.

일찍이 금강산의 마하연에서 밤에 큰 가르침을 설파하는데 꿈에 문수·보현보살이 크게 금종을 울리니 소리가 만폭동을 뒤흔드는 것처럼 우렁찼다. 대사가 많은 사람들에게 법을 전했는데, 실로 여기에서 조짐을 알 수 있었다.

영남 해인사에서 좌선할 때 "내가 지금 여래의 법성을 명료하게 이해하였으니, 여래가 지금 내 몸 가운데 있고 나와 여래가 차별이 없으며, 여래가 곧 나"라는 진여의 말을 홀연히 크게 깨달았다. "이것은 꿈속에서 지은 것이 아니다. 나는 지금까지 꾸벅꾸벅 졸고 있었다"라고 하였다.

마곡사에서 두 호랑이가 앞에서 인도하고 영축산의 누렁이가 경을 듣고 껍질을 벗으니, 이런 일은 혹 허망한 것이나 대체로 경전의 신령한 것이며, 대사의 정성이 아니었겠는가. 대사가 수행한 것이 오래되었지만 경전을 읽는 틈틈이 게송 67품을 연역(演繹)하였는데, 세상에 유포되었다. 유가의 책을 섭렵하고 부모의 신패(神牌)를 받들어 조석으로 공양하였으니 이것이 대사의 성품이다.

각 도의 명승지를 두루 유람하였는데 쉬는 곳마다 무리들이 사방에서 모여들었다. 뒤에 가평(加平)의 현등사에 들어가 대중을 해산시키고 정혜(定慧)에 전념하니 이 때가 63세였다. 무신년(1848) 봄 병술 초하루 계축일에 문하의 제자들을 불러 입적을 알렸는데, 제자 혜소(慧昭) 등이 십념합장(十念合掌)을 청하자 대사가 손을 들어 미소 지으며 말씀하시기를, "소승이 염구에 집착한다"라고 하고 붓을 찾아 입적시를 쓰고 드디어 돌아가시니 법랍 48년이었다.

백파당 긍선(白坡堂 亘璇)

이 글은 문손 영호 정호(暎湖 鼎鎬)스님께서 찬술한 것이다.

대사의 계휘(戒諱)는 긍선이고 호남 무장현(茂長縣) 사람이다. 본관은 완산 이씨이니 어머니 □씨가 조선 영조 43년 정해년(1767)에 낳았다. 12세에 본 현의 선은사 시헌장로(詩憲長老)에게 득도하였는데, 어린 나이에 뛰어나 대경 (화엄경)을 참학하였고, 초산의 용문암에 안거하여 마음자리를 열었다. 방장산 (지리산) 영원암으로 나아가 서쪽에서 전래되어 온 종지를 설파 상언화상에게 전수받고, 영구산 구암사에 돌아와 설봉 일(雪峯日)화상의 법통을 이었다. 백양 산 운문암(雲門菴)에 법당을 열었으니 강의를 들으려 참여하는 사람들이 항상 수천 명이었다.

순조 30년 경인년(1830)에 이르러 구암사로 옮겨 사찰을 중창하고 크게 선 강법회를 열었다. 전국에서 승려들이 구름처럼 모여들어 모두 가르침을 들으니 엄연히 선문 중흥의 주인공이 되었다. 철종 임자년(1852) 4월에 입적하니 나이 는 86세이고 승랍은 75년이다.

대사는 출가한 뒤로 삼가 율을 지켰으며, 화엄의 법문에 더욱 뛰어났고, 격 외의 선전은 옛사람들이 발하지 못한 곳에 이르렀다. 그러므로 완당 김정희가 비문을 지을 때 큰 글자로 '화엄종주백파대율사 대기대용의 비'라고 하였던 것 이다. 그 문장에서 대략 말하기를, "우리나라에 근래 율사의 종주로 삼을 스님 이 하나도 없었는데, 백파만이 대기대용에 감당할 만하다. 백파대사가 80년 동 안 손대고 힘쓴 곳은 기용(機用)을 살활(殺活)로 지리하게 천착하기도 하지만 괴이한 것이다. 이는 하루살이가 나무를 흔드는 것과 같다"고 하였다.

명(銘)은 다음과 같다.

가난하여 송곳 꽂을 땅도 없었지만,

기개는 수미산(須彌山)을 누를 만하네.

어버이 섬기기를 부처님 섬기듯 하였으니,

가풍(家風)이 가장 진실하도다.

그 이름 긍선이니, 말로 다 전할 수 없다네.

중국의 설봉노인이 그린 달마대사상이 완당의 집에 들어왔는데, 깊이 숭상하여 받들었다. 보는 사람마다 모두 대사의 모습과 매우 닮았다고 하니, 그 문도들이 듣고 기뻐 뛰기를 그치지 않았다. 완당이 드디어 영구산에 위촉하여 백파대화상을 만들도록 하고, 또 고기송(孤起頌)을 읊었다.

멀리서 바라보니 달마인가 했더니,

가까이 보니 백파대사로구나.

차별은 있지만 불이문(不二門)에 들었구나.

흐르는 물이 오늘이라면, 밝은 달의 전신(前身)이네.

대사가 법문에 관해 저술한 것이 많은데, 현재 세상에 유포되는 것은 『정혜결사문』,『선문수경(禪門手鏡)』,『법보단경요해(法寶壇經要解)』,『오종강요기(五宗綱要記)』,『선문염송기(禪門拈頌記)』,『금강팔해경(金剛八解經)』,『선요기(禪要記)』등 모두 후학들을 가르치는 것이니, 진실로 대사는 불멸의 존재이도다.

고자하 경신(故自下 敬信)

이 글은 선교양종 도대선사 이봉 낙현(离峯 樂玹)이 찬한 것이다.

사리가 빛을 발하고 선가의 영적을 드러내니 솔도파(率堵婆)는 그 위세가 당당하고 의식은 종문에서 행하는 올바른 법식의 예에 따랐다. 도는 사람과 하늘을 비추며 이름은 온 천하에 알려졌다. 이에 감명이 지극하여 사람들의 전범(典範)이 되고 백성들의 사표가 되는 자는 오직 선사뿐이니 위대하도다.

선사는 법휘가 경신이고 자하는 법호이다. 속성은 이씨이며 아버지의 이름은 공대(孔大)이고 어머니는 나씨(羅氏)로 호남 낭주 송지면 서포 사람이다. 정종대왕 22년 무오년(1798)에 본저(本邸)에서 태어났다.

어려서 교육을 받을 때에 세속의 윤리에 높게 뛰어났으며, 타고난 기품이 순박하고 올바르며 심성이 온화하였다. 점차 자라서는 어버이께 효도하고 어른들을 공경하니 행동이 예절에 부합하였다. 기쁘고 화가 날 때에도 안색이 변하지 아니하였으며, 마음에 추한 이익을 담아 두지 않았다. 일찍이 세속의 법도를 뛰어넘었고, 본디 입산의 마음을 간직하였는데 나이 겨우 14세에 동산이 어버이를 떠난 사실과 운문이 스승을 속인 자취를 듣고 이에 그 고장에 있는 달마산 미황사로 가서 승려가 되어 구족계를 받았다.

교(敎)는 전제(筌蹄)를 넘었으며, 선(禪)은 제호(醍醐)를 맛보았다. 파륜(波侖)이 동쪽을 유람한 것을 본받고 선재의 남순을 사모하여 두루 명산을 찾아다니며 널리 선지식을 참방하였다. 성담(性潭)에게서 심등(心燈)을 잇고, 해송(海松)문하에서 법당을 견고히 하였다. 강승회(康僧會)가 아이에게 염불을 권한 것을 본받아 허리를 꺾어 머리를 숙이는 자를 보고도 가벼이 여기지 않으니 공경하는 바가 능히 이름과 실상이 서로 꼭 맞았다.

금강산과 오대산에서 참선하기도 하고, 두류사(대흥사) 쌍계사에서 관심(觀心)하기도 하였으며, 서석대와 조계산에 패를 걸기도 하고 두륜산 덕룡사(德龍寺)에서 홀로 통달하였다. 만년에 가지산의 송대(松臺) 내원암(內院庵)에서 은거하였다. 늘 선을 닦아 높은 경지에 오르니, 잠해(潛海)의 신룡(神龍)에 비유되고, 문표(文豹)와 안개 속에 숨어 있는 것과 흡사하다. 빛을 감추고 진리를 보전하며, 본바탕을 쌓아 맑은 마음을 받아들이니 진실로 지인(至人)이다. 어찌 생각할 수 있겠는가.

임술년(1862) 가을 8월 3일에 내원암 선실에서 가벼운 병을 보인 후에 갑자기 입적하니, 특이한 향기가 선실에 가득차고, 천상의 음악이 하늘에서 울려 퍼졌다. 세수는 65세요 법랍은 51년이었다. 다비하니 골짜기와 숲은 참담해 하고 짐승들은 슬피 울었다.

상좌 보인(普印)이 재 속에서 영주(사리) 1매를 수습하니 오색이 찬란하고 빛이 눈부셨다. 석달이 지나 부도가 완성되어 송대 남쪽 기슭에 봉안하고 명을 지었다. 명은 다음과 같다.

스님의 도 곧고 견고하여 가히 금강과 견줄 만하고
스님의 계 밝고 깨끗하여 가히 얼음과 서리에 비유할 만하다.
스님의 마음 신령스럽게 맑으니 사리가 빛을 내뿜고
꾸밈없는 탑 아래 신이 호위하여 안장하네.
수행은 밝고 덕은 아름다워 문장을 지어 명을 새겨 실으니
바람이 천지를 맑게 하고 산을 높고 강은 기네.

함풍 임술년 11월 일

초의당 의순(艸衣堂 意恂)

　초의 의순(艸衣 意恂)이 이미 열반에 들었는데, 그 문도인 선기(善機)와 범운(梵雲) 등이 영정을 안치하고 나에게 찬문을 부탁하기에 기꺼이 응낙했더니, 또 비석을 다듬어 놓고 나에게 비명을 지어 줄 것을 부탁하여 왔다. 나는 본시 불경을 익히지 못했다는 뜻으로 사양하였으나 10여 년이 지나도록 요청이 간절하니, 이에 의순공에게서 보고 들은 것으로 서술하겠노라.

　공이 생전에 말씀하시기를, 종풍이 세상에 떨치지 못한 지가 오래되어 근세에는 총림(叢林)의 여러 곳에서도 거의 알려진 이가 없으니 그 허물이 어디에 있는가. 선방과 강원의 논의가 갈라지고 돈교와 점교의 구분이 혼돈되니 부처의 심기에 합치되는 자가 적어서 그러한 것이다. 의순은 남쪽으로 내달아 널리 강구하고, 홀로 나아가 한 진리의 근원을 소급하고 중론의 정수를 모으니 남방의 학자들이 혼연히 그를 좇았다. 이 어찌 위대한 분이 아니겠는가!

　살피건대 대사의 법명은 의순이고 자는 중부(中孚)이며 무안 장씨이다. 어머니가 큰 별이 품안으로 들어오는 꿈을 꾸고 잉태하여 병오년(1786) 4월5일에 태어나 병인년(1866) 8월 2일에 가셨으니 문득 부처님께서 태어나신 때와 겨우 며칠 차이였다. 이 또한 기이한 일이다.

　5세 때 강가에 나가 놀다가 실수로 사나운 물살에 떨어졌는데 물에서 건져준 사람이 있었다. 약관의 나이에 월출산을 지나다가 기이하고 수려함을 좋아하여 자신도 모르게 걸음을 따라 혼자서 고개를 넘어가게 되었다. 둥근달이 바다에서 솟는 것을 바라보고 마치 고로(杲老 ; 宗杲)가 훈훈한 바람을 만난 것처럼 기뻤고 가슴에 막혔던 것이 말끔히 가셨다. 이로부터는 만나는 모든 것에 거리낌이 없었으니 자못 전생의 인연이 있어서 그러했던 것인가.

벽봉 민성(碧峯敏聖)에게 출가하여 완호 윤우(玩虎倫祐)에게서 구족계를 받았으니 초의는 염화(拈花)의 호(법호)이다. 교설을 연설하는 틈틈이 범자를 익혀 카로(呿盧 ; 범어의 자음과 모음)의 뜻에 통하였다. 또 탱화를 잘 그려 오도자(吳道子)의 경지에 들었으며, 다산승지(茶山承旨 ; 정약용이 강진에서 살았다)와 노닐며 유서를 배우고 시도에 눈을 뜬 이후로는 교의 이치에 정통하면서도 선의 경계에 깊이 들어 운유(雲遊)의 멋이 있었다.

풍악산(금강산)에 들어가 비로봉에 올라 영동과 영서, 산과 바다의 절경을 모두 둘러보고 돌아와 서울의 여러 산을 지나 해거도위(海居都尉 ; 洪奭周)와 자하(紫霞 ; 申緯)·추사(秋史 ; 金正喜) 등과 함께 수레를 타고 노닐며 시를 주고받았으니, 모두가 옛 동림사의 혜원이나 서악의 관휴라 지칭하여 명성이 일시에 자자하였다.

그러나 스님께서는 이내 자취를 감추고 빛을 숨겨 두륜산으로 들어가 등나무 덩굴 속에 작은 암자를 짓고 일지암이라 하였다. 홀로 지관을 수행하여 40여년이 되었다. 어떤 사람이 "그대는 참선에만 전념하는 자인가?" 하고 물으면, 스님은 "근기가 참으로 뛰어나지 못하면 선에 전념하거나 교에 전념하지만 이는 실로 다 다름이 없는 것이니 어찌 이것만을 고집하겠는가?" 하였으니, 그 본뜻은 대체로 교에만 전념하는 이도 허물이 없을 수 없고 선에만 전념하는 이도 도를 얻는 것은 아니라 하였다.

백파 긍선이 백양산에 은거했는데 나이가 80여 세였다. 스스로 이르기를, "16세부터 선에 투신하여 한 생각도 물러남이 없었다. 항상 임제의 현요구(玄要句)를 연설하여 기(機)와 용(用)을 근기에 따라 제접하면 깨달을 것이다"라고 하니, 스님이 백파스님의 잘못된 곳을 지적하여 나에게 보내왔기에 내가 또 스님의 잘못된 곳을 지적했더니, 스님께서는 웃음으로 받아넘기면서 "함께 잘못된 것은 실로 허물이 되지 않으니 잘못된 곳이 바로 깨달은 곳이다"라고 하였다.

스님은 풍채가 위엄이 있고 범상(梵相)이 뛰어나 옛 존자를 닮으셨다. 이미 늙었으나 건장하고 경쾌함이 소년 같았다. 봉은사에서 대교(화엄경)를 간행 배포하는 불사가 있었는데, 스님을 증사로 청하여 모셨다. 달마산에서 무량전을 짓는 모임에도 스님을 주선(主禪)의 자리에 모셨으나 모두 잠시 응하였다가 곧 돌아오셨다. 일지암에서 열반에 드니 세수는 81세 법랍은 65년이었다.

지난번에 내가 호남에서 수군을 통치하고 있을 때 스님이 지나다가 들렀다. 어떤 사람이 나를 보고 직위를 감당할 자가 못된다 하는 소리를 들으시고 말도 안되는 소리라고 하셨다. 더욱이 추사가 귀양 갔다는 말을 듣고 위로하러 가셨는데, 풍랑이 매우 심하였어도 조금도 당황하는 기색이 없더라는 말을 내가 들었으니 참으로 위대하시도다. 그 뒤 내가 녹원(鹿苑 ; 전라도 鹿島) 바닷가에 유배갔을 때도 스님이 또한 다시 나를 위로해 주셨으니, 나는 스님의 명문(銘文)을 더이상 사양할 수 없다. 명(銘)은 다음과 같다.

초조(달마대사) 서쪽에서 온 제일의는
넓고 텅비어 성인 없다하니 이 또한 문자이긴 하지만
즉(卽)한 것도 아니고 리(離)한 것도 아니어서
이름하여 불이(不二)라 하느니라.

모두 쓸어버리라 한 것은 아마 조사의 본뜻 아닐 것이다.
오직 대사 눈에는 팔만대장경 있으니
한 자 한 자 모두 원만한 빛을 드러낸다.

1천 7백 개의 공안이 곧 사십이장경임을 꿰뚫어 보았으니
짧은 것도 없고 긴 것도 없었고
세속에 처해도 물들지 않고,
세속을 벗어나도 홀로 깨끗한 듯 아니하셨으니,
오직 정인(情人)이라야만 그의 성품을 볼 수가 있으리라.

파도가 거세어도 잔잔한 듯 도무지 두려움이 없어
동정이 한결같았고,
두륜산 산허리에 일지암을 짓고는
태백노호(太白老胡)로부터 옷을 빌려 입고
부처님의 혜명(慧命)을 가는 실과 같이 정성스레 하였고
종풍을 다시 떨치어 여러 기연(機緣)을 널리 힘입었네.

선에만 빠지지도 않고 교리를 강하는 것도
거절하지 아니하고 조용하게 지내다가 가셨으니,
누가 이를 나쁘다고 말할 수 있으리오.

일할(一喝)로써 귀머거리가 된 것은
선만 완고하게 주장한 까닭이 아니겠는가.
이 분이 바로 초의 보제존자일세.

보국승록대부 행판중추부사 겸 병조판서 판삼군부의금부사 신헌(申櫶)이 짓다.

남호당 영기(南湖堂 永奇)

이 글은 이조판서 이의익(李宜翼)이 지었다.

대사의 법명은 영기이고 호남 고부(古阜) 사람이다. 속성은 정씨이며 본관은 진주이다. 우복(愚伏 ; 鄭經世)이 곧 비조(鼻祖)이다. 아버지의 휘는 언규(彦圭), 어머니는 반(潘)씨이다. 어려서 부모를 잃고 14세 되던 해에 삼각산 승가사 대연(大演)스님 문하에서 머리 깎고, 임자년(1852)에 보개산 지장암에 들어가 항상 옛일을 살펴서 따르고 미타경을 사경하였다. 글자마다 세 번 부처를 부르고 세 번 돌고 삼배하였다.

서원의 흘러나옴이 극진하고 또한 사은(부모·중생·국왕·三寶)의 공에 보답하였다. 밤에 붓을 놓고 꿈에서 아름다운 기가 서방으로부터 돌아오는 것을 깨달아 알았다.

계축년(1853) 여름에 삼각산에 들어가 그 판(미타경)을 간행하고, 이어서 십육관경(十六觀經)·연종보감(蓮宗寶鑑)을 새겨 수락산 흥국사에 봉안하였다. 을묘년(1855) 봄에 광주 봉은사에 이르러 여러 동지들이 모여 화엄경소초 80권, 별행(別行) 1권, 준제천수합벽(準提千手合壁) 1권, 천태삼은시집(天台三隱詩集) 등을 새기고 판전을 새로 짓고 봉안하였다. 판전의 편액은 시랑 김추사(김정희)의 글씨이다.

경신년(1860), 석대(철원 보개산)에서 머물렀다. 봉우리의 빼어나고 신령스런 자취에 기뻐하여 오래 머물기로 하고 암자를 중건하여 지장경과 관심론(觀心論)을 봉안하였으며, 육시 정근을 빠지지 않고 하였다. 임술년(1862) 한양에 도착하였다. 열흘 동안 무차회를 여니 수륙에 이로움이 있었다.

을축년(1865) 해인사 대장경 2질을 찍어 설악산 오세암과 오대산 적멸보궁에 각각 1질씩 봉안하였다. 그것은 동래에서 배에 싣고 온 것인데 상서러운 바람에 서서히 움직이고, 신령스런 거북이 앞뒤에서 호위하였다. 봉안한 뒤 2백일 동안 부지런히 기도하고 기몽(紀夢)을 25번이나 꾸었는데, 이는 모두 정근의 힘에서 나온 것이다. 임신년(1872) 심원사 3전과 갈래사 보탑을 개수하였다.

그 일을 마친 후 병이 생겼는데 탄식하며 말하기를, "허깨비 몸뚱이가 병이 많고 세상에 사는 것도 이익이 없으니 곡기를 끊겠노라" 하고 9월 22일에 시적하였다. 다시 문인이 아뢰기를, "짐승이 많은 곳에 던져야 합니까" 하니 응답이 없었다. 크게 호흡하고 국풍(國風)이라는 말을 마치고 돌아가셨다. 세수는 53세였고 승랍은 39년이었다.

아! 율사는 심인(心人)이 있어 계율로써 높이고 말세를 지키기 위해 부지런히 노력하였다. 문인 석정(奭淨)·두흠(斗欽)·유계(宥溪) 등의 여러 상인(上人)들은 그 자취가 사라지고 후진을 일으키지 못할까봐 두려워 비석을 화엄경전 옆에 세웠다. 명(銘)은 다음과 같다.

부처를 섬기기를 어버이같이 하고 정업 우뚝 높았네.
누가 광란의 흐름을 되돌려 놓을 것인가.
비나(계율)의 종주이시네.
아! 법을 수호하시니 사람 가운데 뛰어나도다.

침명당 한성(枕溟堂 翰醒)

대사의 법휘는 한성(翰醒)이고 헌호가 침명(枕溟)이다. 속성은 김씨로 본관은 경주인데, 아버지는 통정대부 이혁(以爀)이고 어머니는 맹(孟)씨이다. 신유년(1801) 4월 9일에 흥양군 남양면 장담촌에서 태어났다.

15세에 본 군의 팔영산 능가사로 출가하여 숙부인 권민장로(勸敏長老)에게서 머리를 깎았다. 구족계는 춘파(春坡)대사에게 받았다. 운흥사 대운(大雲)선사에게 경전을 배웠고, 구암사의 백파대사에게 선을 익혔다.

26세에 영봉(影峯)대사에게 건당하였고, 28세에는 송광사 보조암에서 강단을 열었다. 다음 해에는 선암사의 대승암으로 옮겨 주석하였는데 이 때부터 대저 30여년간 강의를 전담하였다. 사방에서 배우고자 찾아오는 이들 때문에 시장처럼 붐볐고, 전수하는 일을 마친 후 고요한 곳에서 조용하게 선지를 깊이 탐구하였다.

대사가 병에 걸리자 문도들이 향을 사르며 독송하였는데, 대사는 손을 저어 말리면서 이르기를, "참된 독송은 소리가 없고 진정으로 듣는 것은 들리는 소리가 없다"라고 하였다. 마침내 병자년(1876) 10월 2일에 입적하니 세수는 76세요 법랍은 62년이었다.

대사는 강의를 하기 전에는 팔영산 서불암에서 기도하였는데 백일 동안 치성을 드렸더니 다기(茶器)의 물이 솟아올라 두 줄기 얼음이 되는 것을 보았다. 길이가 반 척(半尺)이나 되었는데 아는 사람들은 선교 양종이 중흥하게 될 조짐이라고 하였다.

대사는 지계(持戒)가 매우 엄정하였고, 여자와는 같은 방에 앉지도 않았다. 옷은 다림질하지 않았으며, 음식은 좋은 반찬을 먹지 않았다. 또한 유기(鍮器) 반상(盤床)을 쓰지 않았고, 공양 때는 반드시 발우를 펼쳤다. 때로는 한밤중에 일어나 앉아 한참 동안 손뼉을 치고 탄식하기를, "옛날의 부처님과 조사님처럼 반드시 이 길을 따라 득입(得入)할 것이다" 하였다.

이름과 모양이 모두 끊긴 것으로 허공 속에서 꽃을 기르는 것과 물속의 달을 건져내는 것처럼 진리는 이른바 얻지 못하는 것을 모색했다. 또 매일 밤 자시에는 반드시 경쇠를 울리며 큰소리로 미타불을 십념까지 이어서 염송하였는데, 잠에 빠져 있던 속인들도 모두 놀라 일어나 염불을 함께 하였다.
대사는 일찍이 자신의 진영에 글을 썼다.

팔을 베개 삼아 남명에 누웠는데
한묵장(여러 사람이 모여 시를 짓는 곳) 속
꿈은 아직 깨지 않았네.
명호는 마침내 현실이 아님을 알았는데
문밖의 목상이 어찌 참 형상이겠는가.

이는 대사의 일생을 대강 정리한 것이다. 대사의 법맥은 부휴선사의 11세손으로 그의 전법제자로는 화산 오선(華山 晤善)·보운 응준(普運 應俊)·설저 묘선(雪渚 妙善)·영암상흔(靈嵒 尙欣)·만암 대순(萬嵒 大淳) 등이 있다. 전강제자로는 함명 태산(函溟 太先)이 있고 전선(傳禪)제자로는 설두 봉문(雪竇 奉聞)·우담 홍기(優曇 洪基)·경담 서관(鏡潭 瑞寬)·용호 해주(龍湖 海珠)·응화(應和) 등이 있는데 모두 법문의 큰 인물이 되었다.

영허당 선영(暎虛堂 善影)

헌종 기유년(1849) 봄, 우리 선대부 문정공(李啓朝)께서 대종백(大宗伯)으로서 왕명을 받들어 북릉을 살피러 갔다. 안변 석왕사에서 쉬다가 역산(櫟山)대사를 만났는데, 그 외모가 소박하고 말하는 논리가 넓고 활달하였다. 더구나 그와 동갑이라 더욱 기뻐하며 인연을 매우 두텁게 맺었다.

당시 나는 의주부윤(義州府尹)으로 있었는데 선대부께서 연공사(年貢使)로 만부(灣府 ; 義州)에 머물고 계셨다. 대사는 오로지 편지만 썼고, 선대부도 편지를 써서 답장하였다. 내가 좌우에서 시봉하면서 대사의 현명함을 알았고, 14년 뒤에 내가 방백이 되어 관북의 고개를 지나가다 공무가 급하여 부득이 설악산에서 지나지 않을 수 없었다. 갑자년(1864)에 갑자기 특별한 명을 받아 역마를 급히 불러 다시 산문을 지나게 되었으나 진리를 찾을 여가가 없었다.

다시 10년이 지나 퇴직하여 시골에 있으면서 봉선사에 놀러갔다가 용암 석전우(庸庵釋典愚)대사를 만났는데 자신의 스승인 역산대사의 탑명을 나에게 청하였다. 내가 이르기를, "역산대사는 우리 선대부와 공문(空門)으로서 교유한 분이니 어찌 한마디의 말이라도 드리지 않을 수 있겠습니까?" 하였다.

대사의 법명은 선영(善影)이고 자는 무외(無畏) 호는 영허(暎虛)이며, 역산은 그의 첫번째 호이다. 속성은 안동 임씨로 아버지는 득원(得元)이다. 어머니는 한양 조씨로 꿈에 부처님의 이적을 본후 대사를 왕성의 운관현에서 낳았으니, 정조 임자년(1792) 3월 23일이다. 12세에 용운 승행(龍雲 勝行)선사를 따라 양주 학림암에서 머리를 깎았다. 계법은 성암 덕함(聖巖 德函)대사에게 받았고, 참선은 화악지낙(華嶽 知濯) 대사에게 익혔다.

21세에 인봉 덕준(仁峰 德俊)의 문도로 건당 하였는데, 그 연원을 소급하면 청허의 문파인 환성(喚惺)이 5세 선조가 되니 이것이 대사의 내력이다. 대사는 어릴 때 남쪽지방에서 시작하여 늦게 석왕사 내원암에 들어가 불교의 팔만 경전을 배웠고, 정법안장을 세워 홀로 계통을 이어받았다. 여러 방면의 사문들이 조계종사 화엄강백으로 존경하였다.

경진년(1880) 5월 2일에 병이 들어 7일 인시에 머리를 북쪽으로 하고 바르게 누워 왼손과 오른손을 들고 기쁜 모습으로 입적하였다. 세수 89세요 법랍은 78년이었다. 내가 탑비에 글을 새겨 명(銘)을 하니, 이는 영허대사와 대를 이어 맺게 된 교분 때문이다. 함주에 있을 때 이름으로만 서로 사귄 것이 아니었고, 이로써 그 사람됨을 알게 되었으니 이를 비명에 합쳐 쓴 것이다. 게는 다음과 같다.

한 줄기 종법(宗法) 바다 동쪽에 있고
구름은 푸른하늘에 있고, 물속에도 있네.
돌호랑이가 새끼를 안고 깊이 잠들고
솔바람은 솔솔 불어와
만상(萬象)과 허공(虛空)을 잇는구나.

성상 10년(1884) 가을, 대광보국숭록대부 영중추부사 원임규장각직제학 월성 이유원이 찬하고 통정대부 안변군도호부사 전의 이희준(李熙準)이 쓰다.

우담당 홍기(優曇堂 洪基)

이 글은 예운산인 최동식(崔東植)이 찬한 것이다.

화상의 처음 법명은 우행(禹幸)이었는데 후에 홍기(洪基)로 고쳤다. 우담헌(優曇軒)은 호이다. 속성은 권(權)씨로 안동 사람인데 선조 대대로 높은 벼슬을 지냈다. 어려서 부모를 잃었으나 천성이 훌륭하고 총명하였으며 기상이 맑고 빼어나 독서를 좋아하였다. 약관에 이르러 두루 명산을 유람하다가 홀연히 세상을 싫어하는 마음이 일어났다.

마침내 소백산에서 머리를 깎고 서쪽으로 가 조계산 송광사에서 부휴 문하 벽선(碧禪)화상의 현법손(玄法孫)이 되었다. 선대의 종사를 따르며 화엄·염송을 공경하며 닦은지 3년이 되지 않아 지혜가 범상을 초월하였다.

또한 조용하게 묵언 정진하는데 능하여 현묘한 지혜를 꿰뚫고 드디어 건당하고 강당을 개설하자 배우고자 오는 이들이 시장에 사람 붐비듯 하였다.

화상은 평온하게 생활하면서 사람을 대하고 만물을 접하는데 있어 항상 밖으로 말이 나오지 않게 하였다. 공시의 재물과 곡식의 감소, 증가에 대해서는 풍족하게 부족하지 않도록 하였다.

불교를 익히고 선지를 선양하는데 있어서 화상의 언사는 물결치듯 거침없이 흘러나왔고, 물이 용솟음치고 바람에 부딪치는 듯하였다. 생활할 때는 언제나 이르기를, "기(氣)가 의복을 이기지 못하면 항상 재채기가 이어지는데, 한마디 말할 때 세 번 내뱉고 세 번 닦아야 하며, 만약 종일토록 버티지 못하면 밭을 갈고 사자좌에 옷을 걸 때까지 해야 한다"고 하였다.

기상이 산처럼 용솟음쳐 의젓하기가 옛 선생과 같아 한 번도 재채기를 하거나 침을 뱉지 않았고, 하루종일 꿋꿋이 앉아 잠깐의 휴식도 취하지 않았다.

대사는 화엄에 매우 정통하였고 또한 선학에 심오하였다. 만년에 선문증정록(禪門證正錄)을 지어 불조전심의 깊은 의미를 구명하였다. 그의 가풍은 맑고 깨끗하여 방안에는 다만 책 몇 권과 물병 하나만 놓여 있었다. 중의(重衣)를 입지 않았고, 좋은 맛을 찾지 않았다. 다만 채소와 현미에 거친 옷일 뿐, 그 외는 알지 못했으니 참으로 격을 벗어난 도인이다. 신사년(1881) 가을 암자에서 열반에 드니 세수 60세 법랍 45년이었다.

조계산 송광사에도 우담화상 행장이 기록되어 있다.

스님의 휘는 홍가이며 법호는 우담으로 속성은 권씨이며, 영남 안동군 사람이다. 아버지는 중국이며 어머니는 조씨로 도광 임오년(1822) 3월 3일에 스님을 낳았다. 스님은 태어나자 총명하고 조숙하여 어려서부터 배우기를 좋아하고 민첩하게 알아차렸다.

출가하기로 결심하였으나 부모님이 허락하지 않자 혼자 가만히 성을 넘는 인연을 생각해냈다. 마침내 희방사로 가서 자신장로(自信長老)를 의지하여 머리를 깎았다. 『초발심자경문』을 익히고 마음에 맞는 도반들과 함께 팔공산에 가서 혼허대사를 참례하고 여러 부의 경전을 학습하였다.

매이지 않는 것을 뜻으로 삼아 점차 남행하면서 자취가 오랜 사찰을 반드시 찾아보고 고승대덕 또한 반드시 방문하였다. 조계산 송광사에 이르러 지봉(智峰)화상으로 인해 세연의 주인이 되었으며, 연월(蓮月)선사를 법인(法印)의 아버지로 삼았다.

침명 강백에게서 가르침을 받았으며, 인파(仁坡)율사로부터 구족계를 받았다.

27세에 진각조사의 선사에서 향을 사르고 벽담(碧潭)대사의 법회에서 의발을 전해 받았다. 설인 연묵(雪仁 蓮默)에게서 교를 보는 눈을 맑게 했으며, 진룡 백초(眞龍 白草)에게서 선을 두드렸다. 스님은 광서 7년 신사년(1881) 9월 8일에 입적하였으니 세수 60세 승랍 45년이었다.

스님께서 저술한 『선문증정록』 1권이 세간에 유행한다. 스님의 계보는 곧 부휴의 11세 법손이 된다. 부휴의 7대 법제자가 풍암(楓巖)이다. 풍암에게는 네 명의 대제자가 있는데, 제운 해징(霽雲 海澄)·묵암 최눌(默庵 崔訥)·응암 낭윤(應庵 郎允)·벽담 행인(碧潭 幸仁)이다. 벽담은 회계 휘종(會溪 輝宗)에게 전하고, 회계는 연월(蓮月)에게 전하여 연월이 스님에게 전하였다.

용호당 해주(龍湖堂 海珠)

스님의 이름은 해주(海珠)이며 법호는 용호(龍湖)로 사불산 대승사의 대강사이다. 재가에서는 엄격한 가정교육을 받으면서 자랐고, 발 씻기를 그만둔다고 한탄하며 출가하였다. 산으로 들어와 도를 행하며 좋은 인을 만나고 좋은 연을 맺어나갔다. 축씨(祝氏)가 풀 베는 것을 본받고 설산의 법을 구함을 흠모하며, 덕산 선사처럼 날카로운 분심(憤心)을 발하고, 무착대사처럼 참방을 하였다.

낙동강의 동쪽과 서쪽을 노닐면서 의심나는 부분을 질문하였고, 호남·호서를 소요하면서 맺힌 것을 풀었다. 부르면 갔다가 하사함을 받들고 돌아왔으며, 초청장을 받고 가서 부처를 선발하고는 입적하였다.

때에 수순한 사적은 선교의 옛 기록에 올라 있으며, 교화활동은 총림 가운데 허공에 세워진 비석에 나타나 있다. 계를 받고 계를 전해 주고 법을 받고 법을 전해주는 것에 대해서는 여러 계첩에 잘 나타나 있다.

영산당 경순(影山堂 敬淳)

　스님의 이름은 경순(敬淳)이며 법호는 영산이다. 어려서 출가하여 염의를 입고 구족계를 받았다. 선운사에 다시 나타난 선지식으로 설파(雪坡)·영곡(靈谷)·백파(白坡)·영산(影山)으로 이어져 거듭 출현한 것이다.

　통도사에 머물 때에는 스스로 원하여 가까이 모시려는 자가 많았고, 관음사에 머물 때에는 스스로 찾아와 선등(禪燈)을 이은 사람이 있었다. 송광사에 머물 때에는 가난한 자들을 위해서 화주가 되었으며, 해인사에 머물 때에는 참배하는 자들을 위해 이끌어 인도하기도 하였다.

　범해암(梵海菴) 앞에 이르러 세 번 진불(眞佛)을 부르니, 김추사가 뜰에서 올라와 곧바로 답하면서 도량으로 들어왔다. 옷을 벗어주어 사람들의 몸이 춥지 않게 하였으며, 음식을 사양하여 어린아이에게 보시하여 굶주리지 않게 하였다. 잠자는 것도 두 번 자지 않고 뽕나무 아래에서 한 번 자는 계를 지켰으며, 때가 아니면 먹지 않아 하루 중에 한 번 먹는 재(齋)를 지켰다.

　온 세상 태평한 봄이요,
　사방 어느 곳에도 탈 없는 것은 내가 아니고 누구이겠는가.
　산안개 핀 아침애 밥을 짓고 등나무 덩굴에 걸린 달빛으로
　밤에 등불을 삼는다 하니 나를 가리켜서 하는 말이리라.

　관음고사(觀音古寺)에서 단정히 앉아 입적하니
　야광이 불같이 밝았고
　땅이 진동하는 것이 마치 벼락치는 듯하였다.

그 때가 광서 계미년(1883) 11월 24일이다.

〈동사열전〉

선암사에 경성(景星)이라는 승려는 식견이 있는 자가 아니다. 어느 날 저녁 꿈에 영산화상이 나타나 진영의 찬을 전해주었다.

그림자는 영산의 그림자, 산은 영산의 산
산과 그림자, 둘이 없는 곳이 온통이 영산

선암사의 경운(擎雲) 대선사가 나를 위하여 읊었다.

허주당 덕진(虛舟堂 德眞)

　스님의 이름은 덕진(德眞)이며 법호는 허주(虛舟)이다. 일찍이 선근을 심었던지 어려서부터 출가하기를 원하여 조계산으로 들어갔다. 홀로 굳게 절개를 지키며 학문을 성취하여 도에 이르렀다. 스승으로부터 인가를 받아 소임을 맡아 행하였다.

　대중들을 물리고 혼자 있고자 하여 사람들을 피했지만 더욱 몰려왔으며, 자취를 숨기고자 하였으나 자취는 더욱 드러났다. 송광사에 머물거나 선암사에 머물렀다. 동리산·칠불암·불일암·능가산·백운산·두륜산·달마산에 머물렀으며, 도갑사의 견성암, 기지산의 내원암, 백양사의 물외암, 화엄사의 구층암, 연곡사의 문수암, 용흥사의 보현암, 내장사의 원적암, 선운사의 도솔암, 서방산(西方山)의 상운암에 머물렀으며, 운문사·금당사·화엄사·안심사·문수사에 머물렀다.

　다시 경산에서 노닐다가 운현궁에서 불러서 갔다. 처월 보개산 초암 및 지장암에서 기축불사를 하였으며, 을해년(1875)에는 고산 운문사에서 또 기원과 축원불사를 하니 이르는 곳마다 사부대중이 구름처럼 모였다.

　하루 한 끼만 먹으며 오관게(五觀偈)를 샘솟듯 하니, 입지 않은 옷이 저절로 생기고 먹어보지도 못한 공양물이 밀려들었다. 계를 받은 자와 참회를 받은 자, 법을 받은 자, 학업을 받은 자는 비구·비구니, 우바새·우바이, 사미·사미니, 식차마나, 신남·신녀를 막론하고 곧 자리에서 일어나 합장하고 가르침을 청하는 모습이 마치 석가모니 부처님이 영취산에 있을 때에 꽃을 들어 대중에게 보이던 것과 같았다.

울고 웃던 자들이 모두 보배를 얻어 돌아가 믿고 받들어 행하였다. 광서 무
자년 10월 13일에 입적하시니 선풍도 적막해졌다.

〈동사열전〉

독보송(獨步頌)
외외낙낙정나나(巍巍落落 淨裸裸)
독보건곤수반아(獨步乾坤誰伴我)
약야산중봉자기(若也山中逢子期)
기장황엽하산하(豈將黃葉下山下)

설두당 유형(雪竇堂 有炯)

이 글은 갑인년(1914) 4월 3세 법손 영호 정호(暎湖 鼎鎬)가 썼다.

태고 원증국사가 중국에 들어가 임제의 적손 석옥 청공선사에게서 법을 얻어서 돌아왔으니, 이 분을 우리 해동 선문의 초조라 한다. 6세손이 청허·부휴 양대사인데 선문 중에서 조사가 된다. 청허의 4세손이 환성(喚醒)대사인데 거듭 옛 성인으로 와서 사문의 걸출함을 지어 보이셨다.

그 다음 대는 설파(雪坡)대사가 이었다. 대사는 화엄세과의초(華嚴細科義鈔)를 교간하였는데, 이 작업은 특별하고 큰 일이므로 '화엄보살'이라는 이름으로 불리게 되었다. 3세손은 백파대사이다. 대사는 밝은 눈으로 삼학을 꿰뚫어 선학에서 가장 높은 뜻을 얻었으며, 근대 총림에 기치를 높이 세웠다. 그런데 어찌하여 그에게 제자가 적은가?

논을 궁구하며 홀로 종지를 얻은 이는 바로 설두대사이다. 법의 계보를 상세하게 나누면 곧 백파대사에서 실로 4세 법손이 된다. 그러나 친히 가르침을 받고, 마침내 강좌를 받았으므로 여러 곳에서 흔히 설파 그리고 백파 그리고 설두라고 부르는 것인데, 흡사 바로 3세에 전하였다 하여도 거리가 없으며 또한 괴이함도 없는 것이다.

대사의 법휘는 유형(有炯, 奉聞)이며, 설두는 그의 법호이다. 속성은 완산 이씨이며, 아버지의 휘는 동복(東馥)이다. 어머니 박씨는 조선 순조 24년(1824) 갑신년 2월 24일 호남도 옥과현 옥전리에서 대사를 낳았다.

어린 나이에 일찍부터 슬기로워 유교 경전을 거의 섭렵하였으며, 19세에 이르러 출가의 뜻을 일으켜 장성부 백암산 백양사에 출가하여 정관 쾌일(正觀 快逸)대사에게서 득도하였다.

다음 해에 조계산 침명 한성(沈溟 翰醒)대사에게서 구족계와 선참(禪懺)을 받았다. 두루 여러 산의 노학들을 참례하여 내교(교학)를 배우고 영구산 법회에서 어려운 공부를 마쳤다. 백암 도원(白巖道圓)에게서 불등(佛燈)을 이어받았다. 이에 강단에 올라 대중들을 가르치기를 10여 년이며, 겸하여 조사가 서쪽에서 온 뜻을 닦아 미묘한 진리에 깊이 도달하였다.

태왕 7년(1870) 경오년 봄에 대중들의 청으로 모악산 불갑사로 옮겼다. 초당을 하나 짓고 드러내지 않고 덕을 길렀다. 다시 수 년 동안 머물면서 황폐한 사찰을 보수하고 다시 열어 지금에 이르렀다. 고종 26년(1889) 기축년 봄에 이르러 문중의 장로인 환옹 환진대사의 간곡한 청을 어기기 어려워 양주목 천마산 봉인난야에서 선문강회를 크게 열었고 7월에 강회를 마쳤다.

중추(8월)에 병으로 인하여 산에 돌아와 문도 설유 처명(雪乳 處明)대사에게 법을 전하고 8월 29일 소림굴(龜巖寺)에서 시적하니 세수 66세 법랍 46년이었다.

제자로는 영월 호정(詠月 縞政)·보월 만익(步月 萬益)·다륜 익진(茶輪 翼振)·완성 혜감(玩性 慧鑑)·용은 호각(龍隱 晧恪)·서월 경우(犀月 敬瑀)·청하 총찬(淸霞 寵欵)·설유 처명(雪乳 處明) 등이 있으니 모두 능히 가풍을 이어 잘 따랐다고 한다.

환옹대사의 법명은 환진(喚眞)이니 백파의 법손이다. 구산 구암사에서 출가하여 서울의 동쪽 양주 천마산 봉인사에서 주석하였고, 욕심을 떠나 청정하였으며 언행에 거리낌이 없었다. 전한 광무 8년 갑진년(1904)에 청량사에서 단정히 앉아 입적하였다.

또 경담대사의 법명은 서관(瑞寬)이니 또한 백파의 후예이다. 구암사의 설두와 선암사의 함명은 나이가 서로 같고, 도학이 서로 같으며, 그 문도 또한 서로 동등하여 세상에서 근대 불문 삼걸이라고 부른다.

모게송(暮偈頌)
절 집 고요한 밤 말없이 앉아 있으니
적적요요하여 본래자연 그대로이네.
무슨 일로 서풍에 임야가 흔들리는가.
기러기 한 소리에 천지가 진동하는데.

우은당 달선(愚隱堂 達善)

금강산 유점사 중창대회를 주관한 우은(愚隱)대사의 계명(법명)은 달선, 법호는 우은, 속성은 김씨이다. 본관은 전주이고 고휘(考諱)는 덕순(德順)이다. 어머니 밀양 박씨가 신이한 꿈을 꾸고 임신하여 가경 신묘년(1831) 정월 23일에 강원도 고성현 사현리에서 대사를 낳았다. 태어난 자질이 영민하고 초연하여 비범한 기상이 있었다.

예닐곱이 못 되어 아버지가 돌아가시고 어머니가 홀로 되어 대사가 비록 아이이지만 그 운명의 험난함을 깊이 슬퍼하고 일찍이 출가할 뜻을 어머니에게 고하니, 어머니가 굳게 거절하고 응낙하지 않았다.

그를 글방에 보내 입학시키니 대사는 감히 명을 어길 수 없어 드디어 책 보따리를 지고 스승을 따랐다. 그러나 깨달음의 세계(靈犀)에 마음을 두고, 우담발화수의 맑은 바람과 기원정사에 흐르는 물 사이를 왕래하였다.

나이 열세 살에 이르러 또 출가할 뜻을 품고 울면서 어머니에게 고하자, 어머니는 대사의 뜻을 빼앗을 수 없음을 알고 드디어 허락하였다. 대사는 곧바로 금강산 유점사로 가 연암장로(緣菴長老)에게 머리를 깎고, 월봉화상(月峯和尙)에게 계를 받았다.

연월(蓮月)화상에게 선을 받고, 대운(大雲) 좌주에게 법을 이어받으니, 대사는 바로 환성조사(喚惺祖師)의 8세 적손이다.

나이 겨우 열아홉에 두터운 신망이 태양처럼 높아 사찰에 공무상 중요하고 처리하기 어려운 일들이 대사가 매우 익숙하고 여유있게 처리하지 않았다면 순조롭게 정돈되고 처리되지 않았을 것이다.

또 대사는 배움을 좋아하였으나 쓸데없는 것을 꺼리고 진실에 힘썼으므로 썩은 것을 깨물고 헌 것을 핥는 부류인 동년배들과 같이 논할 수 없었다.

나이가 30세에 이르자 절의 승통직을 맡았고, 35세에는 주관에 올랐으며, 37세에는 묘향산 보현사 수충사(酬忠祠) 수호총섭에 임명되었다. 50세에는 본사의 주관으로 재임하였고, 전후 수십 년간 사찰 일을 관장하고 승풍을 바로잡는데 오직 정직하고 공정하며 청렴한 것을 본분으로 삼았다. 또한 모든 일을 총람하여 혼자 전담하면서도 교화의 임무를 그만두지 않고 일에 모두 힘썼다.

광서 임오년(1882) 8월 16일 밤, 실화로 본사 전체 3천 3백여 칸이 갑자기 소실되고 연기구름이 흐려지자 조수(鳥獸)들이 울부짖었다. 그 절에 있던 승려들은 모두 우왕좌왕하였다.

이에 대사가 한바탕 통곡을 한 후 울음을 그치고 웃으며 말하기를, "일찍이 전하기를, 본사의 화재는 반드시 53불의 신변으로 말미암아 일어날 것이라고 하였으니, 부처의 신이한 변통이 어찌 상서롭지 못한 것보다 신령스러우며, 상서로운 것보다 신령스럽지 않겠는가. 만약 사람들이 기대를 저버리지 않는다면 부처에게 반드시 징험이 있을 것이다"라고 하였다.

대사는 마음속으로 맹세하고 재물을 모아 장인에게 명하여 역사를 시작한 뒤 3년이 걸려 준공을 고하게 되었다.

법전의 장엄함과 여러 건물의 넓고 빼어남, 재산의 부유함을 회복하고 아름다운 종소리가 다시 울렸으며, 대중이 안정되었다. 잃었던 사패지(賜牌地)를 되찾아오고, 여러 가지 가혹한 공역의 병폐가 혁파된 것은 대사의 대원력에서 이루어지지 않은 것이 없었다. 그런 까닭에 멀고 가까운 곳에서 모두 말하기를,

"우은대사는 진정 53불의 명을 받은 사신이라는 것을 의심하는 사람이 없다고 한다"라고 하였다.

오호라! 상(相)이 있는 것이 멸하게 되는 것은 화문의 부처도 오히려 면하기 어려운 것인데, 대사 또한 이 도리를 따랐다. 미미한 병이 보이자 여러 문인들을 불러 호법과 불은에 보답하는 일을 부촉하고 광서 신묘년(1891) 7월 29일 묘시에 이윽고 앉은 채로 입적하였다. 세수는 61세요 승랍은 49년이었다.

조계송(朝偈頌)
천자 낚싯줄을 바로 던져 보았더니
한 파도가 일어나니 만 파도가 따라 난다.
고요한 밤 물이 차니 고기가 물지 않아
빈 배에 밝은 달만 가득 싣고 돌아왔다.

대응당 탄종(大應堂 坦鍾)

달마가 동으로 와서 그 장서(藏書)가 팔만인데, 화엄 경전은 불법의 종(宗)이요, 그 종을 얻은 자는 대응선사(大應禪師)라고 한다. 대사의 법명은 탄종으로 석가의 76세 법손이다. 그 선조는 한양 사람으로 성은 조씨이다. 선세에 현관을 지낸 분이 있으며, 아버지의 봉각(鳳珏)과 어머니 김씨는 모두 어질었다.

순조 경인년(1860) 5월 10일에 태어났으며, 어려서 지혜로워 유교를 익혔다. 9세에 부모를 잃고 홀로 의지할 데가 없어 3년 상이 끝나고 금강산 장안사로 들어가 설월당 승관선사(勝寬禪師)에게 머리를 깎았다. 송파당(松坡堂) 일민선사에게 계를 받았으며, 와설당 일선(一禪)선사에게 선을 전수받고, 명허당(明虛堂) 윤선(崙璇)선사에게 교를 이어받았으니 모두 사문의 상승(上乘)이다.

일찍이 선에 들어가 주송을 그치지 아니하고, 향을 올리는 틈틈이 남북의 강원에서 경전을 공부하고 법문을 청했으며, 신해년(1911)에 등당하여 보운암(普雲菴)에서 주석하거나 경산(京山)의 크고 작은 사찰에서 도를 강의하고 법을 설했는데 사방에서 승려들이 몰려들어 따르는 이가 구름 같았다. 뛰어난 제자로 입실한 자를 모두 일일이 열거할 수 없을 정도다.

화엄의 묘(妙諦)를 통달하였기 때문에 '화엄종주'라 부른다. 항상 스스로 기도하며 말하기를, "원하기를 내가 두루 법계의 6근을 얻어 법문을 전하여 중생을 제도하고, 무량복덕광명장보살을 의지하여 백화도량을 건립하겠다"라고 하였다.

어느 날 밤 세 부처에게 정례하다가 천수(天水)를 받는 꿈을 꾸었다. 원통선회에서 무량수여래근본주를 염송하였는데 꿈에 금강주를 받았고, 화장고굴에서 홀로 준제주를 읽었는데 꿈에 용의 무리가 물을 뿜어 전신을 씻어 주었으며, 또한 차륜(車輪)이 쉬지 않고 돌아가는 것을 보았다. 이로부터 심신이 맑아졌고 법륜전화의 묘한 이치를 얻게 되었다.

내가 일찍이 어사일 때 풍악산에 들어가 대사와 공문(불문)의 친구가 된 지 20여년이 되었다. 선을 닦음이 더욱 높아지고 산을 나오지 않은 지 오래되었다고 하였다.

봉원사의 승려들이 우란회를 개설하려고 한다고 나에게 말하기를, "반드시 대종주(大宗主)가 이 회를 주관하여야 하는데, 공이 편지 한장 부치면 오실 것입니다"라고 하였다. 이에 글을 보내 권하니 과연 수개월 뒤 갑자기 왔는데, 진짜 부처가 현세에 오신 것 같았다. 백호에서 빛을 내뿜는 가운데 영패보게가 대중의 귀를 모두 일깨웠다.

선남선녀 가운데 계율을 받고 받들어 참회하는 자가 천을 헤아렸다. 조정의 명관들도 많이 신봉하여 진전(眞詮) 듣는 것을 즐겼다. 소계(小溪) 김공(金九鉉)과 삼은(三隱) 이공(李承五)은 향을 올리며 선열을 맛보았는데, 마치 소동파와 삼요(道潛)의 관계와 같았다.

대사가 이미 갔다. 제자 경흔(景欣)이 집으로 찾아와 청하기를, "우리 스승의 고행은 오직 공과 두 공만이 뜻을 밝힐 수 있습니다. 원컨대 세 공(公)은 문한(文翰)을 얻어 휴석(비석)의 도구로 삼고자 합니다"라고 하였다. 승낙을 하고 드디어 명을 지었다. 그 명은 다음과 같다.

그 얼굴 보면 담박하고 고요하며,
그 말 들으면 명료하고 바르다.
세 번 꿈에 참다움을 깨닫고, 온갖 번뇌 떨치고 입정하니
다함이 없는 보장이고 한 조각 마음의 거울이다.

자헌대부 전행형조판서 겸 지경연춘추관사 동지성균관사 영천 신헌구(申獻求)가 찬술하였고, 자헌대부 전행자돈녕부사 겸 지경연춘추관사 지의금부사 광신 김구현(金九鉉)이 쓰다.

숭록대부 전행이조판서 겸 판의금부사 지경연춘추관사 동지성균관사 홍문관 제학 세자좌빈객 원임규장각직각 한산 이승오(李承五)가 전액하여 을미년(1895) 7월 일 세움.

상현이 말한다. 대응화상의 비는 또한 금강산 나운대선사(懶雲大禪師)의 비와 같다. 언제 입적하였는지는 상고하기 어렵다. 지금 살펴건대 비를 세운 것은 입적하기 1년 전이다. (비는) 대체로 살아있을 때 건립한다. 그렇게 하면서 비명의 서문에서 이르기를, "스님은 이미 갔다. 제자 경흔(景欣)이 집으로 찾아와 글을 청하였다"라고 하였다. 이것은 봉원사로부터 돌아간 것을 이르는 말이다. 입적한 것을 가리키는 것은 아니다.

하은당 예가(荷隱堂 例珂)

제가 살피건대 하은스님은 함경도 함흥 사람이다. 부친의 성은 주씨(朱氏)인데, 어떤 산승이 와서 북두성과 견우성을 바치는 꿈을 꾸고 나서 임신하여 스님이 탄생하였다. 어려서부터 매우 범상하지 않았는데, 나이 열세 살에 아사달신(구월산)에 직접 들어가 월저의 문하 성월탑하(聖月榻下)에게 출가하였다. 도에 들어가 참선하였는데 40여년 동안 열반에 정성을 다하여 도를 깨우치고 천년을 흐르게 할 이는 하은스님 한 사람뿐이다. …중략…

스님이 하늘에서 내려와 단지 도를 밝히는 것을 자신의 임무로 삼았기 때문에 청정한 땅을 택하여 산사를 세운 것은 (출가한 지) 40여년이 흐른 뒤였다. 오랫동안 선탑(禪榻)에 앉아 있으니, 혜월보광(慧月寶光)이 고요히 두루 비쳐 한 떨기 묘화(妙華)로다. 인연에 따라 우뚝 솟았으니 누가 장차 이 도를 후세에 영원히 전할 것인가. …중략…

슬프도다. 가을 하늘에 찬 소리 나고, 구름이 허공을 날 무렵에 상서로운 기운과 빛이 3일 동안 끊이지 아니하니, 몸은 비록 죽었으나 도는 없어지지 아니한다. …중략…

삼가 함명(涵暝)으로 하은스님을 추모하고, 불멸의 도와 세상에 보기 드문 자취를 한 조각의 비석에 새긴다.
명은 다음과 같다.

하늘이 하은스님을 내려 타고난 재질이 있은 즉,
정기를 한데 모아 신선을 잉태하고,

하수에서 태산까지 미쳤네.
시작이 없는 곳에서 시작하고,
끝나지 않은 곳에서 끝이 난다네.
스님의 삶으로 산하가 깨끗해지고
스님의 입적으로 산하가 빛을 잃었는데
몇년인지 알 수 없지만 다시 배태(胚胎) 하리라.

가을하늘 찬 소리에 서쪽으로 가는 구름 맑고 깨끗한데
산이 슬퍼하고 개울은 목이 메며,
구름은 애처롭고 바람은 슬피우네.
비에 명(銘)을 바쳐 만고에 말을 전하리라.

또 동사열전의 '하은선사전'에서는 이렇게 쓰고 있다.

"스님의 이름은 예가이며 호은 하은이다. 구월산 패엽사의 대강사이다. 명성은 해서(海西)에 가득하고, 사산(四山)에 흘러넘쳤다. 배우는 자가 하은을 알지 못하면 학인이 아니었고, 은거하는 사대부가 하은을 찾아보지 않으면 은사가 아니었다. 산문을 열어 여래선(如來禪)을 수행한 지 20년이 되었으며, 문을 잠그고 조사선(祖師禪)을 널리 펼치고 팔채(八彩)가 몸을 가리며, 육수의(六銖衣)가 어깨를 뚫으니 인가를 받아 전했고 산문을 닫았다.

도광 무오년(1828)에 태어나 광서 유년(1898)에 입적하였다. 원학(猿鶴)이 맹주를 잃고 계림(鷄林)이 법왕을 목메어 부르니 썩지 않은 것은 문장이요, 높이 드러내는 것이 탑이라. 스님의 어록이 문도 기룡(騎龍)강사의 처소에 보관되어 있다.

함명당 태선(函溟堂 太先)

우리 부처님의 광대한 경전과 큰 가르침이 세상에 유포되니, 특히 우리나라 해동에 성행하였다. 2천년간 천축과 지나(중국)에서 받들어 모시고 규범으로 삼아 밝게 서로 마주보며 종풍을 대대로 드날려 왔다. 지금부터 91년 전에 함명대선사가 호남에 와서 화엄종주로 강석을 편 지 56년이 지나 입적하였다. 그 4대 사법제자인 금봉 기림(錦峰基林)이 옛날 가지고 있던 행록을 가져와 나에게 보이며 명을 짓기를 부탁하였다.

나는 일찍이 스님과 벗이 된 인연이 있었으니, 친히 그 법음을 들은 지 1년이 되었다. 선사의 명예와 덕은 우레가 치는 것 같고 은하수가 흐르는 것 같아 가히 말로 할 수 없다.

삼가 선사의 행장을 살펴보건대, 선사의 휘는 태선이며 함명은 호이다. 속성은 박씨이며 본적은 밀양이다. 부의 휘는 양구(陽九)이며, 모는 오씨(吳氏)이다. 물이 크게 출렁거리며 들어오자 보주를 담은 함이 하나 떠서 자기 쪽으로 오는 꿈을 꾸고 깬 이후 임신하였다. 순조 갑신년(1824) 9월에 화순 적천리에서 태어났다. 점차 자라서는 슬기롭고 빼어났다. 눈은 새벽별 같고 목소리는 종소리가 크게 울리는 것 같았으며, 세상의 학문과 사물의 이치에 대하여 두루 잘 알고 깊이 통달하였다.

나이 14세에 만연(萬淵)의 풍곡 덕린(豊谷德麟)선사의 문하에 의지하여 다음 해에 축발하였다. 백양의 도암 정(道菴定)선사에게서 구족계를 받고, 후에 침명 한성에게 참례하였다. 이 때 한성화상이 선암사에서 개당을 하고 제자를 지도하고 있었는데 한 번 선사를 보고는 대승의 법기임을 알아보았다. 이에 정성을 다해 지도하니 5, 6년 만에 삼장을 두루 섭렵하고 더욱더 나날이 발전하였다. 한성화상이 극히 칭찬하며 대계를 주었다.

기유년(1849) 봄, 서석에서 건당 하였으며 풍곡의 법등을 이었으니 임제의 적전이다. 선암사의 청을 받아들여 남북 양쪽 암자에서 개당하자 제방의 학인들이 모여들었는데 짚신을 신고 책상을 짊어지고 오는 자가 길에 끊어지지 않아 서로 잇댈 정도였다.

병인년(1866) 가을, 경붕 익운에게 전강하고, 익운은 경운 원기(擎雲元奇)에게 전하여 선문의 난봉(鸞鳳 ; 으뜸)으로 삼으니 신령스러운 후손으로 잘 이어받은 이가 금봉 기림(錦峰基林)인데 고족이다.

선사께서 법을 부촉하신 지 30여년, 경권을 읽고 계율을 지키는 것을 늙었으나 더욱 정성을 다하여 쇠하지 않도록 노력하였다. 당시 보는 사람들이 다 진불이 세상에 나오셨다고 하였다. 임인년(1902) 정월 26일 경미한 병 증세를 보이시더니 목욕재계하고 단정히 앉아 열반하였다. 세수 79세였다.

승속이 원근을 마다하지 않고 달려와 애도하였으며 전신을 받들어 다비를 모시니 상서로운 빛이 하늘을 밝혔으며, 이상한 향기가 사라지지 않았다.

내가 옛적에 선사께서 대중에게 말씀하시는 것을 들었는데, "부처님의 가르침이 있게 된 지 3천년, 다만 소승만 행하면서 부처님의 뜻을 세상의 흐름에서 참구하겠느냐? 그런즉 대승종지는 응당 후 호백세에 창성하지 않겠는가. 만약 그렇지 않다면 부처님의 원력이 공이 없는 것인데 천하 대지의 범부의 중생들이 원성정각(圓成正覺)을 이루게 할 수 없다. 오호라! 어찌 쉽게 헤아릴 수 있겠는가?"라고 하였다.

강자기(姜慈屺) 문위(文瑋)가 남암으로 선사를 찾아뵙고 묻되, "대지가 다할 때 비로자나의 모든 신체는 어느 곳을 향하여 오줌을 눌 것인가?" 하고 물었다. 선사가 불자를 세우고 강자기의 모자를 만지며 말씀하기를, "서늘한 뒷간이니라"라고 말하니, 강자기가 하하 웃으며 게로써 찬탄하였다. 학사 이건창(李建昌)이 진영에 제(題)하였다.

기상의 당당함이여 모양은 마음과 같으니
몽둥이에 눈이 있어도 예로부터 두려운 소리가 없도다.
저 넓고 넓음을 취해 한 함속에 받아들이도다.
이리저리 생각하나 넓고넓어 넘치도다.
어찌 기상을 형용하리오.

생각하건대 우리 선사는 선교를 아울러 융성하게 하고 복덕과 지혜 두 가지를 구족하였다. 우뚝하여 숭상하고 더할 나위 없이 뛰어났다. 두루 유학의 성리(性理)와 고금의 치란(治亂)과 득실(得失)에 대해 통달하였다. 일찍이 "유교의 지(知)·인(仁)·용(勇)이 곧 불교의 비(悲)·지(智)·원(願)이며, 불교에는 삼보가 있는데 이는 일찍이 전해오는 삼강령에 가깝다. 불교에는 5계가 있는데 추경(맹자의 가르침)의 사단(四端)과 성실(誠實)의 신(信)과 가깝다"고 하였다.

학문이 미천한 자들이 서로 다투니 이것은 성인의 진면목을 모르는 것일뿐이다. 이것은 대개 앞사람이 개발치 못한 탓이다. 나는 유자이나 불교를 좋아한다. 더욱더 잊지 못하고 찬송하지 않을 수 없다. 명하여 말한다.

석두 희천의 수증(修證)을 깊이 생각해 보고
단하 천연의 융회(融會)를 예로부터 널리 찾아보니
주먹 뜨거운 방망이 진주에서 오묘하도다.

우리 스님은 해동 하늘 아래 특출하게 태어나니
시방의 조사선을 쳐 달아나게 하고
한 조각 돌 천만년 동안 높이 솟아 있으라.

고불당 법장(法藏)

조계산 송광사 중창조 고봉화상(高峯和尙)의 휘는 법장(法藏)이고 속성은 김씨이며 신천 사람이다. 어머니는 임시(林氏)이다. 어린 나이에 부처님께 나아가 출가하고 묘년(妙年)에 승선에 등과하였다. 얼마 지나지 않아 명리를 버리고 산으로 들어가 도를 닦으며 보제존자 나옹대화상을 찾아뵙고 스승으로 삼아 법을 삼았다.

스님의 이름은 지숭(志崇)으로 호는 고봉(高峯)이다. 머리카락을 여러 치 정도 기르고 표주박을 차고 다녔으며 초적(피리)을 잘 불었는데, 사람들은 그의 현명함을 알지 못하였다. 스님은 안동부에 손수 청량암을 짓고 산으로 강으로 혹은 거리로 마을로 30년간을 방랑 소요하면서 성태(聖胎)를 길렀다. 홍무 을해년(1395)에 남주 낙안군의 금신(金薪)에서 자다가 꿈에 범찰을 경영하며 그 경치가 수승함을 보았다.

다음날 조계산 송광사 옛 터에 들어가 배회하며 네 차례나 둘러보았는데, 완연히 예전의 꿈과 같았다. 스님은 개연히 거듭 탄식하며 문하 제자에게 말하였다.
"여기 문지방 뜰에 어찌 선조의 승상(勝像)이 없는가. 아무개 등이 모름지기 거듭 새롭게 하여 다시 선찰(禪刹)로 나아가도록 할 것이다. 그러나 혼자 힘쓸 일이 아니다."
글을 완성해 기묘년에 대궐로 가서 국왕께 계(啓)를 올렸다.
"원하옵건대 신승 지숭(志崇)은 대 선사인 보조, 보제 제 조사들의 대도량을 중창하고자 하오니, 국왕(정종)께서는 이를 허락하소서."
이에 국왕이 교지를 내렸다. 경진년 7월에 왕의 교지와 더불어 서운관의 비보안(裨補案)을 받았다. 전해 준 기준에 따라 모든 승속에게 권하여 혹은 화주하고 보시하게 하였다. 대목(大木)·운자(雲疪)·상제(尙濟) 등 30여 명을 고용하여 공사를 시작하고, 목재의 길고 짧음과 터의 넓고 좁음을 모두 측량하여 예전과 다름이 없게 하였다. 그리하여 근근이 불법승전당 서너 채를 짓고는 늙었다는 이유로 물러났다.

갑신 연간에 김해부 신어신 각암(覺庵)에 머무를 때 홀연히 꿈에 보제존자(나옹 혜근)를 보았다. 그런데 존자는 대륜물(大倫物)과 같은 것을 칼로 잘라 먹으면서 윤물의 절반을 그에게 주어 물었다.
"그것을 먹으면 어떻게 됩니까?"
스님은 손을 흩뿌리며
"하나의 헛된 형상이로다! 헛된 형상이로다!"
하였다. 또 계묘년 여름에 경주 봉루산 원원사(遠源寺)에 머무를 때 다시 꿈에 존자를 보았다. 스님이 말했다.
"원컨대 증명하여 주옵소서."
"훗날 반드시 증명할 것이다."
꿈에서 깨고 나서도 환영인지 실제인지 구분하기가 어려웠다.

갑신년 봄에 울주 불광산 태원암에 있을 때 또한 꿈에 존자를 보았다. 스님이 청했다.
"원하건대 증명하소서."
"나의 가문에 의심이 조금 있으니, 그것을 깨뜨리고 대가에게 도움을 청하여라."
스님은 곧 삼배의 예를 표하고,
"제자 대가는 하나도 아니고 둘도 아니고 또한 셋도 아닙니다. 저는 항상 의심하지 않으니, 화상께서 증명해 주시기를 바랍니다."
조금 있다가 또 존자에게 말하였다.
"완주(玩珠)·고루(枯髏)·백납(白衲) 등 3종가(三種歌)를 남명천이 증도가로 게송하여 헤아린 것처럼 제자 또한 화상의 3종가를 구절에 따라 게송함이 만약에 성인의 뜻에 부합한다면 세간에 유통하고자 합니다."
존자께서는 글을 열람하시고

"이와 같도다."

답하였다. 스님이 말했다.

"제자는 글자를 알지 못하는데 어찌 잘 쓸 수 있겠습니까. 여러 현인들은 어찌하여 글을 잘 쓰고도 남기지 않았습니까?"

그 때가 3월 15일 밤 자축이었다.

또 갑오년 여름에 송광사로 돌아와 꿈에 존자를 보았다. 함께 머물면서 법을 설할 때 존자는 법을 설하고 제자는 뜻이 굳세어 앎이 통하니 말이 둔하여 드날릴 수 없어서 다만 묵연히 듣고만 있을 뿐이었다. 곧 4월 초파일 달도 숨었을 때였으니, 이와 같은 꿈들은 세간에서 헤아릴 수 있는 것이 아니다. 다만 소책자로 쓰여 졌는데, 스님께서 손수 쓰셨다. 또한 3종가 및 계송(繼頌)의 저술과 아울러 문인들이 부탁하여 그들에게 던져준 잡영(雜詠) 1백여 수가 있다.

또 경자년에 조계종 대선사 중인(中印)이 이 절에 부임하여 스님의 뜻과 원을 본받았다. 아울러 보조·보제 등 역대 모든 조사들의 주석처로 사모하였는데, 원우(院宇)가 협소해 애로가 많아 자리에 모일 때마다 만족스럽지 못하였다. 이에 중인은 스님의 문하 제자인 홍수(洪修)와 상제(尙濟) 등 10여 무리와 자신의 문도 상우(尙愚) 등 10여 무리와 함께 당우를 증축하기로 하였다. 경자년부터 시작하여 무신년에 이르러서 모든 일을 끝마쳤다. 중인이 경화(京華)로 옮겨 주석하게 되자, 스님은 스스로 방문(榜文)을 짓고 홍수(洪修) 등에 명하여 경술년 겨울에 경찬낙성회를 베풀고 겸하여 좌선축상법석(坐禪祝上法席)을 마련하였다. 이 때 중인과 여러 사람들이 20여 년간 대도량을 공들여 성취한 일을 90여 일 동안 경찬하였다. 스님은 무신년 7월 11일에 병을 얻었는데, 예전처럼 행동하며 일시도 법회에 빠지지 않았다. 21일 인시에 고당웅(古堂雄)법사를 불러 임종게를 쓰게 하였다.

청정한 근본은 극히 영롱하니

산하대지가 일점의 허공이로다.

비로의 한 체(體)가 무엇을 따라 일어났던고

해인(海印)과 능인(能仁)이 삼매로 통할 뿐이다.

78년 만에 고향으로 돌아가니
산하대지가 모두 시방세계로다.
찰찰진진은 모두 나의 지은 것이요
두두물물이 본래 참 고향이로다.

게송을 마치고
"내가 죽은 후 뼈는 3년이 지난 후에 안치하라."
는 유촉을 남기고 엄연히 입적하였다. 문도와 절의 대중들은 사리를 수습하고 해골은 함에 넣어 침실에 모셨다. 해가 지나 기유년 3월 28일 문인 신준(信俊) 등 5인이 기이한 향이 나서 함을 열어 보니, 사리 2알이 영롱하게 빛나고 있어서 모두 기뻐하였다. 경술년 3월 24일에 합산(合山)이 정근 하였는데, 또 사리 12알을 얻었다. 이달에 매일 정근하여 사리 15알을 얻었다. 또 12월 부처님 성도일에 합산이 정근하여 또 사리 8알을 얻으니 도합 37알이었다. 안으로 문인과 절의 대중들이 받들어 지니고 있는 것이 30알로 곳곳마다 공양하였다. 그중에서 큰 것 4알과 뼈는 수정통에 담아 백동합에 넣고 청색 명주로 주변을 둘러쌌다. 문인 신찬(信贊)·혜성(惠性)·상제(尙濟)·홍인(洪仁)·홍연(洪延) 등 10여 무리는 경술년 가을에 공사를 시작하여 돌에 새기고 부도를 지어 12월에 끝내고 절의 북쪽 산등성이에 세워 안치하였다. 문인 홍수(洪修)·신담(信淡)·신주(信珠) 등 10여 명은 스님의 유촉을 받들어 모든 단월들에게 권장하여, 이해 겨울 10월 15일에 먼저 미륵회(彌勒會)를 개설하고, 다음에 무차회를 개설하였으며, 이어서 좌선안거를 개설하여 280여 분을 공양하고, 국왕을 축원하는 법을 지어 백일 기한을 마쳤다.

산인 육미(六眉)가 존경하는 스승인 본사의 당두대화상을 찾아뵙기 위하여 사굴로부터 왔다. 이에 존자께서 제자에게 일렀다.
"너희는 뵙지 못했지만, 이 절의 중창조는 고봉이라는 분이다. 이 절에 공이 많으시다. 또한 적멸한 후에 많은 사리를 남겼고, 살아 있을 때에 가사(歌辭)를 저술하였으며, 말년에는 기이한 일들이 많았다. 너희가 그것을 기록할 수 있겠느냐?"

"옛 문장 학자들도 선지(宣旨)를 받든 연후에 찬술하였습니다. 어찌 제자가 그 연유에 대한 발단을 천거하겠습니까. 제자는 또한 절묘한 재주도 없기 때문에 그렇게 하기가 어렵습니다."

"지금 유가(儒家)는 우리 부도의 기이한 일과 그것을 기록하는 것을 싫어한다. 너희는 불가로써 능히 모면할 수 없으니, '사람이 능히 도를 넓히며 도가 사람을 넓히는 것이 아니다'라는 스님의 가르침 때문이다. 아! 장공(藏公)의 꿈과 더불어 부자의 꿈에 주공을 봄이여! 사리를 남김은 부처와 조사의 유풍과 같다."

라고 하였다. 삼가 머리 숙여 찬한다.

해동의 불일이 쇠잔해지려 하자 보제가 다시 빛을 내었고
송광의 조풍이 위태로이 떨어지려 하자 고봉이 다시 퍼뜨렸도다.
범망을 창립함이여! 천당과 같은 오묘함을 헤아렸으며
후생의 훈도함이여! 백장(白丈)의 도에 버금가도다.

선조의 삼종가를 계송(繼頌)하니 남명의 송과 다름이 없으며
백 수(百首)의 시를 저술하였으니 설두(雪竇)의 구절과 같도다.
임종에 유촉함이여! 두루 교화하는 정성이 가지런하도다.

세간에 처하여 밀행함이여! 풍간(豊干)의 어리석은 노인과 흡사하도다.

거두어 사리를 얻으니 사리마다 또한 견고하여 좋아라.
수습하여 부도를 세우니 해마다 더욱 견고하도다.
스님의 참된 자취를 범부는 분명하게 알지 못하리니
스님의 종지를 일으킴에는 정녕 바른길이 없도다.

황명 선덕 6년 신해년 봄 정월 일

주지 전 판사 운곡(雲谷)과

사자 전 수증사 주지 대선사 육미(六眉)가 기록하고

고봉의 제자 대선사 상제(尙濟)와 입실 제자 해선(海禪)과 백운사 주지 각웅(覺雄)이 쓴다.

용운당 경암(警庵)

이 글은 통훈대부 조성희(趙性熹)가 찬한 것이다.

스님의 휘는 처익(處益)이며 자는 경암, 용운은 법호이다. 속성은 완산 이씨로 효령대군 이후 남원에서 곡성으로 옮겨와 살았다. 아버지의 휘는 춘필(春弼)이며 어미는 밀양 박씨이다. 스님은 순조 계유년 10월 7일에 태어나 지금의 국왕 무자년 5월 5일에 입적하였으니, 세수 76세요 승랍은 61년이었다.

처음 박씨가 한 범승(梵僧)이 금란가사를 입고 문에 이르러 경례를 하는 꿈을 꾸고 마침내 임신을 하였다. 스님은 태어나면서부터 골상이 범인과 달랐으며, 눈빛은 찬란히 빛나 마치 바위굴 속의 번갯불과 같았다. 어려서부터 총명하여 남보다 월등히 뛰어났으며, 글을 배워 외우지 못하는 것이 없었다.

15세에 조계산 송광사에 출가하여 남일장로를 본사로 삼았다. 17세에 머리를 깎고 기봉대사에게 구족계를 받았으며, 제봉(霽峯)의 법좌에서 선참(禪懺)을 받았다. 침명(沈溟)과 인파(印波)를 찾아뵈었으며 성암(惺庵)을 좇아 노닐면서 곧 향상사가 있음을 알았다.

27세 때 보봉실(寶峯室)에서 염화(拈化)하였고, 기해년에는 해남 표충사 도총섭의 역할을 맡았다. 아버지가 병이 났다는 비보를 듣고 달려와 손가락을 잘라 시일을 연장하였다.

임인년 봄 한밤중에 바람과 불이 합해져 번져 나가 대웅보전으로부터 불우(佛宇) 다섯 곳에 미치고 승료 8채, 공사(公舍) 11곳 등 2,150여 칸을 모두 태워 연진이 되어 버렸다. 사람과 하늘이 근심하고 슬퍼하며 승속이 상심하였으니, 스님의 나이 30세였다. 예전의 모습을 우러러볼 수 없음을 가슴 아파하고 모든 대중이 의지할 바를 잃은 것을 불쌍히 여겨 복구할 뜻을 아침부터 밤늦게까지 스스로 맹세하였다. 법력이 이르러 시주의 보시가 모여들고 계속 이어져 다하지 않음이 없었다. 같은 해 여름부터 갑진년 봄에 이르기까지 3년이 채 되지 않아 보궁법당이 복구되었다. 계속해서 겨울에 이르러 각 승료가 복구되어 옛 모습을 볼 수 있었다. 아직 진행하지 못한 모든 공사는 을사년과 정미년에 이르러 다 이루어졌다. 그 나머지 8암자와 7전당과 모든 누각까지 복구되어 옛 모습을 두루 노닐며 관람할 수 있게 되었다. 훼손된 곳을 보수하고 허물어진 곳을 일으킨 것이 누각만은 아니다.

해남 표충사의 어필각과 비각, 산양의 죽원, 곡성의 길상암과 천태암, 운봉의 백장암에 이르렀고, 금구의 금산 장육불, 전주 송광사의 삼존불 도금은 모두 빛을 발하는 상서로운 기이함을 나타내었다. 양산 통도사의 계단법당, 합천 해인사의 장경각, 광주 봉은사, 해인사의 경판 개인(改印)에 이르기까지 전후에 건립하고 수리한 것은 원과 법의 인연에 따랐다. 기미년에 해남 표충사 도총섭에 다시 부임하게 되었는데, 그 때 도승통(都僧統)의 폐해가 있자 관찰영에 말하여 그 도장을 없애 폐해를 깨끗이 하였다.

병인년 가을에 서양의 선박이 서울에 진동하니, 조야가 경계를 엄중히 하였다. 본도의 직지사가 의승장으로 독려하여 불렀으나 사양하였다. 며칠이 지나 이윽고 선박이 물러갔다. …중략… 병술년에 다시 동방전(東方殿)을 수리하여 삼전축리(三殿祝釐 ; 왕과 왕후 및 태자를 축원함)의 장소로 삼았다. 이것은 모두 스님의 고심과 고행의 진실한 모습이며 부처님의 은혜에 보답함이다. …중략… 스님에게는 일찍이 게송 한 구절이 있었다.

시원한 비가 삼천 세계에 내리니
적막하여 네다섯 기틀을 태우는도다.
갑자기 노래를 부르니
이미 종지에 계합하는도다.

한국 비구니 조상 사씨(史氏)

한국 비구니의 시조는 묵호자스님의 제자 사씨(史氏)로부터 시작된다.

묵호자스님이 눌지왕 때 고구려로부터 일선군(현, 선산) 모례(毛禮 ; 毛祿)네 집에 은거할 때 양나라 사승(使僧) 원효가 가져온 명단(溟檀)을 가지고 성국공주의 병을 고치자 수많은 사람들이 일선군을 찾았으므로 감동하여 신심을 내어 출가하였다.

그래서 삼국유사에 "모록의 누이동생 사씨가 아도스님께 귀의하여 여승이 되어 삼천(三川)의 길래에 절을 지어 살았다" 하였는데, 그 절 이름이 "영흥사"이다.

이차돈의 순교가 있은 뒤 법흥왕이 불교를 크게 일으켰으므로 신라의 불교가 불 일어나듯 하였다. 이에 법흥왕이 흥륜사가 지어지자 왕위를 그만두고 스님이 되어 이름을 법운(法雲)이라 불렀다.

나라에서는 궁에 있던 친척들을 내놓아 절의 종으로 삼았다. 그래서 지금까지 절에 일보는 사람들을 경상도에서는 왕손이라 부르고 있다.

태종왕대에 이르러 김양도의 두 딸 화보(花寶)와 연보(蓮寶)가 스스로 절의 종이 되어 들어왔고, 뒤에 역신 모척의 가족들이 잡혀와 절 일을 함께 보게 되었다.

법흥왕의 대를 이은 진흥왕은 흥륜사를 "대왕흥륜사"라 편액을 고치고, 법흥왕의 정신을 계승하여 화랑도를 창설, 삼국통일의 기초를 형성하였다. 마지막엔 이 또한 출가하여 법명을 법운(法雲)이라 하였으니 왕후 또한 출가하였을 것은 당연한 이치이다.

진평왕시대 안흥사 지혜비구니가 불전을 새로 수리하려 하였으나 힘이 모자라 걱정하고 있었는데, 꿈에 선도성모가 나타나 "금 10근을 주어 돕겠다" 하였다. 그래서 선도산에 올라가 보니 선도성모자리에 금 10근이 있어 그 불사를 원만히 마쳤다고 하였다.

선도성모는 원래 중국 제실(帝室)의 딸이었다. 이름은 사소(娑蘇), 일찍이 신선의 술법을 익혀 깊은 산속에 살기를 희망하였으므로 그의 아버지가 소리개를 놓아 보냈더니 경주의 선도산에 날아가 앉았으므로 그 산 이름을 서연산(西鳶山)이라 이름 하였다고 한다.

중국(송) 사서(史書)에 보면 "이가 곧 성자를 낳아 동국의 시조가 되었다" 하니 아마 박혁거세와 그의 아내 알영이 그의 아들 딸이 아닌가 생각된다.

어떻든 이 인연으로 동국에서는 3사 5악에 제를 올리는 풍습이 생기고, 절과 산악신앙이 더욱 밀접하게 된 게 아닌가 생각한다.

궁예왕과 혜원비구니

고려 태조 즉위 5년(922) 신라 제54대 경명왕(景明王) 6년 임오에 왕명으로 청룡사를 창건하고 혜원(慧圓)비구니를 제1세 주지로 머물게 하였다.

혜원비구니는 신라 제42대 문성왕 13년(851)에 계림부에서 출생하였다. 아버지는 금성 태수 중아찬 김융(金融)이고, 어머니는 경주 최씨였다.

아버지 김융은 신라 제48대 임금인 경문왕(861~874)이 승하하여 궁중으로 들어가는 도중 경문왕의 제3비 소생인 용덕왕자(龍德王子 ; 弓裔)가 욕을 당하는 것을 보고 구출하려고 하다가 상대 위홍(魏弘) 등에게 몰려 대역부도(大逆不道)의 역적 누명을 쓰고 죽게 됨에 가산이 탕진되고 집안이 적몰되는 바람에 혜원비구니는 24세의 젊은 나이로 몸을 태백산 세달사(世達寺 ; 경기 豊德에 있던 興敎寺)로 피하여 허담화상에게서 계를 받고 스님이 되었다.

그 때 앞서 혜원비구니는 18세가 되어서 화랑도이었던 예흔랑(譽昕郎)에게 출가하였다. 20세 되던 해 예흔랑이 국선(花郎)으로서 금강산에 들어가 뒤로 계속 소식이 없으므로 친정아버지 금성태수 김융에게 몸을 의탁하고 있다가 아버지 김융이 역적으로 몰려 죽으므로 몸을 세달사로 피하여 스님이 되었던 것이다.

이로부터 몇 해 뒤 우연히 용덕왕자 즉, 궁예가 세달사로 찾아와서 허담스님의 상좌가 되었다. 이렇게 됨에 혜원비구니와 용덕왕자는 법형제가 된 사이일 뿐만 아니라, 혜원비구니의 친정아버지 김융이 용덕왕자를 구하려다가 역적으로 몰려 죽었는데, 그 왕자가 불문에 법형제가 되었으니 참으로 기이한 인연이었다. 세달사에 있는 동안 혜원비구니는 용덕왕자인 태허스님을 극진히 아끼고 보호하였다.

신라 제51대 진성여왕 5년(891)에 나라가 어지럽고 각지에서 반란이 일어나자 용덕왕자, 즉 태허스님은 수도생활의 인연을 등지고, 기훤(箕萱)의 부하가 되었다가 이어 양길의 부하가 되어 공을 세우고, 진성여왕 8년(894)에는 명주(江陵)·철원(鐵原)을 함락한 뒤 독립하여 장군을 자청하고, 이듬해 강원도 일대를 세력권 아래에 두어 나라의 규모를 갖추었다.

신라 제52대 효공왕(孝恭王) 5년(901)에는 궁예가 철원에 도읍을 정하고 국호를 후고구려(後高句麗)라 칭하고 스스로 왕위에 올랐을 때에 궁예왕은 옛날 정의를 잊을 수 없어 세달사에 있는 혜원비구니를 자주 찾아갔다.

혜원비구니 나이 57세 되던 해(907)에 궁예왕은 혜원비구니를 청하여 철원의 화개산에 있는 도피안사(到彼岸寺)에 주석케 하고 가끔 궁중으로 모시어 연석을 배설하고 공양을 올리기도 하였다. 이 때 혜원비구니는 왕비 난영(蘭英)과 친밀하게 되어 왕비 난영의 소개로 궁예왕의 신하인 왕건을 알게 되었다.

그 뒤에 궁예왕이 죽고 왕건이 고려의 태조가 되어서, 즉위 5년(922)에 청룡사를 창건하고 철원의 도피안사에 있던 혜원비구니를 청하여 제1세 주지로 주석케 하였으니, 그 때 혜원비구니의 나이는 72세였다.

고려 태조 즉위 17년(신라 경순왕 8년, 934) 1월 1일부터 혜원비구니는 왕명을 받들고 청룡사에서 삼한통일위축 천일기도를 시작하였다. 이 기도를 시작한 동기는 고려의 태조왕건이 신라 경명왕 2년(918) 6월에 철원에서 왕위에 나아가고 국호를 '고려(高麗)'라 고쳤으나, 그 때 한반도의 형세를 보면 신라에는 제54대 경명왕 2년이요, 전라도 전주에서 도읍한 견훤(甄萱)은 나라이름을 '후백제(後百濟)'라 자칭하고 왕이 된지 27년이라, 좁은 반도는 다시 세 쪽으로 나뉘어졌으니, 통일을 염원하는 왕건 태조의 꿈은 불같이 간절한 것이었다. 그리하여 태조는 이의 성취를 위한 기도를 가장 신임하는 혜원비구니에게 명하였던 것이다.

이러한 일이 있은지 바로 이듬해 을미(乙未)년 6월에는 후백제의 견훤이 부자사이에 반목이 져서 고려에 항복하여 들어오고, 또 그 해 10월에는 신라의 경순왕이 군신회의(和白會議)을 열어 국토를 전부 고려에 양부(讓附)하였으며, 또 그 다음해 병신(丙申)년 9월에는 후백제 견훤의 아들 신검(神劍)이 고려에 항복하여 왔다.

그리하여 왕건태조는 즉위한지 19년(936) 만에, 또한 청룡사에서 삼국통일의 위축기도를 올린지 2년 만에 삼국을 완전히 통일하였다.

왕건태조는 창업을 이룩한 것이 모두 불보살의 가피력이요, 또한 청룡사 주지 혜원비구니의 기도 정진한 힘과 이 청룡사 도량의 영험이 크다고 믿고 청룡사에 후한 상을 하사함과 동시에 언제나 나라의 큰 위축기도를 청룡사에서 올리도록 하였다.

이렇게 혜원비구니는 왕건태조의 명을 받들고 청룡사로 와서 16년이란 세월을 지내다가 삼국통일이 이룩되고, 3년만인 무술(戊戌)년에 세수 88세로 입적하였으니 때는 고려 태조 21년(938)이었다.

이왕에 말이 났으니 궁예왕의 역사도 간략히 적어보겠다.

청룡사를 창건한 역사를 자세히 알아보려면 궁예왕에 대한 역사를 빼놓을 수 없기 때문이다. 그 이유는 청룡사 제1세 주지 혜원비구니가 태백산 세달사에서 허담화상을 모시고 있을 때에 궁예도 허담화상을 모시고 그의 상좌로 출가하였으므로 혜원비구니와 궁예는 불문으로 법형제간이 된다.

궁예왕은 세달사에 있을 때에 그의 법형인 혜원비구니의 극진한 애호를 받았으므로 후일 궁예가 철원에 도읍하고 왕이 되었을 때에 혜원비구니를 청하여 철원 화개산 도피안사에 머무르게 한 것이다.

이것이 계기가 되어서 궁중에 출입하다가 궁예왕의 왕비 난영의 소개로 왕건과 친하게 되고, 또 왕건이 고려의 태조가 된 후에 청룡사를 창건하고 혜원비구니를 초대 주지로 머물게 한 것 등이 모두 궁예왕을 인연하여 생겨진 일이므로 여기에서 궁예왕에 대한 간단한 역사를 적어두지 않을 수 없는 것이다.

궁예왕은 신라 제48대 경문왕 5년(865) 5월 5일에 경문왕의 왕자로 태어났다. 원래 경문왕은 신라 제47대 헌안왕(憲安王)의 부마(駙馬 ; 사위)로써 이름은 응렴(應廉)이었다. 응렴이 부마가 되기 전에 국선(화랑)으로 있으면서 공부하러 다닐 때에, 어느 날 설형이라는 친구의 집에 갔다가 설형의 누이 설치녀를 본 일이 있었다. 응렴은 그 처녀를 한 번 보고 마음에 사랑을 느끼고 그 처녀를 몹시 그리워하였다.

그런데 한편 헌안대왕은 딸 형제만 있고 아들은 없었다. 맏딸 이름은 영화공주이고, 둘째딸 이름은 정화공주였다.
어느 날 임해전 잔치에서 응렴은 헌앙왕의 눈에 들게 되어 맏딸 영화공부와 인연을 지어 부마가 되었다.

헌안왕은 재위 4년 승하하고 후사가 없으므로 맏사위 응렴이 대통(大通)을 이어 왕위를 계승하게 되었으니, 이 분이 바로 궁예왕의 아버지 경문왕인 것이다.

경문왕은 16세가 되던 해에 헌안왕을 이어 신라 제48대의 왕위에 나아가고, 왕이 되어 2년이 지난 18세가 되던 해에는 영화공주의 친동생 정화공주(처제)를 둘째 왕비로 삼고, 또 그 다음해 19세 때에는 옛날 사모하던 설형의 누이 설처녀를 제3왕비로 맞이하였다.

경문왕은 여러 왕비를 모두 사랑하였으나 특히 새로 맞이한 제3왕비인 설왕후를 지극히 사랑하였다. 설왕후는 왕비 된 다음 해 즉, 경문왕이 즉위한지 5년이 되던 해에 왕자를 낳으니 이 왕자가 용덕왕자 곧 후일의 궁예왕인 것이다.

용덕왕자가 탄생하자 경문왕의 설왕후에 대한 사랑은 더욱 깊어갔다. 경문왕의 설왕후와 용덕왕자에 대한 사랑이 깊어가면 깊어 갈수록 제1왕후 영화와 제2왕후 정화의 질투는 불같이 더해 갔다.

마침내 제1왕후와 제2왕후는 설왕후 즉, 제3왕후를 모해하기 시작하였다. 즉 "용덕왕자는 경문왕의 아들이 아니고, 이찬(伊湌 ; 二品) 벼슬로 있는 윤흥(允興)의 자식이다"라고 소문을 퍼뜨리고, 또 한편 대나마(大奈麻 ; 十品) 벼슬로 있는 일관(日官) 간성이라는 신하를 꾀어 천문과 관상을 보니 용덕왕자가 이손 윤흥의 모습을 닮았을 뿐만 아니라, 용덕왕자의 등에 왕자골(王子骨)이라는 뼈가 있는데, 이 뼈가 잘못 생겨 장차 부왕을 죽이고 나라를 망하게 만들 흉악한 뼈라고 경문왕에게 모함하게 하였다.

경문왕은 사방에서 들려오는 풍문으로 마음이 심히 산란하던 즈음인데, 마침내 왕 자신이 가장 신임하고 있는 일관 간성의 간곡한 말을 곧이듣게 되어 용덕왕자를 죽이기로 결심하여 신하를 불러 용덕왕자를 연못에 던져 죽이라고 명령하였다.

이 때 설왕후는 뒤 대궐에 거처하였으므로 뒤대궐마마라고 불렀다. 뒤대궐마마는 왕의 명을 듣고 억울함과 원통함을 금할 길이 없어 왕에게 눈물로 간절히 하소연 하였으나 일은 이미 기울어져 모두 소용이 없었다. 하소연하다 지친 설왕후는 마침내 비장한 결심을 하고 용덕왕자는 "청화지"라는 연못에 던지고 연못가에 있는 청련각(靑蓮閣)이라는 누각에 올라가 칼을 물고 거꾸로 떨어져 자살하였다.

용덕왕자는 모후인 뒤대궐마마가 연못에 던질 때 유모가 연못가에 숨어 있다가 떨어지는 아기를 받아 안고 도망갔다. 유모가 떨어지는 아기를 받을 때 잘못하여 손가락으로 한쪽 눈을 찔러 용덕왕자는 애꾸가 되었다.

그 후 용덕왕자는 유모의 손에 의하여 살아나 먼 시골에 가서 길러져 15세가 되던 해에 태백산 세달사에 들어가 허담화상의 상좌가 되고, 불명(佛名)을 선종(善宗)이라 하였다. 그리고 얼마 지난 뒤에 허담스님은 선종에게 태허(太虛)라는 법호를 지어주었다.

용덕왕자는 세달사에 있을 때에 법형제가 되는 혜원비구니의 극진한 사랑을 받았고, 사제(師弟)되는 소허(小虛)와 의좋게 지냈다. 소허는 후일 후백제의 국왕인 견훤(甄萱)이었다.

태허스님은 27세 때 신라 제51대 진성여왕(眞聖女王) 5년(891)에 절을 등지고 북원(北原)의 적 기훤의 부하가 되었다가, 곧 양길(梁吉)의 휘하에 들어가서 양길과 합세하여 신라의 북쪽을 점령하였다. 그리고 양길의 딸 난영과 결혼하여 양길의 사위가 되었다.

이로부터 3년 후인 신라 진성여왕 8년(894)에 명주·철원을 함락한 후 독립하여 장군을 자칭하였고, 이듬해 강원도 일대를 장악하여 나라의 규모를 갖추었다. 그리고 송악(松嶽 ; 開城)의 왕건(王建)을 태수(太守)로 임명하고, 신라 제52대 효공왕 2년(898)에는 송악에 응거하여 평안도와 한산주의 30여 성을 공략하였다. 이듬해 효공왕 3년에는 왕건을 보내어 양길의 군사를 격파하였고, 또 그 다음해(효공왕 4년)에는 국원(國原 ; 忠州)과 청주(淸州 ; 溫陽) 등을 함락하였다.

그리고 효공왕 5년(901)에 왕위에 올라 국호를 후고구려라 칭하고 공언하였다.
"옛날 신라가 당의 힘을 빌어 고구려를 멸하였은즉 내 반드시 그 원수를 갚으리라."

서북방의 인심을 거두려 하였으며, 한편 왕건에게 금성(錦城 ; 羅州)를 치게 하여 견훤을 견제하였다. 효공왕 8년(904)에 궁예는 국호를 마진(摩震)이라 하고, 연호를 무태(武泰)라 하였으며, 다음해에는 서울을 송악에서 다시 철원으로 옮기고 그 후 6년(911)에는 국호를 태봉(泰封)이라 고치고 연호를 수덕만세(水德萬歲)라 하였다.

이보다 앞서 4년 전 효공왕 11년(丁卯)에는 세달사에 주석하고 있는 혜원비구니를 철원의 도피안사로 청하여 거주하게 하였다.

궁예왕은 신라 제54대 경명왕 2년(918) 6월에 54세를 일기로 파란만장한 일생을 마친다. 급기야 왕위마저 떠나서 부양(斧壤 ; 平康)땅 삼방고개 밑에서 죽었다.

여기서 궁예의 생애를 다시 한 번 돌이켜 보면, 왕족으로 태어났으면서도 궁중음모에 희생이 되어 애꾸눈이 된 사실과, 도적떼로서 머리를 쳐들었던 자신의 경력과, 정치이념이 결여된 단순한 성격은 오직 신라의 전통적 힘에 타격을 가하는 것으로만 만족하였고, 장군의 자격은 있었으나 왕자로서의 정치능력을 못 가졌던 것이 그의 비극의 근본적인 씨가 되어 일생을 바쳐 신라 잔재 세력에 치명상을 주고, 혼란시기에 각지 도적떼를 소탕함으로써 왕건의 고려개국의 토대를 닦아 준 결과가 되었다.

경순공주와 정순왕후

　고려왕조(高麗王朝)가 34왕, 475년간(서기 918~1392)으로 끝나고, 태조 이성계가 이씨왕조(李氏王朝)를 건설하여 즉위한지 7년만인 무인(戊寅 ; 서기 1398) 8월에 제1차 왕자의 난이 일어난다.

　제1차 왕자의 난이란 즉, 이태조는 제1왕후인 신의왕후(神懿王后) 한씨(韓氏)의 소생으로 방우(芳雨)・방과(芳果 ; 定宗)・방의(芳毅)・방간(芳幹)・방원(芳園 ; 太宗)・방연(芳衍) 등 6형제가 있었고, 제2왕후인 신덕왕후(神德王后) 강씨(康氏)의 소생으로 방번(芳蕃)과 방석(芳碩)의 형제와 딸 경순공주(敬順公主)가 있었다.

　태조가 즉위하자 바로 세자 책립의 문제가 일어났다. 이 때 배극렴(裵克廉) 등은 "평시라면 적자(嫡子)를 세울 것이나, 비상시이므로 개국에 공이 있는 제5남 방원을 세움이 옳다"고 주장하였다.

　그러나 이 때 왕비 한씨는 이미 별세하여 없고, 태조는 계비 강씨의 의향을 중히 여겨 제7남인 방번을 세우려 하니, 배극렴 등은 그 사람됨이 적당하지 않음을 지적하여 "반드시 강비 소생을 세울 것이라며 제8남인 방석이 좋다"고 하여 이를 세자로 삼게 되었다.

　이 처사는 마침내 한씨 소생 왕자들의 불평을 사게 되었고, 특히 제5남인 방원이 부왕의 창업을 도와서 공로가 클 뿐만 아니라, 야심 또한 큰지라 심중에 불평이 대단하였다.

이러한 중 태조 7년(무인) 8월에 방원은 세자 방석(제8남)과 그와 같은 어머니 소생인 방번(제7남)을 죽이니 그 소생에 살아남은 사람은 딸로 태어난 경순공주 뿐이었다.

공주는 이보다 앞서 흥안군 이제(李濟)와 결혼하여 겨우 목숨을 보전하여 살아남기는 하였으나, 험난한 세파에 몸 둘 곳을 몰라 부왕의 분부를 학수고대하고 있었다.

한편 태조 이성계도 방원(태종)에 대한 증원(憎怨)의 감을 누르지 못하고 상심을 달랠 길 없어 서울을 떠나려다가 뜻을 이루지 못하고, 제2황후 강씨 소생으로 오직 살아남은 일점혈육인 경순공주를 불러 눈물을 흘리면서 직접 공주의 머리를 깎아 스님이 되게 하고 동대문 밖 청룡사에 가서 있기를 명하였다.

경순공주는 부왕의 명령대로 동대문 밖 청룡사를 찾았다. 이 때 청룡사에는 고려말기 임금인 공민왕의 왕비 혜비(惠妃)가 나라가 망하게 되자 이 곳에 와서 스님이 되어 정진하고 있었다.
공주는 청룡사에 당도하여 자신의 전후사정을 자세히 전하니 혜비는 공주를 반갑게 맞으며 말하였다.
"비구니나 나나 같은 처지구려! 왕씨의 나라를 참혹하게 없애더니, 이제는 또 이렇게 형제끼리 싸우는구려! 나무아미타불!"
하며 측은해 하였다.
공주는 이 말을 듣고 답하였다.
"혜비마마! 부왕의 잘못하신 과보가 이 몸에 왔나 보오이다. 부왕의 업륜(業輪)으로 고통을 당한다면 달게 받겠나이다."
"고마운 말씀이오. 나는 아버지의 지나친 고집으로 궁중으로 들어가게 되었다오. 이제 누구를 원망하고 무엇을 한탄하겠소. 모두가 우리 스스로의 전생에 지은 업연이요. 이제부터는 서로 도와주고 서로 힘이 되어 살아갑시다."
하고 공주를 위무하였다.

이렇게 서로의 과보를 뒤돌아보며 지난날을 생각하며 반성하고 참회하는 대화로 시작하여 한 평생을 일념으로 수도한 첫발을 내딛게 되었다.

한편 태조는 제1차 왕자의 난으로 극심한 상심 끝에 서울을 떠나려다가 뜻을 이루지 못하고 사랑하는 딸 마저 속세와 인연을 끊게 하였으니 그 가슴 아픈 일이란 말할 수 없었을 것이다.

그런데 정종(定宗) 2년(1400) 1월에 제2차 왕자의 난이 일어나 또 한 번 형제가 싸우고 살육을 거듭하니, 즉 제4남 방간(芳幹)과 제5남 방원(芳園 ; 太宗)의 싸움으로 마침내 방간이 사로잡혀 귀양갔다가 죽었으니, 태조는 이 동복형제(同腹兄弟)간의 싸움에 더욱 통분을 느끼고, 태종 원년 3월에 서울인 개경을 떠나(제1차 왕자의 난으로 서울을 한양에서 다시 개경으로 옮겼음) 한양을 들러 청룡사의 공주를 만나보고 그 길로 금강산을 거쳐 동북방면으로 향하여 안변에서 머무르다가, 다시 양주 소요산에 별전(別殿)을 두고 소요하다가 마침내 함흥으로 가서 두문불출(杜門不出)하였다.

이로부터 저 유명한 "함흥차사(咸興差使)"의 비참한 전설을 낳게 하고 공주와의 상면도 멀어져갔다.

정업원(淨業院)은 이조 제21대 영조대왕이 청룡사를 고쳐 부른 이름인데 원래는 세종대왕 때에 생긴 것이다.

이조 초엽(初葉)에는 궁중에 부처님을 모시는 "내불당(內佛堂)"이라 하는 법당이 있어 왕비 이하 모든 궁녀들이 조석으로 이 곳에 예불하였다. 특히 세종대왕의 왕비 소헌왕후(昭憲王后) 심씨(沈氏)는 불교를 돈독하게 믿은 까닭으로, 궁중에서 불전기도회(佛前祈禱會)와 팔관제식(八關祭式)도 베풀어서 궁중에 불교의식이 굉장히 성행하였다.

그 당시 집현전학사(集賢殿學士)들은 궁중에 내불당 두는 것을 마땅치 못하게 여겨 내불당 폐지의 상소(上疏)를 여러 번 올렸으나, 그 때마다 세종대왕께서는 이를 윤허하지 않았다. 그러던 중 어느 날 집현전학사들은 짐을 꾸리고

"상감께서 우리 유생들의 충간(忠諫)하는 말을 용납하지 않으시니 우리들이 있어 무슨 소용이 있습니까."

하고 모두 집현전을 떠났다.

세종대왕께서는 하는 수없이 당신이 가장 신임하는 18년간 영의정을 지낸 황희(黃喜)정승을 불러 물었다.

"집현전 학사들이 참으로 나를 버리고 갔는가?"

하시고 매우 비감하여 마지 않으면서

"내불당을 궁문 밖으로 옮기고 집현전 학사들을 모두 오게 하라."

고 하는 전교를 내리었다.

이리하여 궁중에 있던 내불당을 궁문 밖으로 옮기고, 불당 이름도 내불당이라 하지 않고 정업원이라 고치게 하였다. 그러나 내불당이 정업원으로 이름만 고쳤을 뿐 왕비나 비빈(妃嬪) 궁녀(宮女)들의 신앙적 귀의처로서의 도량으로는 변함이 없었다.

원래 정업원을 옮겨지은 곳은 금호문 밖(지금 원서동)이었는데, 연산군(燕山君) 때에 이 정업원 마저 없애버렸다. 처음 이 정업원이 생긴 뒤에 잠시나마 그 곳에 몸을 의지하고 계신 분이 있었으니 이 분이 바로 단종왕비(端宗王妃) 정순왕후(定順王后) 송씨(宋氏)였다.

정순왕후가 잠시나마 정업원에 몸을 의지하고 있게 된 것은, 단종왕이 재위 4년 되는 해(1455) 윤 5월 11일 왕위를 숙부 세조(世祖)에게 선위(禪位)하고 사정전(思政殿)에서 수강궁(壽康宮)으로 나와서 이듬해 병자년 6월까지 상왕(上王)으로 재위하던 1년 동안이었다.

이 동안 왕비 송씨마마는 날마다 정업원에 나가 부처님께 예불하고, 불경을 외우고, 죄업을 참회하고, 또 상왕의 만수무강을 비는 것으로 일과를 삼았다.

특히 송씨마마는 어릴 때부터 친정아버지로부터 불교에 대한 감화를 많이 받아서 평소 신심이 돈독하였다.

단종왕이 수강궁으로 나온지 1년이 되던 병자년(1456) 6월 27일, 성삼문(成三問)·박팽년(朴彭年) 등 사육신(死六臣)들이 단종왕의 복위를 꾀하다 발각되어 처형당한 후, 세조는 단종도 이 밀모(密謨)에 가담 되었다고 보고, 상왕을 폐하여 노산군(魯山君)으로 강봉(降封)하고, 다음날 영월 청냉포(淸冷浦)로 귀양가게 하였다. 이 때 왕씨 송씨마마도 수강궁에서 청룡사로 나오게 되었고, 영조대왕은 이 고사에 연유하여 청룡사를 "정업원"이라 고쳐 부르게 하였다.

송씨마마가 청룡사로 나오게 되자, 귀양길에 오른 노산군도 청룡사에 함께 들러 우화루(雨花樓 ; 청룡사 안에 있는 누각)에 잠시 머무르면서 송씨마마와 눈물을 흘리면서 최후의 작별을 하였다.

이 우화루에서 마지막 이별을 하였다고 하여 세상사람들은 우화를 "영리정(永離亭), 즉 영원한 이별을 나눈 집이라는 뜻으로 부르게 되었고, 또한 이 영리정이 차차 와전(訛傳) 되어 "영미정"이라고까지 부르게 되었으며, 마침내 동네 이름까지 변하게 되었다.

송씨마마는 우화루에서 마지막 작별을 하였으나 언제 다시 만날지 기약조차 할 수 없는 단종왕의 뒤를 따라 영리다리까지 나가서 그 다리에서 한많은 마지막 작별을 하였으니, 세상사람들은 이 다리를 "영원한 이별을 나눈 다리" 즉, "영리교(永離橋)"라 이름하여 부르던 것을 그 후 차차 와전되어 "영미다리"라고 불리어져 오고 있다.

송씨마마가 청룡사로 올 때 함께 나온 일행 5명은 모두 송씨마마를 따라 스님이 되었는데 그 가운데 시녀 세 사람은 법명을 각각 희안(希安)·지심(智心)·계지(戒智)라고 하여 송씨마마의 상좌가 되었으며, 후궁 김씨는 법명을 원경(圓鏡)이라 하였고, 후궁 권씨는 혜경(慧鏡)이라 하였고, 송씨마마는 허경(虛鏡)이라 하여 청룡사에서 제일 나이 높은 지진(智眞)비구니를 스님으로 정하고, 원경·혜경 두 비구니는 사제로 삼았다.

송씨마마는 청룡사에 나온 이후 바깥 세상과는 인연을 끊고 일념으로 단종을 위해 기도하고, 사중의 어려운 생활을 돕기 위해 자주물을 드려서 댕기·저고리·깃·고름·끝동을 만들었다. 이렇게 자주물을 들여서 바위 위에 널어 말리고 하였으므로 이 바위를 "자주바위"라 하고, 바위 밑에 있는 샘물을 "자주우물"이라 하며, 마을 이름을 "자주동"이라 부르게까지 되었다.

송씨마마는 비가 오나 눈이 오나 하루도 빠짐없이 청룡사 앞에 있는 산봉에 올라가서 동쪽을 바라보고 단종의 귀양살이를 비통해 하였으므로 그 산봉 이름을 "동방봉(東望峯)"이라 이름지었고, 후일 영조대왕(英祖大王)께서는 동망봉이라는 어필(御筆)을 하사하여 표석(標石)에 새겨 세우게 하고 그 애달픈 사연을 길이 위로하게 하였다.

그리고 야사(野史)에 의하면 송씨마마가 날마다 오르던 동망봉의 풀들은 춘풍 추우 5백년이 지나도록 송씨마마의 한이 맺혀져 모두 동쪽으로만 고개를 숙였으니, 마치 송도(松都) 선죽교(善竹橋)의 정포은(鄭圃隱)선생이 흘리신 피의 흔적이 오늘날까지 돌 위에 아롱져 남아 있듯이, 송씨마마의 단종왕을 그리던 애달픈 한은 동망봉 기슭에 뻗쳐 남아 동쪽으로만 고개 숙이게 된 것이라고 전한다.

정순왕후 송씨는 세종 22년(1440)에 판돈녕부사(判敦寧府事) 벼슬로 있던 여산(廬山) 송현수(宋玹壽)의 따님으로 출생하였다.

단종 2년(1454)에 송씨마마가 15세가 되자 한 살 아래인 14세 된 단종왕의 왕비로 책봉되어서 궁중으로 들어갔다. 후궁으로는 김사우(金師禹)의 따님 김씨와, 권완(權完)의 따님 권씨가 간택으로 뽑혔다. 그리하여 왕비 송씨와 후궁 김씨·권씨 세분이 어린 임금 단종을 모시었다.
궁중으로 들어간지 1년이 지난 단종 3년(1455) 윤 6월 11일에 단종이 부득이하여 숙부 수양대군에게 왕위를 선위하고 수강궁으로 나올 때에 왕비 송씨와 후궁 김씨·권씨 두 분도 함께 단종을 모시고 나왔다.

수강궁으로 나온 단종은 이 때 상왕으로 모시게 되고, 왕비 송씨는 의덕왕대비(懿德王大妃)에 봉해졌으며, 왕비 송씨의 친정아버지 송현수는 여량(礪良) 부원군이 되었으나, 이듬 해(1456) 6월 성삼문·박팽년 등 사육신 사건이 일어나자, 단종왕이 노산군으로 강봉되고 왕비 또한 부인으로 강봉되었다. 그리고 단종왕이 영월 청냉포로 귀양 가던 날 청룡사 우화루에서 마지막 작별을 하고 왕비와 후궁 두분과 시녀 세 사람 등 모두 여섯 분이 그 날로부터 청룡사에 주석하게 되었으니 이 때 송씨마마의 나이는 17세였다.

송씨마마는 스님이 되어 허경비구니라고 이르게 되고 82세를 상수하다가 제11대 중종(中宗) 16년(1521) 6월 초 4일에 세상을 떠나니 장지는 양주(楊州) 땅이었다.

이로부터 178년이 되는 제19대 숙종(肅宗) 24년(1608)에 비로소 노산군이 단종으로 추복(追復)되자, 송씨마마도 정순왕후가 되고, 그 능도 사릉(思陵)이라 추상(追上)하고, 신위(神位)도 종묘(宗廟)에 옮겨 모셔졌다.

그 뒤 제21대 영조대왕은 즉위 47년(1771)에 친히 정순왕후가 옛날 주석하던 청룡사 경내에 "전봉후암어천만년(前峰後巖於千萬年)"이라는 현판 액자의 글을 내리시고 정순왕후가 매일 오르던 앞산 봉을 "동망봉"이라 이름하여 표석을 만들어 세우게 하였으며, 또 그가 평생 주석하여온 청룡사의 절 이름을 "정업원"이라 이름한 곳에 정순왕후가 잠시 인연하였던 옛 일을 생각하여 연유한 것이다.

원래 정업원의 정업(淨業)이란 말은 신·구·의 3업(業)을 청정하게 닦는다는 것과, 서방 극락발원인 "나무아미타불"을 입으로 부르는 것을 뜻하는 것으로서, 이 이름을 짓게 된 것은 왕공·귀족·비빈·궁녀들만이 출입하는 특수사원을 일반 보통사원과 구별하자는 뜻에서 지은 명칭이었다. 그러므로 정순왕후가 일반 보통사원인 청룡사에 주석하였으나 왕후가 있던 절을 일반 보통사원의 명칭을 그대로 둘 수 없다고 하여 정업원이라고 고쳐 부르게 하였던 것이다.

정순왕후는 17세에 청룡사에 와서 82세로 세상을 떠날 때 (이조 제11대 중종 16년, 1521)까지 65년간을 이 곳에 주석하였고, 그의 신원(伸寃)은 그가 세상을 떠난지 178년 만인 숙종(肅宗) 24년(1698)에 단종 복위와 함께 정순왕후로 추복되었으며, 또 이로부터 73년이 지난 즉 왕비가 세상을 떠난 지 251년이 되는 영조(英祖) 47년(1771) 9월 6일에 왕이 친히 정순왕후가 일생동안 주석한 청룡사의 절 이름을 "정업원"이라 고침과 동시, "정업원구기(淨業院舊基)"라는 비석과 비각을 세워 옛 일을 길이 기념하게 하였다.

이왕에 말이 나왔으니 단종의 역사를 여기 간단히 적어 본다.
청룡사의 사적을 살펴볼 때에 단종왕의 이야기를 뺄 수 없기 때문이다. 그것은 단종왕비 정순왕후가 무슨 까닭으로 청룡사에 와서 한 많은 일생을 보내지 않으면 안될 기구한 운명이었던가를 알기 위하여 단종왕의 역사와 결부시켜 생각하지 않을 수 없으므로 여기에 단종의 짧은 역사를 기록코자 한다.

단종은 이조 제4대 세종 23년(1441) 7월 23일에 문종(文宗)의 장자, 즉 세종의 왕세손(王世孫)으로 태어났다.

동방의 요순(堯舜)이라는 칭호를 듣던 성군(聖君) 세종대왕은 소헌왕후(昭憲王后) 심씨의 몸에서 8대군(大君) 2공주를 두었고, 다른 빈(嬪)과 숙의(淑儀 ; 從二品), 소원(昭媛 ; 從四品)의 몸에서 10군 2옹주(翁主)를 두었다.

세종 3년(1421) 장자로서 세자를 책봉(册封)하였으니, 이 분이 후일의 문종이었다.
문종은 타고난 성품이 효성이 있어서 왕자로서의 덕은 있었으나 천질(天質)이 병약하여 부왕의 걱정을 끼쳤다. 한편 둘째 아들인 수양대군(首陽大君)은 기력이 절륜(絕倫)하고 호방(豪放) 대담(大膽)하여 8대군 가운데에 제일 패기 만만하였다.

문종은 15세 되던 해에 상호군(上護軍) 김오문(金五文)의 딸 휘빈(徽嬪) 김씨와 결혼하였다. 휘빈 김씨는 문종과 동갑인 15세였다. 휘빈 김씨는 자질이 너무도 아름다워서 시어머니 되는 소헌왕후 심씨의 미움을 샀다. 즉 세자의 몸이 쇠약하여 지는 것은 휘빈의 자색(姿色)이 너무 아름다운 까닭이라도 하여서였다.

휘빈과 세자의 두 사람 사이의 정은 좋았으나, 시어머니의 미움을 산 휘빈은 마침내 17세의 어린 나이로 폐출당하고 말았다.

휘빈 다음에 세자빈으로 책봉된 분은 종부사(宗簿司) 소윤(小尹) 봉려(奉勵)의 딸 봉씨(奉氏)였다. 봉씨는 자색도 아름답지 못하고 어진 부덕(婦德)도 없었다. 그러므로 세자와의 정분도 자연히 좋지 못하여, 세자는 동갑되는 수측(守則 ; 從六品)인 양씨(楊氏)를 가까이 하여 마침내 경숙옹주(敬淑翁主)를 낳았다.

양씨는 본래 미천한 가운데 태어나서 13세 때에 궁중에 들어와서 자색이 아름다운 까닭으로 세자의 눈에 들었으나, 세자빈으로는 책봉되지 못하고 여경당(餘慶堂)의 수측으로 있었다.

수측 양씨가 경숙옹주를 낳게 되자, 세자비인 수빈봉씨는 자신의 세자의 눈에서 멀어질 뿐만 아니라, 후손이 전연 없으므로 질투심이 불같이 강해져서 은밀히 수측양씨를 죽이려고 꾀하다가 마침내 폐출당하고 말았다.

수빈 봉씨가 폐출 당하자 다음 세자빈으로 책봉된 분은 한성판윤(漢城判尹) 권전(權專)의 딸 현덕(顯德) 권씨였다. 권씨는 양가의 규수로서 13세에 궁중으로 들어와서 양원(良媛 ; 從三品)으로 책봉되어 세자를 모시다가, 19세에 세자빈으로 봉해져서 경혜공주(敬惠公主)를 낳았다. 그리고 5년 후인 24세 되던 해(1441) 7월 23일 비극의 주인공인 단종을 탄생하였다.

현덕왕후 권씨는 심한 산고(産苦) 끝에 아드님에게 젖꼭지 한 번 물려보지 못하고 1주야를 고생하다가 왕자를 낳은 이튿날 7월 24일 원통하게 세상을 떠나고 말았다.

세상을 떠날 때 유언으로 어린 아기는 친정어머니 화산부 부인 최씨와, 혜빈 양씨 두 분께 양육을 부탁하였다. 이렇게 단종은 세상에 출생하면서부터 기구한 운명을 가지고 태어났으며, 한편 문종 역시 자신의 불우한 운명을 탄식하여 마지 않았으며, 현덕빈 권씨가 별세한 이후로는 더욱 지나친 상심으로 몸이 극도로 쇠약하여져서 다시는 빈을 간택하지 아니하였다.

그리고 여기에서 밝힐 일은, 단종의 어머니 현덕왕후 권씨가 임종 시에 유언으로서 귀중한 어린 아기의 양육을 부탁한 두 분 중 한 분은 친정어머니 화산 부부인 최씨니까 단종의 외할머니였으나 다른 한 분인 혜빈양씨는 과연 어떠한 분이었던가?

혜빈 양씨는 어려서 궁중에 들어와서 세종대왕의 총애를 받아 18세 때에 한남군(漢南君 ; 王於)을 낳고 24세 되던 해 즉, 단종이 탄생하기 1년 전에 영풍군(永豊君 ; 瑈)을 낳았다.

두 아드님을 낳은 혜빈 양씨는 마음도 어질고 얼굴도 얌전하여 세종대왕의 총애를 받았다. 혜빈 양씨는 정순왕후의 유언대로 단종을 양육함에, 당신의 아드님인 영풍군의 젖은 먹이지 못할 때가 있을지라도 왕세손의 젖은 굶주리게 한 적이 없었다. 단종도 혜빈 양씨의 젖을 먹고 친 어머니 같이 믿고 자라났다.

후일 단종의 복위를 위하여 자기가 낳은 두 왕자 즉, 한남군·영풍군과 함께 3모자가 형장(刑場)의 이슬로 사라진 것은, 단종을 양육한 이유도 있었을 뿐만 아니라 자기가 직접 낳은 자식같이 사랑한 까닭이었다. 그리고 또한 한남군과 영풍군은 단종과는 숙질간이었으나, 혜빈 양씨의 손에 함께 길러졌으므로 친형제처럼 정의가 깊었다.

세종대왕께서도 왕세손인 단종을 지극히 사랑하사 어린 손자를 품에 안고 경회루 연못가를 거니면서, 입궐(入闕)하는 집현전 학사 성삼문(成三問)·신숙주(申叔舟)·정인지(鄭麟趾)·박팽년(朴彭年) 등을 돌아보고,

"이 어린 손자들을 경들에게 부탁하오…"

하는 등 기회 있을 때마다 어린 손자의 후사를 부탁하였다.

단종은 세종 31년(1449)에 왕세손으로 책봉 되었으니 이 때 나이 9세였다. 단종이 왕세손으로 책봉된지 1년이 지난 세종 32년(1450) 2월에 세종대왕이 승하하고, 문종이 즉위하였다.

문종왕은 본래 병약한 몸이라 재위 3년만인(1452) 5월 14일에 승하하고 어린왕자 단종이 왕위에 오르니 이 때 나이는 12세에 불과하였다.

단종이 12세의 어린 나이로 왕위에 오르니 할아버지 세종대왕과 아버지 문종이 승하하였음은 물론, 할머니 되는 소헌황후도 단종 8세 때 작고하였고, 오직 직계 혈육으로는 하나 밖에 없던 누이 경혜공주 마저도 단종 11세 되던 신미(辛未)년에 참판 정충흠(鄭忠欽)의 아들 영양위(寧陽尉) 정종(鄭宗)에게 출가하였으니 단종은 몹시 고적하고 쓸쓸하였으며, 더욱이 즉위하던 이듬해에는 그를 보필하던 김종서(金宗瑞)·황보인(皇甫仁) 등이 수양대군(首陽大君 ; 世祖)에게 참살 당하니(癸酉靖亂) 숙부 수양대군을 볼 때에는 범같이 무섭기만 하였다.

단종은 즉위 3년만인(1454) 14세 때에 송현수(宋玹壽)의 따님 송(宋氏)를 맞이하여 왕비를 삼고, 김사우(金師禹)의 따님과, 권완(權完)의 따님 두 분을 후궁으로 삼았다.

왕비를 맞이한지 1년째 되던 단종 4년(1455) 윤 6월 11일, 수양대군의 측근인 한명회(韓明澮)·권람(權擥) 등이 선위를 강요하자, 마침내 숙부 수양대군에게 왕위를 물려주고 상왕으로 수강궁에 이어(移御)하였다. 이렇게 되니 단종은 12세에 왕위에 오르고 15세에 왕위를 숙부에게 내어 놓은 것이다.

세조 즉위 2년(1456) 6월 27일 성삼문·박팽년·유응부·이개·하위지·유성원 등의 사육신들이 단종왕의 복위를 꾀하다가 발각되자, 세조는 이들을 무참히 죽이고 이에 연류된 자 70여인을 모두 치죄(治罪)하고, 또한 성삼문 등의 밀모에 상왕 단종도 관여하였다고 하여 상왕을 강봉하여 노산군(魯山君)으로 삼아 군사 50인의 호송하에 영월 청냉포로 방출하고, 단종의 어머니 현덕왕후(顯德王后)를 추폐하여 서인(庶人)으로 삼고, 또 세조의 동생(세종대왕의 제6남) 금성대군(錦城大君)도 단종이 앞서 거기에 기우(寄寓)하였다 하여 순흥에 유배하였다가 후일 노산군의 복위를 꾀하였다고 하여 죽이고, 한남군(漢南君)·영풍군(永豐君) 등을 극변(極邊)하였다가 죽였다.

야사에 의하면 단종이 노산군으로 강봉되어 영월 청냉포로 귀양의 길을 떠날 때, 단종을 호송하던 공인으로 첨지(僉知) 어득해(魚得海), 의금부도사(義禁府都事) 왕방연(王邦衍), 군자정(軍資正) 김자행(金自行), 내시부사(內侍府事) 홍득경(洪得敬) 네 사람이었다.

네 사람은 단종을 호송하여 흥인문(興仁門)밖을 나왔다. 단종이 청룡사 우화루에서 왕비 송씨를 외로운 산사에 남겨두고 차마 옮기기 어려운 무거운 발걸음을 한 걸음 내어 딛고 뒤로 돌아보고, 또 한 걸음 내어 딛고 뒤로 돌아보는 그 가슴 아픈 심정은 그 때 그 정경을 직접 당한 단종 이외의 다른 사람은 감히 상상도 할 수 없는 일이었다. 이 광경을 보던 어득해는 불경불충(不敬不忠)한 말로 노산군을 꾸짖고 빨리 떠나기를 재촉하였다.

단종이 우화루에 쓰러져 통곡하는 왕비 송씨를 돌아보면서 어득해에게 끌려 영리교까지 나갔을 때, 송씨마마는 흐트러진 머리를 걷어 올릴 경황도 없이 버선발로 달음질쳐서 단종의 뒤를 따랐다.
송씨마마가 영리교에 이르렀을 때 호송공인 어득해는 소리를 지르며, 송씨마마가 다리를 건너오지 못하도록 막았다.

이리하여 송씨마마와 단종은 다리를 사이에 두고 한쪽에서는 송씨마마가 떠나는 단종을 바라보고 한없이 눈물을 흘리고, 또 다른 한쪽에서는 단종이 송씨마마를 건너보면서 발길이 떨어지지 않아 화석처럼 굳어져 한없이 서서 있기만 하였다. 이 때 어득해는 소리 높여 꾸짖으면서 무엄하게도 단종의 옥체를 밀어 빨리가기를 재촉하니 할 수 없이 어득해의 힘에 밀려 돌아서는 단종의 눈에는 피눈물이 고였다 한다.

이 광경을 지켜보던 옛날 사람들은 이 다리 위에서의 애끊는 이별을 슬퍼하면서 이런 시(詩)를 지어 읊었다.

하교불상봉(河橋不相逢)
강수원염정(江樹遠念情)

다리 위에 이별은 차마 못할 일이로세.
강가의 나무들도 슬픔 담뿍 머금었네.
단종 일행은 서울을 떠나서 당일에 의정부에 도착하였다. 점심도 저녁도 수라(水刺)를 드리지 않아서 왕께서는 지칠대로 지쳐서 누워 있을 때 양성사람인 차성복(車聖馥)이 몰래 시루떡을 쪄가지고 왕께 올리니, 왕께서는 이를 반가이 받으셨다.

단종왕은 갖은 고생을 다 겪으면서 마침내 영월 청냉포에 도착하였다.
청냉포는 무서운 산골로서, 사방이 산으로 첩첩이 둘러싸이고 양쪽으로 두 줄기 강물이 흐르는 외로운 섬과 같은 곳이었다.
단종은 이 곳에서 외로운 몸을 의지하고 귀양살이를 시작하게 되었으니, 그의 생활이란 쟁반같이 둥근달이 조각달로 이지러지는 것을 보고 보름과 그믐을 짐작하였고, 구름도 쉬어 넘는다는 앞 산봉에 진달래가 붉게 피니 봄이 온 줄 알았었다.

귀양 오던 그 해 병자(丙子)년도 지나고 정축(丁丑)년 봄이 돌아왔다. 이해의 단종의 보령(寶齡)은 17세가 되었다.
겨울 동안 산골 추위로 밖에 나오지 못하던 단종은 봄이 되자 옛날 사정전 뒤뜰의 화사한 봄이 그리워져 그 곳 관풍매죽루(觀楓梅竹樓)에 올라가게 되니, 산골짜기에서 들려오는 두견(杜鵑 ; 소쩍새) 소리가 몹시 가슴을 슬프게 하였다.

이 두견이란 새는 한편 자규라고도 하는데, 단종은 이 소리를 듣고 다음과 같은 시를 지어 눈물 섞어 읊으니, 어찌 그의 구곡간장(九曲肝腸)이 다 녹지 않았으랴.

　　월백야 촉혼추(月白夜 蜀魂湫)
　　함수정 의루두(含愁情 倚樓頭)

　　이제비 아문고(爾帝悲 我聞苦)
　　무이성 무아수(無爾聲 無我愁)

　　기어세상고뇌인(寄語世上苦惱人)
　　신막등춘자규루(愼莫登春子規樓)
　　가면야야면무가(假眠夜夜眠無假)
　　궁한년년한불궁(窮恨年年恨不窮)

　　성단효잠잔월백(聲斷曉岑殘月白)
　　혈류춘곡낙화홍(血流春谷洛花紅)

　　천롱상미문애소(天聾尙未聞哀訴)
　　호내수인이독청(胡乃愁人耳獨聽)

　"원통한 새가 되어 한 번 임금의 궁을 나옴으로부터 외로운 몸 짝 없는 그림자가 푸른산 속에 있도다. 밤이 가고 밤이 와도 잠이 깊이 아니 들고, 해가 가고 해가 와도 한이 다하지 않는도다. 우는 소리 새벽 멧부리에 끊어지니, 지새는 달이 희었고 뿜는 피 봄 골짜기에 흐르니 지는 꽃 붉었도다. 하늘은 귀먹어 오히려 애달픈 하소연을 듣지 못하시는데, 어찌해 수심 많은 사람의 귀만 홀로 밝았는고."

　하는 뜻이다.

정축(丁丑)년의 화사한 봄과 여름도 지나가고, 산과 들에는 하얀 서리가 내리고, 자갈돌을 씻어 흐르는 산골 물에는 살얼음이 잡히기 시작하였다.

때는 10월 24일!

서우에서 의금부도사(義禁府都事) 왕방연이 어명을 받고, 사약 그릇을 들고 영월로 내려왔다. 그러나 왕방연은 차마 약그릇을 올릴 수가 없어 문밖에서 주저하고 있을 때, 단종을 모시고 있던 공생이란 자가 단종의 목을 졸라 북쪽 창문 밖으로 끌어내려 참혹(慘酷)하게 승하하게 하였다.

그리고 시체는 강중(江中)에 던진 것을, 영월 호장(戶長) 엄흥도(嚴興道)가 남모르게 건져서, 영월읍에서 5리 가량 떨어진 보덕사라는 절 근처에 평토장(平土葬)을 하였으니 단종은 세수 17세로 한 많은 일생을 처참하게 마쳤다.

위에 적은 사실은 주로 병자록(丙子錄)과 음애잡기(陰崖雜記)에 의한 것이나, 정사(正史)의 기록에는, 세조가 한남군(漢南君 ; 王於)·영풍군(永豊君 ; 瑓)을 죽이고, 다시 노산군(魯山君)의 군(君)을 폐하고, 서인으로 한 뒤에 또, 영의정 정인지, 좌의정 정창손, 이조판서 한명회, 좌찬성 신숙주 등이 계속 상계(上啓)하여 노산군과 금성대군을 치죄할 것을 주장하매, 마침내 세조는 금성대군을 사사하니, 노산군은 사태가 이에 이름을 보고 자결하여 승하하였다고 기록되어 있다.

여하튼 단종이 17세로 무참하게 승하하신 후 세조는 꿈에 단종 어머니 현덕왕후가 나타나 조카 즉, 단종을 죽인 것을 책망하였다. 하여 그의 능(陵 ; 昭陵)을 발굴하여 시체를 강물에 던졌다.

이보다 앞서 병자(丙子)년 6월 26일, 세조는 종묘에 모셔 있던 현덕왕후의 위폐를 김질(金礩)이란 자를 시켜 부수어 불태우고 폐위하여 서인으로 하였으며, 동시에 단종의 외조모 화산부부인 최씨를 역모로 몰아서 죽은 지 17년 된 시체를 꺼내어 부관참사(剖棺斬死 ; 죽은 후에 관을 쪼개고 시체의 목을 베어 극형에 처하는 것)하고, 단종의 장인 판돈녕 송현수와 후궁 권씨의 아버지 판관 권완까지도 모두 역모로 몰아 죽였다.

그리고 단종의 시체를 강물에서 건져 장사 지낸 엄흥도도, 이를 거두어 장사 지냈다 하여 그 속적(屬籍)을 단절하기까지 하였다.

후일에 소능은 제11대 중종(中宗) 때에 복구되고, 노산군은 그 후 제19대 숙종 24년에야 비로소 복위가 되어 노산대군(魯山大君)이란 시호(諡號)와 함께 "단종"이란 묘호(廟號)를 추상(追上)하게 되었고, 성삼문 등 사육신도 이 때 각각 관직을 추증(追贈)하게 되었다.

그리고 엄흥도는 영조대왕 때 정문(旌門)이 세워지고 공조참판(工曹參判)에 추증되었다.

이것이 단종의 약사이다. 단종은 12세의 어린 나이로 왕위에 오르고 2년 후 14세에 정순왕후를 맞이하고, 또 1년이 지난 15세에 왕위를 수양대군에게 선위하고 상왕이 되었으며, 그 다음해 사육신들이 단종복위를 꾀하다가 발각되어 처형될 때 단종도 노산군으로 강봉되어 영월로 유배당하였으니, 세조의 불타는 야욕 앞엔 권력은 피보다 진한 것이었다.

유배 가는 도중에 청룡사에 들러 왕비 정순왕후와 애끓는 이별을 하였고, 그 다음해 세조 3년(1457) 10월 23일 단종은 17세로 한 많은 일생을 적소에서 마쳤다.

만선비구니와 회정선사

만선(萬善)비구니는 고려 제6대 성종(成宗) 15년(996)에 경기도 안성(安城)에
서 출생하였다.

속성은 수원(水原) 백씨(白氏)이니 다섯살 때에 어머니 경주(慶州) 이씨를 사별
하고, 일곱살 때에 청룡사에서 해문(海門)비구니를 스님으로 정하고 출가하였다.

만선비구니가 41세 되던, 고려 10대 정종(靖宗) 2년(1036), 퇴락한 청룡사
를 새롭게 중창하였다. 이는 청룡사 창건 이후 75년만의 일로서, 그동안 대중
은 늘고 요사는 협소하여 중창을 서둘러 오던 중 만선비구니가 일신 확장하여
중창한 것이다. 또 당시 사회는 불교가 크게 융성하여 많은 사람들이 집을 버
리고 절로 들어가는 현상이 생겨났고, 많은 절이 새로 창건되었으나 가는 곳마
다 대중이 가득 찼다.

고구려 제11대 문종(文宗) 14년(1060)에 세수 65세로 청룡사에서 입적하였다.

만선비구니를 도와 청룡사를 제2차로 중창한 회정선사(懷正禪師)는 고려 제16
대 예종(睿宗) 3년(1108)에 황해도 해주(海州)읍에서 출생하였다. 속성은 마씨
(馬氏)이고, 어머니는 오씨였다. 11세 때 구월산 신광사에서 벽담장로(碧潭長老)
를 모시고 스님이 되었다. 12세 되던 해부터 경기도 개풍(開豊)에 있는 총지사
(聰持寺)에서 부처님 일대교를 연구하고, 또 정(定)·혜(慧) 쌍수(雙修)하였다.

32세 때에 금강산 송라동 송라암(松蘿庵)에서 고행 정진으로 천수주력을 하
고 있을 때, 별안간 공중에서 "회정아! 네가 남쪽으로 몰골옹(沒骨翁)과 해명방
(海明方)을 찾아가서 부처님 법을 물어 보아라" 하는 소리가 두 번 세 번 들려

와, 깜짝 놀란 회정선사는 정신을 가다듬어 이 일이 범상한 일이 아님을 생각하고, 즉시 행장을 꾸려 남쪽을 향해 길을 떠났다. 며칠을 걸어 강원도 양구(楊口)땅 어느 외딴 오막집에 들리게 되어, 몽골옹을 수소문하여 물어보았다. 마침 그 집 주인은 머리가 반들반들하게 벗겨진 선풍도골(仙風道骨)의 청수(清秀)한 기상을 가진 노인으로서 혼자 살면서 짚신을 삼고 있었다.

노인은 뜻밖에 찾아와 묻는 회정선사를 보고 말했다.
"몽골옹은 내가 바로 그 사람 이오마는 무슨 일로 찾아 왔소?"
"노 선생님을 찾아온 것은 부처님 법을 배우려고 온 것입니다."
"천만에 당신이 잘못 알고 찾아왔구료. 나는 이 산중에서 나무열매나 풀뿌리로 연명하면서 근근히 살아가는 촌 늙은이인데 무엇을 알겠소. 이 산을 넘어가면 해명방이라는 노인이 살고 있으니 거기에 가서 물어 보시오."
하고는 다시 말이 없었다.

회정선사는 하는 수 없이 작별 인사를 드리고 몽골옹 곁을 물러나와 산을 넘어서 해명방을 찾았다. 흐르는 냇물을 끼고 몇 구비의 산을 돌아서 한 골짜기에 이르니, 마침 깨끗한 오막살이 집 한 채가 눈에 보였다. 회정선사는 마음속으로 이 집에 자기가 찾고 있는 해명방 노인의 집이기를 바라면서, 걸음을 재촉하여 오막집에 당도했다. 회정선사는 오막집 싸리문 밖에서 주인을 찾았다. 한참 지나서 인기척이 있더니, 어여쁘게 생긴 과년한 처녀가 나왔다.
"손님은 어디에서 어떻게 오셨습니까?"
"금강산 송라암에서 해명선사를 찾아왔습니다."
하고, 찾아오게 된 동기를 자세하게 이야기 하였다.
조용히 회정선사의 말을 듣고 있던 처녀는, 다시 입을 열어 말하였다.
"우리 아버지는 지금 사냥가시고 안계시며 저물어야 오실터이니 방으로 들어오십시오."
하고 앞장을 서서 방을 안내하였다. 회정선사는 처녀가 지어준 저녁밥을 먹고 한참 앉아 있으니까 날이 저물었는데, 별안간 마당에 "쿵" 하는 소리가 나서 문을 열고 밖으로 나오니, 험상궂게 생긴 노인이 사냥을 하여 한 짐 져다가 마당에 벗어 놓고 문득 나타난 회정선사를 보더니 물었다.

"웬 놈이 남의 집에 왔으며, 더욱이 처녀 혼자 있는 방안에 무례하게 들어 앉아 있느냐?'

노발대발 꾸짖었다. 회정선사는 공손히 인사를 드리고 찾아온 동기를 자세히 이야기 하였으나, 해명방 노인은 회정선사의 말을 들으려 하지 않고 욕만 퍼부으며, 속히 나가라고 호령하였다. 그러나 회정선사는 더욱 공손하게 절하고 모든 잘못된 점을 빌면서 법을 가르쳐 주기를 애원하였다.

얼마 간의 시간이 흐른 뒤에 회정선사는 마침내 해명방 노인의 윤허(允許)를 얻어 한 집에서 함께 살게 되었다. 그리고 몇 달이 지나서 그 집 처녀 보덕아씨와 결혼하여 집안 살림을 도맡아 보면서 일하지 않을 수 없게 되었다. 농사 짓고, 나무하고, 사냥하고, 한시도 쉴 사이 없이 일하여 몸은 극도로 피로하고 공부할 시간은 커녕 법을 묻고 배울 여가도 없었다.

세월은 빨리 흘러 회정선사가 이 곳에 온지도 어느덧 3년이 지났다. 회정선사는 마침내 허무한 생각이 들면서, 자신이 찾아온 목적과는 너무 동떨어진 생활을 하고 있고, 빨리 이 곳을 떠나는 것만 같지 못하다고 느껴져, 해명방 노인에게 떠나갈 뜻을 이야기 하였다.

이 말을 듣고 있던 노인은

"10년만 있으면 좋은 일이 있을 터인데 그 사이를 못참아서 간다고 하느냐. 가고 싶거든 가거라."

하고 냉담하게 끊어 말하고, 옆에서 두 사람의 대화를 듣고 있던 부인 보덕아씨는

"여보! 10년만 참아 보구려. 10년이 멀고 지루하거든 3년만이라도 더 참아 보구려! 참고 있으면 당신 소원도 이루어질 때가 있을런지 모르니까 3년만 더 참아 보시구려!"

하고 애원하였으나, 회정선사가 이를 뿌리치고 길을 떠나니, 그 부인이 다시 말하였다.

"세상 만법이 모두 인연이니 어이할 도리가 있습니까? 뒷날 금강산 만폭동

(萬瀑洞)에서 다시 만납시다."

하고 작별인사를 하는 것이었다.

회정선사는 해명방 노인과, 보덕아씨를 작별하고 집을 나왔다. 몇 걸음을 걸어오다가 회정선사는 인간으로서의 느끼는 석별(惜別)의 정을 느껴 뒤를 돌아보게 되었다. 그런데 이런 기이한 일이 있을 수 있는가. 지금까지 있었던 집도 사람도 모두 없어지고, 회정선사의 눈에는 산골짜기 그대로 아무것도 보이지 않았다.

회정선사는 이 일을 기이하게 생각하면서, 하는 수없이 걸음을 재촉하여 산 넘어 짚신 삼던 몽골옹을 찾아가서, 지나온 이야기를 자세히 하였더니, 몽골옹이 크게 꾸짖어 말하였다.

"자네가 문수보살과 관음대성을 친견하고도 모르고 지냈었네. 바로 해명방 노인이 문수보살이요, 그리고 자네 부인이었던 보덕아씨는 관음대성이요, 나는 보현보살일세. 나는 자네를 인도하려고 여기에 있었던 것일세."

하고 몽골옹은 간 곳이 없었다.

회정선사가 다시 자리에서 일어나서 사방을 둘러보니 집도 없고 아무 것도 보이지 않았다. 하는 수 없이 허공을 향하여 절하고 자기의 고집을 한없이 후회하였다. 회정선사는 다시 그 길고 금강산 송라암에 와서 천수주력을 하고 있다가, 어느 날 만폭동에 갔더니 옛날 자기의 부인이었던 보덕아씨가 돌 위 옹달샘에서 머리를 감고 있었다.

회정선사가 반가워서 급히 달려갔더니, 보덕아씨는 한 마리의 푸른 새가 되어 굴 속으로 날아 들어갔다. 이리하여 청조가 들어간 굴을 "보덕굴"이라 하고, 머리 감던 샘물을 "세두분"이라 하고, 그림자가 비치던 못을 "영아지"라고 전한다. 회정선사는 이런 일을 겪고 나서, 대체 이것이 무슨 인연일까 하고 몇 해 동안 생사를 결단하고 공부한 결과, 비로소 과거의 일을 깨닫게 되었다.

회정선사의 전생은 중국 섬서성(陝西省)이었고, 때는 당나라 현종시대 마씨

(馬氏) 집에서 태어나서 "마랑"이라 불리는 수재였다. 마랑은 명문집안에서 태어나 문벌도 훌륭하고 인물도 뛰어나게 잘 생겼고, 재주도 천재이므로 마랑이라면 모르는 사람이 없었다. 당 헌종 원화(唐 憲宗 原和, 816)에 섬서성 어디에서 왔는지 어머니와 딸, 두 식구가 새로 이사 왔다. 그 딸의 이름은 보덕아씨인데 인물이 천하에 일색이었다. 아들 둔 사람은 모두 며느리 삼을 욕심으로 여러 수백 곳에서 청혼이 들어왔다. 신부 될 사람은 하나인데, 신랑 될 사람은 수백 명이나 되니 처녀 집에서는 매우 난처한 처지가 되었다.

그러던 어느 날 보덕아씨는 중매하는 사람들을 보고 말하였다.
"장가 들 신랑은 모두 이 곳으로 모이십시오."
마침내 수백 명의 신랑이 오게 되자, 보덕아씨는 책 한 권을 들고 말하였다.
"이 책은 '보문품'이란 경인데 이 경을 외우는 사람에게 시집 가겠습니다."
그렇게 하였더니 보문품 외우는 사람이 20명이나 되었다.
보덕아씨는 또 말하였다.
"신부는 하나인데 신랑 될 사람은 20명이니 누구에게 시집을 가겠습니까. 이번에는 금강경을 줄 터이니, 이 경을 하루에 외우는 사람이 있으면 그 사람에게 시집을 가겠소."
그렇게 하였더니 이번에는 하루에 외우는 사람이 10명이나 되므로, 보덕아씨는 다시 말하였다.
"이번에는 법화경 7권을 줄 터이니 이 경을 3일에 외우는 사람이 있으면 그 사람에게 시집을 가겠소."
그렇게 하였더니 이번에는 법화경을 외우는 사람은 마랑 한 사람뿐이었다.

이리하여 마랑은 마침내 보덕아씨와 더불어 화촉을 밝혔다. 그런데 운명은 기구하여 보덕아씨가 별안간 죽어버렸다. 그리고 죽은 시체는 황금으로 변하지 않는가. 마랑은 이 괴이한 일에 놀라면서, 한편 자신의 운명을 슬퍼하면서 보덕아씨의 시체를 장사지냈더니, 장사지낸 지 3일이 되던 날 어떤 스님이 보덕아씨 무덤 앞에 와서 경을 외우니, 그 무덤이 갈라지면서 그 속으로부터 금빛 보살상이 나타났다. 마랑은 그 금빛 보살상을 모시고 "관세음보살" 염송을 지성으로 하면서, 천하를 돌아다니게 되었다.

　　그러던 중 금강산 보덕굴에 와서 그 굴 속에서 고행 정진하다가 열반할 즈음에 모시던 관세음보살상과 향로, 향합 등을 굴 속에 묻어 놓고 열반하였던 것이다.

　　회정선사는 자기의 과거의 인연을 이렇게 깨닫고, 즉시 청조가 날아 들어간 굴 속으로 가서 불상을 파내어 이 일을 확인하고, 그 곳에 굴법당을 지었으니 이것이 금강산에 있는 보덕굴(普德窟)이다.

　　원래 보덕굴은 신라 제26대 진평왕(眞平王) 349년(627)에 창건되었다가 퇴락되어 없어지고, 다시 고려 제16대 예종(睿宗) 10년(1115)에 회정선사가 이렇게 하여 중창한 것이다.

　　이 보다 앞서 중국의 천주(泉州) 땅에 찬화상(粲和尙)이라는 스님은 다음과 같은 시를 지었다.

　　수자요조빈의사(手姿窈窕鬢倚斜)
　　잠쇄낭군염법화(賺殺郞君念法華)
　　일파골두도거후(一把骨頭挑去後)
　　부지명월낙수가(不知明月落誰家)

　　아름답고 고운 태도 그 누가 따르리
　　여러 낭군 홀려서 법화경을 알게 했네.
　　황금 상을 남기고 돌아간 그 뒤에
　　알지 못하겠다. 밝은 달이 뉘집에 떨어졌는지!

　　이렇게 마랑과 보덕아가씨의 옛 일을 회고하면서 새로운 삶을 노래하였던 것이다. 회정선사는 마랑이 죽은 뒤 250여년 후에, 고려 제16대 예종 3년에 황해도 해주 마씨 집에 태어나서, 11세에 신광사에서 출가하고 법호를 회정이라 하였으니, 250년 전 중국 섬서성에서 이루지 못한 인연을 우리나라 강원도 양구 땅에서 잠시 맺게 되었으니, 관음대성의 화현(化顯)을 전생과 금생에서 두 번이나 친견하였으므로, 업장의 소멸은 물론 신심이 더욱 견고하여 정업을 부지런히 닦을 수 있었다.

고려 제18대 의종(毅宗) 11년(1157) 어명을 받들어 총지사 주지가 되었다. 그 해 전국에 한재(旱災)가 심하고 질병이 겹쳐서 인심이 흉흉해 복자(卜者)인 내시 의영(儀榮)이 상주하기를, "국내의 모든 재앙을 물리치려면 사람의 힘으로는 어찌할 도리가 없사오니 부처님께 기도를 올려서 불보살의 가피력으로 재앙을 물리치는 수밖에 다른 도리가 없을 듯합니다"라고 아뢰어, 마침내 8월 임금께서 총지사 주지인 회정선사를 불러 위축기도를 봉행하도록 명하였다.

회정선사는 왕명을 받들고 전국 명산 대찰에 기도법회를 설판하는 동시에, 한양의 청룡사를 중창하고, 호국양회(護國攘會) 기원법회를 개설하여 천일을 계속하였다. 원래 의종왕은 즉위 초부터 선왕 인종(仁宗)과 같이 불교를 특히 숭상하고, 자주 사원(寺院)에 행차하여 고적을 돌아보고, 또 승려와 더불어 환담하고 많은 승려를 함께 청하여 회식(會食)하게 하기도 하였다.

또한 즉위 3년(1149) 10월에는 도선국사에게 선각국사(先覺國師)라는 시호를 추증하고, 옥룡사(玉龍寺)에 비석을 세우는 등 불교에 대하여 남달리 관심이 지대하였다.

이렇게 특별히 불교를 숭앙한 의종이 즉위 12년에 호국양회 기원법회를 개설할 때에 청룡사는 태조께서 건국 17년에 후삼국 통일의 기원법회를 천일 동안 올린 곳으로, 기원을 시작한지 2년 만에 후삼국을 완전히 통일하였던 경험에 비추어, 이번 기원법회를 올림에도 정성을 다하면 기필코 소원을 성취할 것이라 하고, 정종(靖宗) 2년 만에 만선비구니가 건물을 중창한지 120년 만에 건물 전체를 회정선사에게 명하여 일신 중창하게 하였던 것이다.

회정선사는 고려 제19대 명종(明宗) 10년(1180) 세수 73세로 총지사에서 열반하였다.

지환(知幻)스님과 무학스님

　지환(知幻)비구니는 고려 제24대 원종(元宗) 2년(1261)에 경기도 수원에서 출생하였다. 속성은 오씨(吳氏)로서 11세에 청룡사에서 계욱(戒旭)비구니를 스님으로 정하고 출가하였다.

　지환비구니는 천성이 부지런하고, 의지가 굳세어서 무슨 일이나 한 번 결심하면 기어코 성공 시키고야 마는 성격이 있었다. 그리고 학문과 덕망이 있어 당시의 사대부 가정에서도 많은 신자가 생겨났다.

　퇴락한 청룡사를 중창할 서원을 세우고 34세부터 모금하기 시작하여 6년을 하루같이 부지런히 노력한 결과 드디어 고려 제25대 충렬왕 25년(1299)에 법당을 위시하여 건물 전부를 새롭게 중창하였다.
　고려 제26대 충선왕(忠宣王) 4년(1312)에 세수 52세로 청룡사에서 입적하였다.

　청룡사를 제4차로 중창한 무학 왕사의 휘(諱)는 자초(自超)이고, 호는 무학이며, 때로는 계시던 집 호를 따서 계월헌(溪月軒)이라고도 하였다.

　고려 제27대 충숙왕 14년(1327) 9월 20일에 경상도 삼기군(三岐郡 ; 陜川郡)에서 출생하였다. 아버지는 숭정대부 문하시랑 박인일(朴仁一)이오, 어머니는 고성 채씨(蔡氏)로서 현모다운 미덕을 갖춘 부인이었다. 하루는 어머니 채씨가 하늘에서 아침 태양이 품속에 안기는 꿈을 꾸고 무학왕사를 잉태하였다. 무학왕사는 어릴 때부터 총명하고 영리하여 글을 배우는데 하나를 배우면 열을 알았고, 무슨 일에나 앞을 섰으며, 남의 뒤에 떨어지는 일이 없었다.

18세 때에는 홀연히 인생의 무상함을 느껴 속세를 떠나 출가할 뜻을 가지고, 혜감(惠鑑)국사의 상족제자 되는 소지(小止)선사를 찾아가서 구족계를 받아 스님이 되었다. 그리고 용문산에 있는 혜명(慧明)국사를 찾아가서 법을 배웠고, 법장(法藏)국사를 찾아가 뵈옵고 밝은 길을 얻었다는 인가를 받았다. 그리고 그 곳에서 조금 떨어진 부도암(浮圖庵)에 머물면서 정진하였다.

하루는 부도암에 뜻하지 않은 불이 나서 암자가 다 타게 되었다. 대중은 모두 어찌할 바를 모르고 허둥지둥 할 때에 무학왕사는 홀로 목석(木石)과 같이 태연히 앉아서 좌선에만 골몰하였다. 대중들은 이것을 보고 이상히 생각하였을 뿐 아니라 불법을 크게 일으킬 재목이라 감탄하였다.

무학왕사는 21세가 되던 충목왕 2년(1346)에 능엄경을 읽다가 문득 깨달은 바 있어, 그 깨친 바를 스승인 혜명국사에게 여쭈었더니, 혜명국사는 그 뛰어난 경지를 칭찬해 마지 않았다. 그 뒤로부터 무학왕사는 밥먹는 것도 잠자는 것도 잊고, 힘써 수도하는 동안 23세가 되던 기축년 가을에는 진주(鎭州)의 길상사(吉祥寺)로 옮겼고, 26세 되던 임진(壬辰)년 여름에는 묘향산 금강굴(金剛窟)로 가서 잠이 오면 송곳으로 다리를 찔러가면서 공부에 열중하였다. 이렇게 하는 동안 무학왕사는 의문 나는 점을 확연히 풀고, 크게 깨친 바가 있었다.

그는 그 깨친 바를 증명 받고자 고명한 스승을 찾아서 여러 곳을 다녔으나 만족하지 못하고, 마침내 27세가 되던 고려 제31대 공민왕 2년(1353)에는 단신으로 원(元)나라 연경으로 가서, 인도스님인 지공선사를 만나게 되었다. 무학왕사는 지공선사를 찾아가서 합장 예배드리고 말씀드렸다.
"3천8백리를 와서 화상의 면목을 친견하였습니다."
"고려 사람들은 모두 죽었도다."
지공선사의, 이 말은 무학왕사의 법력을 인가한 말이었다.

다음 해 정월에는 당시 고려의 선풍(禪風)을 원나라 서울에서 떨치고 있던 나옹(懶翁 ; 惠勤)선사를 법천사(法泉寺)로 들러 친견하고, 법을 문답하였다. 나옹선사는 무학왕사를 한 번 보고 그가 큰 그릇임을 인정하여 서로 늦게야 만나게 된 것을 애석히 여겼다. 얼마 뒤에 무학왕사는 원나라 서울을 떠나 남쪽으로 내려가서 무영산(霧靈山)과 오대산(五台山) 등을 두루 구경하고, 다시 서산(西山) 영암산(靈岩山)으로 돌아와서 나옹선사를 두 번째로 찾아뵈옵고, 여기에서 선사를 모시고 침식을 잊고 일심전력 공부에 힘썼다.

어느 날 나옹선사는 무학왕사를 보시고 희롱삼아 말씀하였다.
"그대는 타국에 와서 죽으려고 밥도 먹지 않는가?"
이 말을 들은 무학왕사는 그저 웃기만 하고 대답이 없었다.

그 뒤 또 어느 날 나옹왕사는 무학왕사와 함께 돌 위에 앉아 계시다가 무학왕사를 보고 물었다.
"옛날 조주(趙州)선사가 수좌를 데리고 돌다리를 구경하시다가 수좌에게 묻기를, '이 다리를 누가 놓았는고?' 하니까 수좌가 대답하기를 '이응(李膺)이라는 사람이 놓았습니다.' 조주선사가 또 묻기를 '어느 곳부터 손을 먼저 대어서 놓았는고?' 하니까 수좌가 대답을 못하였다. 만일 오늘 어떤 사람이 그대에게 이렇게 묻는다면 그대는 어떻게 대답하겠는가?"
무학왕사는 뜰에 놓인 돌을 번쩍 치켜들어 보이니까 나옹선사는 일어나서 가시었다.

그날 밤 무학왕사는 조용히 나옹선사가 계시는 방으로 선사를 찾아갔다. 나옹선사는 찾아온 무학왕사를 보시고 말씀하였다.
"오늘에야 내 비로소 그대를 속이지 않을 것을 알았네. 온 천하에 서로 얼굴 아는 사람이 많기도 하지만 마음을 아는 사람은 몇이나 될까? 그대와 나는 한 집 가진 것과 같으니, 아무리 감추고자 하여도 감추어지지 않는 것과 같은 것일세. 다른 날 그대는 어찌 남의 앞에 물건이 될 수 있겠는가?"
이 말은 무학왕사의 도가 아무리 감추려고 하여도 저절로 나타나 여러 사람을 교화한다는 것을 말하여 준 것이다.

그러나 무학왕사는 이 말을 듣고 마음 속의 큰 의심이 확연히 풀리고 크게 깨달은 바 있었으나, 향학에 더욱 뜻을 두어 중국 땅의 명산 대찰을 찾고, 선지식과 좋은 도반을 친견하면서 법을 묻고 도를 닦았다. 그리고 절강(浙江)·강소(江蘇) 등의 남방 불교를 직접 찾아보고자 남방으로 내려갔으나, 그때 마침 남방에 난리가 일어나서 뜻을 이루지 못하고 귀국할 계획을 세웠다.

드디어 무학왕사는 30세가 되던 고려 공민왕 5년(1356) 여름에 나옹선사를 찾아뵈옵고 고별의 인사를 드렸다. 나옹선사는 석별의 정을 표하면서 이런 법어 한 구절을 써 주었다.

관기일용전기 여세유이 불사선악성사
(觀基日用全機 與世有異 不思善惡聖邪)
불순인정의리 출언토기여전봉상주 구
(不順人情義理 出言吐氣如箭鋒相柱 句)
의합기사수 일구탄각빈주구장신투 과불조관
(意合機似水 一口吞却賓主句將身透 過佛祖關)

그리고 또 작별의 시 한 수를 따로 써서 주었다.

이신낭중별유천(已信囊中別有天)
동서일임용삼현(東西一任用三玄)
유인문이참심의(有人間爾參尋意)
타도면문갱막언(打倒面門更莫言)

무학왕사가 귀국한 뒤 곧 이어서 나옹선사도 지공선사에게서
"삼산양수(三山兩水)의 자리에서 불교를 크게 일으키라."
는 부탁을 받고 돌아와서, 경남 양산군 상복면 천성산의 원효암에 주석하게 되었다. 이 때 무학왕사는 나옹선사를 찾아가서 문안드리니 나옹선사께서는 오랫동안 가지고 있던 불자(拂子 ; 먼지털이) 한개를 주시면서 법을 전해주는 신표(信標)로 삼노라고 하였다. 이로부터 무학왕사는 명실공히 나옹선사 법통을

이어받은 제자라는 것을 천하에 선포하게 된 것이고, 세상 사람들도 그렇게 받들었다.

그 뒤에 나옹선사가 해주(海州) 신광사(神光寺)로 옮겨가게 되자 무학왕사도 함께 따라갔다. 무학왕사는 여기에서 나옹선사를 모시고, 오랫동안 있을 생각을 가졌으나, 나옹선사의 제자들 가운데에 무학왕사를 시기하는 사람들이 있어서 이를 눈치 챈 무학왕사는 나옹선사에게 하직하고 지체없이 문하를 떠나게 되었다. 떠날 때에 나옹선사를 무학왕사에게 이런 말씀을 하였다.

"의발(衣鉢)을 전하는 것은 언구(言句)를 전하는 것만 못한 법이니, 그러므로 내 사구(四丘)의 시를 지어 주노니 길이 의심을 끊으라."
하시고 다음과 같은 시 한 수를 써주었다.

분금별유상량처(分襟別有商量處)
수식기중의갱현(誰識其中意更玄)
임이제인개불가(任爾諸人皆不可)
아언투과공겁전(我言透過空劫前)

무학왕사는 나옹선사의 문하를 떠나서 여주땅 고달산에 들어가 조그만 초암을 짓고 지내다가 다시 안변(安邊) 설봉산에 들어가서 토굴를 짓고 지냈다. 이때 태조 이성계가 동북면 도원수로 안변에 주재하였다. 어느 날 밤에 이성계가 꿈을 꾸니 천집(千家)의 닭이 일시에 울고, 천집의 방아(臼)가 일시에 찧어 보이고, 꽃이 떨어지고, 거울이 깨어지고, 헌 집에 들어가서 서까래(椽木) 셋을 지고나와 보였다. 이성계는 이 꿈의 사연이 하도 기이하여 이웃 마을에 사는 해몽 잘 하는 노파를 찾아 갔다.

마침 찾아간 노파는 집에 없었고, 노파의 딸만 집에 있다가 찾아온 이성계를 보고 물었다.
"무슨 일로 이렇게 오셨습니까?"

"너의 어머니가 집에 있었으면 해몽을 청하려고 하였는데 공교롭게도 오늘 집에 없어서 헛걸음 했구나."

대답하니, 노파의 딸이 이 말을 듣고 말하였다.

"소녀도 어머니 못지 않게 해몽을 잘하오니 꿈 이야기나 하십시오."

이성계는 지난밤에 꾼 꿈 이야기를 자세히 말하였다.

노파의 딸은 이성계의 꿈 이야기를 조용히 듣고 있다가 말하였다.

"아뢰옵기 죄송하오나 그 꿈은 흉몽이라 크게 불길한 일이 있을 징조이오니 매사에 조심함만 같지 못하리다."

이성계는 이 말을 듣고 기분이 좋지 못하여 힘없이 돌아오는 길에 해몽 잘하는 노파를 노상에서 만났다. 노파는 깜짝 놀라면서 물었다.

"어디에 이렇게 오셨다가 가시는 길입니까?"

이성계는 찾아간 경위를 처음부터 끝까지 자세하게 말하였다.

노파는 이성계의 이야기를 듣고 말하였다.

"그 꿈 참 좋은 꿈입니다. 지금 바로 우리 집에 저와 함께 가셔서 딸년 뺨을 때리고 '꿈을 물려내라' 하시면 '물려 가십시오' 할 터이니, 그 꿈을 물려 가지시고 여기서 서쪽으로 3십리 쯤 가시면 설봉산 밑에 토굴을 짓고 공부하는 신승이 계시니, 그 스님을 찾아가서 물으시면 반드시 좋은 해몽을 들을 수 있을 것입니다."

이성계는 즉시 노파가 일러주는대로 행동하여 설봉산 밑 신승이 있는 토굴을 찾아갔다.

이성계는 찾아오게 된 동기와 지난 밤의 꿈 이야기를 자세히 말하고 그 해몽을 부탁하니 다음과 같이 말하였다.

"그 꿈은 희유한 꿈입니다. 천집의 닭이 일시에 운 것은 고귀위(高貴位)니, 높은 벼슬에 오른다는 뜻이요, 천집의 방아가 일시에 찧어보인 것은 절거당(折巨幢)이니, 큰 깃대가 꺾어진다는 것으로 고려의 왕조가 망한다는 뜻이요, 헌집에 들어가서 서까래 셋을 지고 나온 것은, 임금 왕(王)자를 뜻하는 것입니다. 그리고 꽃이 떨어지면 열매가 맺게 되고, 거울이 깨어지면 소리가 나는 법이라, 장차 반드시 왕위에 나아갈 징조입니다."

하고 무학왕사는 이성계를 뚫어지게 자세히 보며, 오늘 일은 조심하여 함부로 말하지 말 것을 당부하였다.

이성계가 이 말을 듣고 크게 기뻐하면서

"만일 내가 장차 스님의 말씀과 같이 왕위에 오르게 되면 스님을 위하여 큰 절을 지어 드리오리다."

하였다. 무학대사는 이 말이 끝나자 다시 말하였다.

"한 나라의 임금이 되는 복도 적은 복이 아니오나, 큰 일은 하루아침에 이루어지는 것이 아니며, 보다 큰 복을 지어야 하옵고, 성인의 힘을 입어야 합니다. 그렇게 하려면 복 짓는 일을 먼저 행하여야 될 것인즉, 이 곳에다 절 하나를 짓고 그 이름을 석왕사(釋王寺)라 하고, 북청(北靑) 광제사(廣濟寺)에 모신 5백 나한(羅漢)님을 하루에 한 분씩 업어 모셔다가 오백성재를 올려 천 일간을 몰래 기도 하십시오."

이 말을 들은 이성계는 큰 희망을 품고 즉시 이 스님이 지시하는 대로 절을 짓고, 오백성재를 올리고 남몰래 천일간을 정성껏 기도를 했다. 이 때 광제사에서 있는 5백 나한님을 배로 모셔다가 학성 포구(浦口)에 대어 놓고, 하루에 한 분씩 업어 모셔오다가 마지막 날 두 분이 남았으므로 한꺼번에 두 분을 업어 모셔왔더니 한 분은 노여움을 사서 묘향산(妙香山)으로 가셨다고 전한다. 그리하여 지금도 안변 석왕사 오백나한전에는 한 분이 비어서 앉으셨던 자리만 남아있다.

그 뒤 이성계는 차차 벼슬이 높아지고 무술이 더욱 뛰어나서 해적들을 막는 데 많은 공을 세웠다. 그는 또 고려 말에 특별한 실력을 가지고 있던 승군(僧軍)과 손을 잡았고, 보부상(褓負商)과 깊은 관계를 맺어 경제적 뒷받침을 얻게 되었다. 그리하여 이태조의 등극에 결정적 계기가 된 위화도(威化島) 회군에도 그의 배후에서 수족처럼 움직이던 사람은 승군 영도자인 신조(神照)라는 천태종(天台宗) 출신의 승려였다.

무학왕사는 설봉산 토굴에서 이런 일이 있은 후 다시 옛날 주석하던 고달산 토굴을 옮겨갔다. 무학왕사가 45세 되던 해 고려 공민왕 20년(1371) 겨울에는

고려의 제31대 임금인 공민왕이 나옹선사를 청하여, 금란가사·내외법복·발우를 하사하고,

"왕사 대조계종사 선교도총섭근수본지 중흥조풍 복국우세 보제존자(王師 大曹溪宗師 禪敎都摠攝勤修本智 重興祖風 福國祐世 普濟尊者)"

에 봉하였다. 그 때 나옹선사는 전라도 송광사에 주석하였는데, 무학대사에게 글을 보내어 의발을 전하였으므로, 무학대사는 이를 배수(拜受)하고 글로 사례하였다.

무학대사가 50세 되던 해, 고려 제32대 우왕(禑王) 2년(1376) 여름에 나옹왕사는 경기도 양주 회암사 주지가 되어 이를 크게 중창하고, 그 낙성식에 무학왕사를 불러 수좌(首座)로 삼고자 하였으나 무학왕사는 이를 굳이 사양하였다.

그런데 이 때 서울 신도들의 왕래로 길이 메워져 큰 혼란이 생겼으므로, 나옹왕사는 왕명으로 밀성(密城 ; 密陽) 형원사(瑩原寺)로 옮아가게 되었는데, 가는 도중 여주 신륵사에서 병환이 났다. 무학왕사는 스님이 위독하다는 소식을 받고 급히 달려갔을 때에는 나옹왕사는 이미 병환이 침중(沈重)하였다.

시탕(侍湯)한지 10여일 만인 5월 15일에 나옹왕사는 열반에 드셨다. 때는 서기 1320년 충숙왕 7년 우왕 2년이었다.

무학왕사는 스님의 유해를 다비하여 정골사리(頂骨舍利)는 신륵사에 모시고, 비석과 부도는 회암사에 세웠다.

고려 제34대 공양왕 4년(1932) 7월에 태조 이성계가 공양왕을 폐출하고 송도 수창궁에서 왕위에 오르게 되었다. 그러나 당시 사회의 윤리관은 이성계가 고려의 왕씨 조정에서 벼슬하던 신하로서 임금을 들어내고, 그 자리를 빼앗은 것은 이신벌군(以臣伐君)이라 하여 백성들의 마음이 좀처럼 이성계에게 돌아가지 않고, 또 왕씨 조정에서 벼슬하던 신하들도 문관(文官) 72인은 서두문동(西杜門洞)에 들어가서 나오지 않고, 무관(武官) 49인은 동두문동(東杜門洞)에 들어가서 나오지 아니하며, 새로 과거를 보아도 과거에 응시하는 사람이 없으니,

이태조의 마음은 극도로 초조하여졌다. 이태조가 천가지로 생각하고 만가지로 헤아려 보아도 좋은 도리는 생각나지 않아 가슴만 바짝바짝 태우다가,

"아! 이런 때에 무학대사나 있었으면 어두운 밤에 등불이 되어 줄 수 있을 터인데…"

하고 탄식하기 한두 번이 아니었다.

태조 이성계는 마침내 함경도·평안도·황해도 도백(道伯 ; 觀察使)들에게 전교(傳敎)하여 무학대사를 찾아 모셔오게 하였다. 삼도(三道) 도백들은 어명을 받들고 도내 방방곡곡을 수소문하여 마침내 고달산에 숨어 있는 무학대사를 찾아서 모셔오게 되었다. 그리하여 고달산에는 삼도 도백들이 인(印)을 나뭇가지에 걸어 놓고 무학대사를 찾아뵈었다고 하여 삼인봉(三印峰)이라는 산봉 이름이 생겨났다.

이태조는 무학대사를 반가이 맞아 즉시 수창궁에서 왕사로 봉하는 의식을 거행하였으니, 때는 태조 원년(1392) 10월 11일 이태조 탄신일이었다.

이태조는 무학왕사에게 왕사 직첩(直牒)과 함께

"대조계종사 선교 도총섭전불심인 변지무애 부종수교 홍리보제 도대선사 묘엄존자(大曹溪宗師 禪敎 都摠攝傳佛心印 辯智無碍 扶宗樹敎 弘利普濟 都大禪師 妙嚴尊者)"

라는 가자(加資 ; 正三品 通政大夫 이상의 품계를 올리던 일)를 내리었다. 그리고 태조는 무학왕사에게 이렇게 물었다.

"왕사님. 과인이 재주없고 덕이 부족하여 왕위에 오르기는 하였으나 백성들이 복종하지 않으니 이 일을 어떻게 하면 백성이 믿고 따르게 할 수 있겠습니까?"

무학왕사는 묵묵히 듣고만 있다가, 이렇게 왕에게 주달(奏達)하였다.

"전하! 예로부터 밝은 정사로서 백성을 다스리는 어진 임금은 덕으로써 천하를 다스렸다 하오니, 전하께서도 백성에게 어진 덕을 베푸시옵소서."

"왕사님. 그러면 어떻게 하면 어진 덕을 베풀 수 있겠습니까?"

"전하! 세가지 묘한 방안이 있습니다. 첫째, 대사령(大赦令)을 내려서 옥에 갇혀있는 죄수들을 전부 석방하고, 효자·열녀를 표창하는 일이요, 둘째 나라

의 창고를 열어서 쌓아둔 곡식을 풀어서 굶주린 백성을 진휼(賑恤)하는 일이요, 셋째 왕도를 옮겨 백성들의 인심을 새롭게 하는 일이옵니다."

태조는 이 말을 들으시고 무한이 기뻐하면서, 왕사가 상주한 말씀대로 실행하기를 결심하고, 즉시 어명을 내려 한가지 한가지씩 실천에 옮겨갔다.

이 때 고려 말기 삼은(三隱)의 한 분인 문정공(文靖公) 목은(牧隱) 이색(李穡) 선생은 무학왕사에게 "성주룡비천왕사불출세(聖主龍飛天王師佛出世)"란 글을 지어 보내어 치하하였다. 이해에 무학왕사의 세수는 66세였다.

이듬해 태조 2년(1393)에는 새로운 왕도를 선택하라는 어명을 받들고, 새 왕도 자리를 물색하기 위하여 각처로 지리를 답사하기 시작하였다. 무학왕사는 마침내 한양과 계룡산 신도(神道) 두 곳을 후보지로 선택하였다.

두 곳 중에서도 삼각산 한양을 가장 적합한 곳으로 태조와 함께 의논하여 내정(內定)하여 두고, 이반된 민심을 수습하기 위하여 정치적 책략으로써 계룡산 신도안에 가서 수만 명의 백성을 동원하여 성을 쌓고, 궁궐터를 닦고, 새왕도 건설에 분망하던 어느 날 밤에, 신도안의 주산인 연천봉(連天峰)에 어떤 이상하게 몸차림을 한 노인이 나타나서 큰소리로 외쳤다.

"이 신도안은 뒷날 정씨가 도읍할 땅이요, 이씨의 도읍터는 한양이니, 지체말고 한양에 가서 왕도를 정하여라."

이 말을 들은 성을 쌓던 백성들은 물론, 지방에 사는 백성들까지 마음이 설레이기 시작하였다. 이 때 태조는 즉시 명을 내려 신도안의 공사를 중지하고, 한양에 와서 도읍을 정하였다. 그리고 이듬해 9월에는 한양에 "신도 궁궐 조성도감(新都 宮闕 造成都監)"을 두고 본격적인 역사를 시작하였다. 계룡산 신도안의 공사를 갑자기 중지하고, 한양으로 와서 도읍을 정한 일은 계룡산 연천봉 산신님이 밤중에 나타나서 외친 것을 계기로 취한 일이니, 이 소문은 한입 두입 백성들의 입을 통하여 전국 각지에 퍼지게 되었다.

이 소문이 퍼지자 백성들은

"이씨(李氏)가 왕씨(王氏) 조정을 빼앗은 것은 역시 천의(天意)일세. 이씨의 왕도가 한양이라니 이씨의 운이 돌아온 바에야 천의를 거역할 수 있는가!"

하고, 백성들의 마음이 "이씨조선"으로 돌아오기 시작하였다.

이것은 물론 무학왕사가 백성들의 마음을 "이씨조선"으로 돌아오게 만든 술책이었다. 연천봉에 나타났던 산신도 신(神)이 아니라 비밀속의 인물이었다. 그리고 무학왕사가 한양에 와서 터를 잡으려고 하는데, 먼저 왕십리에서 땅을 파고 도선국사가 비석을 만들어 묻었던 것을 발견한 것도 이 때였다. 이 때의 무학왕사의 세수는 68세의 고령이었다.

무학왕사는 종묘사직 궁궐터를 정하는데 인왕산을 진산(鎭山)으로 삼고, 백악(白岳)을 청룡(靑龍), 남산(南山)을 백호(白虎)로 삼아, 동향(東向) 대궐을 짓고자 하였다. 그러나 이 때에 정도전(鄭道傳)이 반대하기를, "예로부터 제왕은 남면이치(南面而治) 하였고, 동향하였다는 말은 듣지 못하였노라" 반대하므로 무학왕사는 다시 말하기를, "만일 내 말대로 하지 않으면 2백년 후에 국가에 큰 환란이 있을 것이니 그 때에 가서 반드시 내 말을 생각하게 될 것이오"라고 하였다. 정도전이 기어이 고집을 세워서 이 말을 믿지 아니하고, 백악을 진산으로 하고 인왕산을 백호로, 낙산(駱山)을 청룡으로 하여 남향 대궐을 지었으니, 과연 2백년 후에 임진왜란(壬辰倭亂)이 일어나서 대궐은 불타버리고 삼천리강산은 피로 얼룩졌다.

또 전설로 전하는 바에 의하면, 성을 쌓을 때 지금의 영천 무학재고개에서 성을 밖으로 내느냐 안으로 드러내느냐에 대하여 오랫동안 논쟁이 그치지 않았다 한다. 만약에 왕사의 말대로 성을 밖으로 내어 쌓으면 불교가 크게 성할 것이오, 유신들의 말대로 들여쌓으면 유교가 크게 성한다는 것이었다.

불교의 무학왕사와 유교의 일파가 서로 판가름한 곳이라 하여 무학재고개라 부른다는 것이다. 이 때 무학왕사의 의견은 마침내 성을 안으로 들이자는 정도전 일파의 의견에 눌리고야 말았다.

이 보다 앞서 태조 2년 봄에, 무학왕사는 계룡산을 다녀와서 3월말 경에 송도로 초청을 받았다. 때마침 태조가 개성 연복동의 연복사(演福寺)에 5층 탑을 세우고, 건국을 경축하는 뜻으로 문수법회(文殊法會)를 여는 기회에 왕사를 청하여 설법을 하게 된 것이다.

그 해 봄에 회암사 일대에 악질 유행병이 돌아 많은 사람들이 죽었다. 그리하여 무학왕사는 회암사로 돌아가지 못하고 연복사와 광명사(廣明寺) 등에 있게 되었다. 그가 자주 궁중으로 초청을 받고, 많은 물건을 받은 것도 모두 이 때의 일이다.

태조와 왕사의 친분을 기록한 석왕사기(釋王寺記)를 보면, 어느 봄날 두 분은 수창궁에서 농담을 하면서 희롱삼매(戱弄三昧)에 들었을 때, 태조가 먼저 말하였다.

"누가 먼저 농담을 잘 하는가 내기를 해 봅시다."
"대왕께서 먼저 하십시오."
그래서 태조가 먼저 농을 걸었다.
"내가 보니 스님은 돼지같이 생겼소."
"제가 보니 대왕께서 부처님 같습니다."
왕사의 대답이 의아스러운 듯이 태조가 물었다.
"어째서 같이 농을 하지 않으시오?"
왕사는 천연스럽게 대답하였다.
"용의 눈으로 보면 모두 용으로 보이고, 부처님 눈으로 보면 모두 부처님으로만 보이는 법입니다."

두 분은 손뼉을 치고 껄껄 웃었다 한다. 이와 같이 태조와 왕사는 허물없는 사이였기 때문에 이조의 건국 사업에는 무학왕사의 공이 적지 않게 반영되었던 것이다. 그런 뜻에서 태조 3년 3월에 태조는 무학왕사의 출생지인 삼기현(三岐縣)을 군으로 승격시키고, 왕사의 아버지에게는 문하시랑(門下侍郞)의 벼슬을 추증(追贈)하였다. 그 뒤 왕사는 다시 회암사로 가서 수도를 하게 되었다. 태조는 기회있는대로 친히 가기도 하고 사람을 보내기도 하였다.

이보다 앞서 태조 2년 2월 9일에는 무학왕사께서 선사인 지공(指空)·나옹(懶翁) 두 선사를 위하여 탑명(塔銘)과 진영(眞影)을 모실 것을 주청하니, 이태조는 어명을 내려 이를 윤허하여 탑은 양주 회암사에 모시고, 진영은 개성 만월동의 광명사에 모시고, 몸소 다음과 같은 영찬을 지으셨다.

지공천검평산갈(指空千劍平山喝)
선택공부대어전(選擇工夫對御前)
최후신광유사리(最後神光遺舍利)
삼한조실만년전(三韓祖室萬年傳)

그 해 10월에는 개성 연복동의 연복사에서 전장불사(轉藏佛事 ; 대장경을 轉讀하는 불사)가 열렸을 때, 어명으로 무학왕사를 주석(主席)으로 모셨다. 무학왕사는 여기에서 5년 동안 전장불사에 진력하시다가 태조 7년(서기 1938년, 戊寅)에 사퇴하고, 양주 회암사, 도봉산 회룡사, 삼각산 청룡사, 양주 묘적사 등 여러 곳에 주석하였다.

태조는 왕위를 물러난 뒤로 태종을 매우 미워하고, 서울을 떠나 함흥에 가서 돌아오지 않았다. 이에 태종은 여러 번 사신을 보내어 문안을 드렸으나 그 정이 미치지 못하고 노여움만 더하게 되었다. 태종은 생각다 못하여 무학왕사를 청하여 태조를 환궁케 하도록 꾀하였다. 마침내 태종왕 2년(1402)에 무학왕사는 태종의 부르심을 받고 대궐로 들어갔다. 태종은 무학왕사를 반갑게 맞으면서 다음과 같은 전교를 내리었다.

"왕사께서 함흥 본궁에 내려가서 상왕의 마음을 돌이켜 서울로 회란(回鑾 ; 還宮)하시도록 권해 보십시오. 그동안 수십 명의 차사를 보냈으나 한 사람도 살아서 돌아오는 사람이 없이 모두 죽었으니, 왕사께서 가셔야 부왕의 노여움을 풀으시고 회란하시게 할 수 있을 것이오니, 수고를 아끼지 마시고 함흥에 한 번 다녀오시기 바랍니다."

　무학왕사는 태종의 간곡한 이 부탁을 차마 거절할 수 없어서 대궐을 물러 나
와서 즉시 함흥길을 떠났다. 태조왕이 함흥 본궁에 내려가 계시면서 아드님 태
종이 문후차사(問候差使)를 보내면 죽여버리는 것은, 태종에 대한 분노를 풀길
이 없어서 무고한 차사만 죽여버리는 것이었다. 그러므로 한 번 가서 다시 소
식이 없고 돌아오지 않는 사람을 '함흥차사(咸興差使)'라고 하는 속담까지 생겨
나게 되었다.

　그러면 태조와 태종은 어찌하여 이렇게 견원사이가 되었는가. 태조 이성계는
즉위하기 전에 제1왕후인 신의왕후(神懿王后) 한씨(韓氏)에게서 아들 6명을 낳
고 제2왕후인 신덕왕후(神德王后) 강씨(康氏)에게서는 두 형제를 낳았다. 그런
데 이태조의 고려왕조를 전복시키고, 왕위에 나아간 것은 다섯째 아드님인 방
원의 힘이 가장 컸다.

　그러나 태조가 즉위하고 세자를 택봉할 제, 제2왕후 강씨는 자기 소생 중에
서 세자가 책봉되기를 개국공신 정도전 등과 협의하고, 극력 주선하면서 마침
내 막내아들인 방석이를 세자로 책봉하였다. 이러한 처사는 마침내 제1왕후 소
생 왕자들의 불평을 사게 되었고, 특히 다섯째 아드님인 방원은 심중에 불평이
대단하여 태조 7년(1398) 8월에 마침내 강씨 소생의 방번·방석 형제를 죽이
고, 정도전까지 죽여버렸다.

　이에 태조는 크게 노하여 왕위를 둘재 아들 방과(方菓 ; 定宗)에게 물려주고,
울적한 회포를 풀길이 없어 사방에 소요하였다. 그러나 둘째 아들 정종이 즉위
하여 2년 째가 되는 해(1400, 庚辰)에 또 제4남인 방간(芳幹)과 제5남인 방원
(芳遠 ; 太宗)이 서로 쟁투하여 마침내 방간이 사로잡혀 죽으니, 태조의 격로는
말할 수 없이 컸다. 이리하여 정종은 재위 2년 만에 왕위를 다섯째 아우 방원
에게 전하였으며, 태조는 함흥본궁으로 내려가서 두문불출하게 되었고, 태종이
사신을 보낼 때마다 혹은 죽이고, 혹은 잡아 가두어 돌려보내지 아니하였던 것
이다.

이렇게 사신을 보내는 때마다 태조의 노여움을 풀어 환궁은 커녕 모두 죽어 없어지므로, 태종은 궁리하다 못해 무학왕사를 청하여 이 어려운 차사 가는 일의 전교를 내리었던 것이다. 무학왕사는 어명을 받들고 함흥으로 내려갔다.

이태조는 무학왕사를 반가이 맞아 환담하다가 별안간 노기(怒氣)에 찬 음성으로,

"왕사께서는 태종의 명을 받고 나를 달래러 온 것이 아니오?"

하였다. 이 말을 들은 왕사는 태연자약한 얼굴빛으로

"전하! 그게 무슨 황공한 처분이시오니까. 빈도는 오랫동안 전하의 용안을 뵈옵지 못하와 문후(問候)차로 들린 것이옵고, 어찌 왕명을 받들고 차사로 왔으리야 있사오리까."

하니 태조는 이 말을 듣고 얼굴의 노기를 걷으시고, 격조한 회포를 서로 이야기하게 되었다.

무학왕사는 대왕을 모시고 수십일 동안 한 방에서 기거숙식(起居宿食)을 하면서 한 번도 태조의 잘못을 말하지 않고 지내다가, 어느 날 밤 3경이 지났을 때에 왕사께서는 조용히 일어나서 태조대왕에게 이런 말씀을 주달하였다.

"전하! 태종에게는 진실로 죄가 있습니다. 그러나 부자의 정은 천륜이옵니다. 태종의 잘못을 용서하옵시고 부자분이 서로 만나셔야 됩니다. 아무리 자식의 잘못이 있다 하더라도 어버이로서 용서하지 않을 수 없는 것이 부자의 천륜인 것입니다. 또한 만약에 이 사람을 버리시면 전하께서 창업하신 이 대업은 장차 누구에게 위탁하시렵니까? 그렇다고 다른 사람에게 넘겨줄 수도 없는 일이요, 결국 성자신손(聖子神孫)이 계계승승하셔야 되지 않겠습니까. 태종은 전하께서 화가위국(化家爲國)하실 때에 수훈의공(殊勳之功)을 세우시고, 전하의 성업을 익찬(翼贊)하셨으니 여간 잘못이 있더라도 하해(河海) 같으신 성은으로 용서하시지 않으시면 어이하시겠습니까. 속히 회란하사와 만백성의 비원(悲願)을 살피시옵소서."

무학왕사의 이와 같은 간곡한 주달을 듣고 계시던 태조께서는 침통한 표정을

지으면서,

"왕사! 내 수이 서울로 가겠소이다. 왕사! 먼저 가시면 내 곧 올라 갈터이라고 봉명(奉命)하시오."

이리하여 무학왕사는 즉시 한양으로 돌아가서 태종에게 봉명하고, 궐하(闕下)를 물러나와 의정부 도봉산 아래 회룡사(回龍寺)에 나와서 용가회란 하기를 기다리다가 어가(御駕)를 모시고 입경(入京)하였다.

그 후 왕사는 한양의 흥인문 밖 청룡사에 잠시 주석하였다. 이 때 청룡사는 연구세심(年久歲心)하여 몹시 퇴락하였다. 왕사께서는 청룡사를 중창할 것을 태종에게 주청하였던 바, 태종께서는 왕사의 공로를 고맙게 여겨서 즉시 어명을 내려 청룡사를 중창하게 하였다.

태종 3년에 역사를 시작하여 2년 후인 태종 5년(1405) 5월에 낙성하였으며, 중창한 총 간수는 3백여간이나 되었고, 그 건물 규모도 실로 웅장하였다.

청룡사의 낙성이 끝나자, 그 해 6월에 왕사께서는 금강산으로 들어갔다. 잠시 진불암(眞佛庵)에 계시다가 9월에 금장암(金藏庵)으로 옮겨갔다. 어느 날 왕사께서는 대중을 모아놓고 말씀하였다.

"내 오늘 가겠노라!"

대중 가운데서 어떤 수좌가 나서면서 물었다.

"사대(四大)가 각각 흩어지면 스님은 어느 곳을 향하여 가시겠습니까?"

"모르겠노라."

수좌가 다시 물으니,

"모르겠노라."

하였다가 수좌가 다시

"스님께서 병중에 병들지 않은 자가 있습니까? 없습니까?"

하니 왕사께서는 손가락으로 옆에 앉은 어떤 수좌를 가르쳤다. 수좌가 또 물었다.

"색신(色身)은 지(地 ; 肉)·수(水 ; 血)·화(火 ; 熱)·풍(風 ; 呼吸) 4대로 이루어

진 것이라 필경 마멸(磨滅)로 돌아가는 것이니 어떤 것이 참 법신(法身)입니까?"

왕사께서는 두 어깨를 치켜세우며,

"이것이니라."

하시고 적연(寂然)히 열반하시니 때는 태종 5년(1405) 9월 11일 야반(夜半)이었다. 이 때 왕사의 세수는 79세이며, 법랍(法臘)은 61세였다.

이로부터 3년이 지난 태종 7년(1470) 12월에는 왕사의 정골(頂骨)을 받들어 양주 회암사에 석탑을 조성하여 모셨고, 또다시 4년이 지난 태종 10년(1410, 庚寅) 7월에는 태종께서 변계량(卞季良)을 시켜서 왕사의 비명을 지어 비석에 새겨서 세우게 하고, 또 태종은 왕사에게 시호와 "조선왕사 대조계종사 선교 도총섭 전불심인 변지무애 부종수교 홍리보제 도대선사 묘엄존자 가증 개종입교 보조법안 광제공덕 익명흥운 지세호국 동방제일 대법사자(朝鮮王師 大曹溪 宗師 禪敎 都摠攝 傳佛心印 辯智無碍 扶宗樹敎 弘利普濟 都大禪師 妙嚴尊者 加贈 開宗立敎 普照法眼 廣濟功德 翊命興運 持世護國 東方第一 大法師者)"라는 가자(加資)를 내리었다.

변계량이 지은 회암사 묘엄존자탑비문(妙嚴尊者塔碑文)에 의하면 무학왕사가 처음 왕사로 봉해졌을 때 상당법문(上堂法文)에 불자(佛子)를 세우고 대중에게 말하였다.

"이것은 삼세제불도 말씀하지 못한 것이며 역대 조사께서도 전하지 못한 것입니다. 대중은 아십니까, 모르십니까. 만약 마음에 계교를 품던가 계교를 가지고 말하는 것은 어찌 우리 선종(禪宗)이라 하리까."

이것은 나옹선사의 적손으로서의 그의 면목을 보여준 사상이라 하겠다.

법공(法空)스님과 예순(禮順)비구니

법공(法空)비구니는 이조 제9대 성종(成宗) 2년(1471)에 경기도 광주(廣州)에서 평창이씨 가문의 6남매 중에서 다섯째 따님으로 출생하였다. 집안 살림이 간구(艱苟)하여 다섯 살 때에 청룡사의 지안(智眼)비구니를 은사로 모시고 스님이 되었다. 성종이 재위 25년 만에 승하하고, 제10대 임금으로 연산군이 즉위(1495)하자, 그가 세자 시절에 그의 어머니 윤씨(尹氏)가 사사(賜死)된 후 불우하게 지낸 탓으로 이상성격이 형성되어 점차 향락과 횡포를 일삼고 학문을 싫어하게 되었다. 드디어 즉위 4년 만에 무오사화(戊午士禍)가 일어나고, 즉위 10년이 되는 해에는 갑자사화(甲子士禍)를 일으켜 많은 학자와 신하를 학살 또는 추방하는 비극을 연출했다.

이렇게 하는 동안 연산군은 그를 비방하는 한글로 된 투서가 있었다 하여 언문구결(言文口訣)을 불태우고 언문교습(言文敎習)을 중지케 하였으며, 원각사(圓覺寺)를 폐하여 그 곳에 장악원(掌樂院)을 두어 기녀를 양성하고, 성균관을 폐하여 그 곳을 유흥장으로 삼았으며, 사간원의 기능을 중지케 하고, 각도에 채청사(採靑使), 채홍사(採紅使)를 파견, 미녀와 양마(良馬)를 징발하는 등 횡포가 자심하여 나라 안이 말할 수 없이 어수선 하였다. 또한 연산군의 방탕 횡포와 폐사훼불(廢寺毁佛)의 처사는 마침내 청룡사에까지 미쳐, 연산군 7년 법공비구니가 31세 되던 해(1501)에 폐사를 당하게 되었다.

법공비구니는 하는 수 없이 은사인 지안스님을 모시고 금강산으로 들어가서 6년간 난을 피하여 숨어 살다가 제11대 중종(中宗)원년, 중종이 반정하고 연산군이 쫓겨났다는 말을 듣고 지안비구니를 모시고 청룡사로 돌아왔다. 청룡사에 돌아와 보니 수많은 건물들은 모두 허물어져 없어지고, 황량한 폐허위에 잡초만 무성하고 산짐승들만 오락가락 하였다. 법공비구니는 먼저 빈 터 한 모퉁이에 조그마한 움막을 짓고, 청룡사를 다시 복구할 굳은 결심을 세웠다.

이리하여 법공비구니는 면밀한 계획을 세우고, 비가 오나 눈이 오나 바람이 불거나 7년간을 하루같이 풍우한서를 가리지 않고 권선모연(勸善募捐)하여 마침내 중종 7년(1512)에 청룡사를 완전 복구하였다. 법당·승당·명부전·산신각·우화루 등 실로 방대한 1백여간의 건물을 국가의 특별한 지원없이 법공비구니의 지성으로 이룩하였다는 것은 참으로 경탄할 일이었다. 이 때 법공비구니의 나이는 42세였다.

이후 법공비구니는 계속 청룡사에서 주석하다가 중종 33년(1533)에 세수 68세로 입적하였다.

이조 제16대 인조(仁祖) 2년(1624)에 예순(禮順)비구니가 인목대비(仁穆大妃)의 명을 받들이 여섯번째로 청룡사를 중창하였다.

예순비구니는 이조 제14대 선조 20년(1587)에 인조반정의 1등 정사공신(靖社功臣)인 김유(金瑬)의 따님으로 출생하였다. 17세 때에 연안이씨(延安李氏)의 집으로 출가 하였다가 21세 때에 부군을 사별하고 친정에 와서 부쳐 살다가 인간 세상의 무상을 느끼고 24세 때 광해군 2년(1610)에 청룡사의 도심(道心)비구니를 모시고 스님이 되었다.
예순비구니는 스님이 되기 전부터 선조왕의 계비 인목대비의 총애를 받았고, 대비를 궁중으로 자주 찾아가 뵈온 일이 있었다.

선조왕이 승하하고 광해군이 즉위하자 포학한 정치를 감행하기 시작했다. 즉 선조 39년에 계비 인목왕후가 영창대군(永昌大君)을 탄생하자, 서자이며 둘째 아들이라는 결함이 있는 광해군을 두고, 세자 책봉에 있어서 소북(小北)파에서는 영창대군을 옹립하고, 대북(大北)파에서는 광해군을 지지하여 이는 마침내 당쟁으로까지 확대되었다.

이러는 동안 갑자기 선조가 위독하여 광해군에게 선위하여 즉위하니, 정인홍(鄭仁弘)등 대북파가 득세하여 소북의 유영경(柳永慶)등을 사사하게 되었다. 그리고 이어 정인홍 등은 이언적(李彦迪)·이황(李滉)·문묘종사(文廟從祀)를 반대하여 성균관 유생들의 파동이 일어나자 많은 문신·학자들을 추방하였다.

광해군 5년(1613)에는 인목대비의 친정아버지인 연흥부원군(延興府院君) 김제남(金悌男)이 영창대군을 왕위에 추대하려 한다고 모함하여 역적으로 몰아죽이고, 광해군의 형인 임해군(臨海君)을 죽이고, 이어 인목대비의 소생인 여덟살된 영창대군을 서인으로 깎아내려 강화 교동도(喬桐島)에 귀양 보냈다가 이듬해 증살(蒸殺)하였다. 광해군 9년(1617)에 정인홍(鄭仁弘)·한효순(韓孝純)·민몽룡(閔夢龍)·이이첨(李爾瞻)·정조(鄭造) 등 재북파 547인이 연명상소하여 인목대비를 창덕궁에서 경운궁(西宮)으로 옮겨 외인의 출입을 엄금케 하고 유폐하였다.

이듬해 이이첨 일파는 이렇게 천인이 공노할 잔학무도한 행동을 하고도 이에 그치지 않고, 인목대비의 죄상 10가지를 들어 폐모(廢母)상소를 빗발치듯 올리니 대비의 신변은 바람에 등불같이 시시각각으로 위험하기만 하였다.

이런 상황 속에서 죽음을 무릅쓰고 유폐된 대비를 문후가는 사람은 오직 청룡사의 예순 비구니 뿐이었다. 즉 바깥 소식을 대비에게 전해드리고 대비의 비통한 심경을 위로해드리는 유일한 대화자였다.

광해군 10년 정월에 이이첨·정인홍 등의 대북파의 폐모 상소는 끝내 실천되어 대비의 호를 삭거(削去)하여 서궁(西宮)이라 부르게 하였다. 사태가 이렇게 되니 서궁 앞에는 사람의 발자취가 끊어지고, 개미 한 마리도 얼씬하지 못했다. 이런 때에도 여전히 위험을 무릅쓰고 대비를 자주 찾아가 문후하고 세상소식을 전하는 예순 비구니의 충의심(忠義心)은 인목대비의 마음을 감동시키고도 남음이 있었다.

광해군 15년(1623) 3월 13일 이귀(李貴)·김유(金瑬) 등이 거느린 반정군이 광해군을 몰아내고 능양군(綾陽君)을 추대하여 왕위에 오르게 하니, 이 분이 곧 인조(仁祖)임금이었다.

　인조왕이 이조 제16대 왕위에 나아가자, 이이첨·정인홍 등이 처형됨은 물론, 인목대비께서도 서궁에서 창덕궁으로 환궁하였다. 그리고 대비께서는 예순비구니를 불러서 청룡사의 중창을 명하였다.

　예순비구니는 인목대비의 명을 받들고 인조 2년(1624)에 청룡사를 일신 중창하였다. 그리고 강화 교동도에서 참혹하게 죽은 여덟살 된 어린왕자 영창대군의 위패를 청룡사로 모시고 와서 천도법회를 열었다. 예순비구니는 세수 71세로 청룡사에서 입적하시니 때는 이조 제17대 효종(孝宗) 8년(1657)이었다.

　이상 예순비구니의 생애를 보면, 원래 귀한 가문에 태어나서 어려서부터 인목대비의 사랑을 받아 궁중으로 출입하였다. 그러나 예순비구니의 생애도 파란과 역경의 연속이었으니 6세 때에 임진왜란(壬辰倭亂)이 일어나 12살 때까지 6년 풍진을 겪었고, 17세 때에는 연안이씨 댁으로 출가하였으나 5년만인 21세에 부군을 사별하였고, 24세 때에는 청룡사에 와서 스님이 되었으나 광해군의 즉위로 인목대비의 고심초사를 보고 10여 년을 하루같이 대비를 위해 정성을 바쳤고, 마침내 인조반정의 성공으로 인조가 즉위하고 2년 되던 해, 즉 예순비구니가 38세 때에 청룡사를 일신 중창한 것이다.

　그러나 중창한지 10여년이 지나 예순비구니가 50세 되던 해(1632, 丙子) 12월에는 병자호란(丙子胡亂)이 일어나 서울이 오랑캐의 발굽아래 짓밟혔을 때 다시 퇴락하여진 것을 난이 끝나고 또 새로 중수하게 되었다.

　청룡사를 일곱 번째로 중창할 때 큰 후원자가 되신 영조대왕(英祖大王)은 이조 제19대 숙종대왕(肅宗大王)의 왕자로써 숙빈(淑嬪) 최씨(崔氏)의 몸에서 탄생하였다.

숙종대왕 다음에 제20대 왕위에 즉위한 경종(景宗)은 재위 4년 만에 후계 없이 승하였으므로, 왕제(王弟)되는 영조께서 제21대 왕위에 즉위하니, 이 분이 이씨조선의 역대군왕 중에서 가장 장수하고 가장 재위기간이 길며, 정치·경제·사회·문화 각 방면에 재흥(再興)의 기틀을 마련한 영주(英主)였다.

즉 영조가 즉위하자 대리청정(代理聽政)을 해야 하는 등, 노론(老論)·소론(少論)의 당쟁이 격화하여 마침내 신임사화(信任士禍)등이 일어나고, 나라의 정사가 고질적인 당파 싸움으로 휘말리게 되었다. 이에 영조대왕은 붕당의 폐를 통언(痛言)하고, 강경론자 몇 사람을 제거한 정미환국(丁未換局) 이후로는 양파를 고르게 등용하는 탕평책(蕩平策)을 기본정책으로 삼아 당쟁의 격화를 눌렀다.

한편 가혹한 형벌을 폐지 또는 개정하여 인권존중(人權尊重)을 기하고, 신문고(申聞鼓)제도를 부활하여 백성들의 억울한 일을 직접 알리게 하였으며, 금주령(禁酒令)을 내려 사치와 낭비의 폐습을 교정하고, 농업을 장려하여 민생의 안정에 힘썼다. 그리고 기민(飢民)의 실태를 조사하여 그들을 구제하고, 균역법(均役法)을 제정하여 세제의 합리화를 기하고, 오가작통법(五家作統法)을 부활하여 조세 수입을 늘렸다.

또한 북관군병(北關軍兵)에 조총(鳥銃)훈련을 실시하고, 화차(火車)를 제작하고, 수어청(守禦聽)에 총의 제작을 명하였고, 진(鎭)을 설치하고, 각 보진(保鎭)의 토성(土城)을 개수하는 등 국방대책(國防對策)에 힘썼다. 그리고 학문을 즐기고, 특히 인쇄술을 개량하여 육전(六典)·속대전(續大典)·악학궤범(樂學軌範)등 많은 책을 발간 또는 친제(親製)하고, 유능한 학자들을 발굴하여 실학(實學)의 학통을 수립하게 하고, 풍속·도의의 교정에도 힘써 사회·산업·문화·예술 등 각 방편에 걸쳐 부흥기를 이룩하였다.

이렇게 일일이 매거(枚擧)할 수 없는 많은 정사를 하는 가운데에서 특히 청룡사와 인연이 진 것은 영조 47년(1771) 9월에 단종왕비 정순왕후가 한 많은 일생을 보낸 청룡사에 그를 추모하고 위로하는 많은 사적을 남긴 일이다. 즉

정순왕후가 한 평생 주석하였던 청룡사에 "정업원구기(淨業院舊基)"라는 어필을 내려 비석을 세우고, 비각을 짓게 하고, 현판에는 "전봉후암어천만년(前峰後巖於千萬年)"이라는 어필 편액을 내리시는 한편, 정순왕후가 하루도 빠짐없이 올라가서 단종이 귀양간 동쪽의 영월땅을 향하여 애통하며, 억울하게 죽은 단종왕의 명복을 빌던 청룡사 앞 높은 산봉을 "동망봉(東望峰)"이라 이름 짓고, 어필로 3자를 내려 비석을 만들어 세우게 하였다.

그리고 청룡사를 일신 중창하였으니 법당·승당·명부전·삼성각·우화루·원적료 등 모두 2백여 간을 신축 혹은 중수하였다. 이와 아울러 영조께서는 정순왕후께서 정업을 닦으시던 유서 깊은 청룡사를 일반사원 명칭 그대로 둘 수 없다고 생각하시고, "청룡사"라는 명칭을 폐지하고, 궁중의 비빈궁녀들 만이 출입하던 특수사원인 "정업원"의 명칭을 따와서 "정업원"이라고만 불렀다.

영조대왕이 이렇게 청룡사를 중창하고 사명을 변경하고 비석과 비각을 세워 정순왕후의 한 많은 일생의 발자취를 길이 남기게 한 이유는, 물론 단종과 단종왕비 정순왕후의 원통한 옛 일을 생각한 것이겠으나, 그밖에 또 중요한 것은 그가 즉위한지 8년 째 되던 해에 그의 아들 장헌세자(莊獻世子)가 원통하게 죽은 것을 늦게야 깨달으시고, 몹시 슬퍼하사 죽은 세자의 호를 사도(思悼 ; 사도세자)라고 지어주고, 그 명복을 빌어주는 뜻에서 청룡사를 중창하고, 또한 단종의 원통한 점도 아울러 신원한 것이었다. 영조는 청룡사를 중창한 뒤 모후 숙빈 최씨를 위하여 육상궁을 또 지었다. 이러한 것 등은 모두 영조대왕이 만년에 이르러 그의 잘못을 뉘우치고 죄업을 참회하는 뜻에서 취하여진 일이었다.

그리고 여기에 밝혀 둘 일은, 일부 전해오는 유수한 기록에 의하면, 영조대왕이 청룡사를 중창할 때 단종의 복위와 함께 단종왕비 송씨를 "정순왕후"로 추봉하였다는 사실이다. 또한 단종이 영월 청냉포에서 참혹하게 승하한 후, 수백 년 동안 누구 하나도 돌아보는 이 없는 그의 무덤을 영조대왕이 "장릉(莊陵)"으로 추봉하였다.

그러나 선원계보(璿源系譜)와 그밖의 정사의 기록을 종합하여 보면, 이조 제
19대 숙종 7년(1681)에 숙종대왕께서 노산군을 추복(追復)하고, "대군(大君)"의
시호를 추상하였고, 숙종 24년(1689) 11월에 단종이 복위(復位), 묘호가 추증
되었으며, 이 때 "정순왕후"도 함께 추복 되었고, 이듬해 숙종 25년(1699) 3월
에 단종의 무덤이 "장릉(莊陵)"으로 봉해지고, 정순왕후의 무덤도 "사릉(思陵)"
으로 봉하여 졌으며, 그 해 7월에 "장릉개수도감(莊陵改修都監)"을 두었다고 기
록되어 있다.

은원(恩怨)
은혜와 원수가 상반된 사회
입만 뻥긋하면 죽이고 죽이는 일이 연속된 사회에서
그래도 눈감지 못하고 죽은 자들의 한을 풀어준 것은
불심(佛心) 밖에 없었어라.

묘담(妙湛)비구니와 창수(昌洙)비구니

이조 제23대 순조(純祖) 13년(1813) 1월에 청룡사는 큰 화재를 만나 건물 전부를 불태워버렸다.

제21대 영조 47년(1771)에 일신 중창하였던 건물 전부를 지은지 42년 만에 완전 소실하였으니 참으로 허망하기 이를데 없었다.

이 일을 당한 묘담(妙湛)비구니와 수인(守仁)비구니는 잿더미만 남은 폐허 위에서 모두 불타 없어진 건물을 기어코 중창할 것을 서원하고, 밤과 낮을 가리지 않고 합심 협력하여 단가(檀家)의 집을 찾고, 조반(朝班 ; 조정에 벼슬 사는 사람)을 역방하면서 권화모연(權化募捐)한 결과, 순조 14년(1814) 11월 15일 오시에 마침내 불당 상량을 하게 되었고, 이어 승료(僧寮) 10여간도 상량하게 되었다.

뜻하지 않은 큰 화재를 만난 당시 청룡사의 대중들은 총력을 다하여 사원복구에 힘썼으나 겨우 불당 한 채와 요사 한 채를 건축하였을 뿐, 나머지 명부전·삼성각·우화루 등은 건축할 힘이 모자라서 빈 터를 그대로 남겨둘 수밖에 없었다.

원래 이조 중엽까지 한양 근교에는 모두 26개의 비구니 사원이 있었으나, 이조 제9대 성종(成宗) 6년(1475)에 유신(儒臣)들의 배불폐사(排佛廢寺) 상소에 따라 22개 사원이 훼철(毁撤) 당하고, 청룡사(青龍寺 ; 숭인동)·청량사(清凉寺 ; 청량리)·보문사(普門寺 ; 보문동)·미타사(彌陀寺 ; 약수동) 등 4개 사원만 남게 되었던 것이다. 그러나 이것 역시 몇 해 못가서 연산군이 즉위하자 불법이 일대 수난을 당하여 모두 훼손되었던 것이다.

또한 이씨 조선의 5백년 간을 살펴보면 초기 몇년 간을 빼고는, 계속 일관된 숭유억불 정책으로 불교 교리는 물론 사원과 승려를 극도로 압박하고, 정치적으로 또는 사회적으로 탄압하고 배격하였으므로, 약간의 사원이 근근히 그 형해(形骸)를 보전하여 온 것도 참으로 기적 중의 기적이었다.

더욱이 이조 말기에 접어들어서는 불교에 대한 탄압정책이 고질화되어 불교는 이단의 교로서, 사회와 민중에게 큰 해독이나 끼치는 것처럼 사갈시(蛇蝎視)하였고, 승려는 인간 이하의 천대로 압박과 탄압이 가하여져서 심지어 장안의 사대문 안에 들어갈 수 없게까지 하였다. 이러한 기형적(畸形的)인 사회 환경 속에서 사찰 수호란 어려운 일 중의 어려운 일이었다.

이러한 때에 묘담비구니와 수인비구니가 정성과 신념을 다하여 회록(回祿 ; 화재) 당한 청룡사를 복구하려고 무한한 애를 썼으나, 옛 모습을 완전히 되살리지 못하고 겨우 법당 수 간과 요사 10여 간의 규모가 작은 건물이 이루어진 것은, 그 시대와 그 사회의 실정으로 보아 불가항력적인 일이 아닐 수 없었다.

묘담비구니 이조 제21대 영조 51년(1776)에 경기도 용인군 기흥면 농서리의 박재빈(朴在彬)씨의 4녀로 출생하였으니, 본관은 밀양이요, 어머니는 은진 송씨(宋氏)였다. 세살 때에 어머니를 잃고 네살 때에 청룡사 묘성(妙惺)비구니를 은사로 모시고 스님이 되었다. 그는 어릴 때부터 천성이 영민하고 총명이 보통사람 보다 뛰어나서 천재라는 칭송을 들었으며, 또한 얼굴이 옥과 같이 희고 맑아서 "관옥스님"이라는 별명을 들었고, 그 후에 마음이 곱고 자비심이 있어서 일반 신도나 사대부의 가정에서나 모두 칭송을 받고 한 몸에 신망을 받았다.

묘담스님이 38세 때(1813)에 청룡사가 화재를 당하여 폐허가 된 것을 보고, 수인비구니와 함께 복구할 원력을 세우고 침식을 잊어버리다시피 모연권화에 나섰던 바, 그 애쓴 보람이 있어 이듬해 순조 14년에 불당과 요사 10여 간을 짓게 된 것이다.

또 48세 되던 해(1823)에 풍고(風皐) 김조순(金祖淳)의 주청으로 순원왕후(純元王后)의 환후 쾌차를 비는 기도를 3∼7일간 봉행하고, 채단 10필, 대동목 20필, 백미 20석을 상사받았다. 묘담비구니는 이후 줄곧 청룡사에서 주석하다가 이조 헌종(憲宗) 3년(1837)에 세수 62세로 청룡사에서 열반하였다.

수인비구니는 이조 제22대 정조(正祖) 3년(1779)에 서울 동소문 안에서 출생하였으니, 속성은 임씨(林氏)였다. 4세에 어머니를 잃고 5세에 아버지를 잃고, 그 해에 청룡사의 각성(覺性)비구니를 스님으로 모시고 출가하였다. 수인비구니는 묘담비구니 보다도 3세가 아래인지라 어려서부터 친형제처럼 의가 좋고, 정이 깊어서 한시라도 서로 못보면 찾고 부르고 하였다.

청룡사가 화록당한 뒤에 묘담비구니가 모연권화에 나섰을 때에, 이에 함께 나갈 것을 자청한 분이 수인비구니였다. 수인비구니는 묘담비구니를 그림자같이 따라다니고 수족과 같이 심부름하여 청룡사를 복구하였다.

이제 제24대 헌종4년(1838)에 청룡사에서 열반하니, 묘담비구니가 입적한지 1년 후이었다. 세상 사람들은 생시에도 두 분의 의가 좋더니 죽음에도 두 분이 앞서거니 뒤서거니 함께 하므로, 이 두 분의 기이한 사연을 두고 동왕극락(同往極樂)하였다고 전해온다.

그리고 수인·묘담 두 비구니가 청룡사에서 주석하는 동안 영조 47년(1771, 辛卯) 이래로 "정업원"이라고 부르던 사명을 순조 23년(1823)에 다시 "청룡사"로 환원하여 부르게 되었다.

이렇게 청룡사의 사명이 "정업원"에서 다시 본래 이름인 "청룡사"로 부르게 된 것은 영안부원군(永安府院君) 풍고(風皐) 김조순(金祖淳)이 그의 딸 순원왕후(純元王后)가 환후로 고생할 때 청룡사에 나와서 3∼7일간 위축기도를 드린 공덕이다.

이에 영의정 김조순은 직접 채단 10필과 대동목 20필 및 백미 20석을 청룡사에 바치고, 순조대왕에게 상주하여 "정업원"이라 불려오던 절 이름을 옛 이름인 "청룡사"로 다시 환원하여 부르도록 한 것이다.

여하튼 청룡사의 사명이 영조 47년에 정업원으로 바뀌었다가 53년이 지난 순조 23년에 다시 "청룡사"로 환원되었으나 오늘날 세간의 많은 기록과 전설은 "청룡사"와 "정업원"으로 혼용하고 있다.

이조 제26대 고종 광무 6년(1902)에 정기(正基)비구니와 창수(昌洙)비구니가 동심협력(同心協力)하여 청룡사 건물을 중수하였다.

정기·창수 두 비구니는 청룡사에서 계흔(桂昕)비구니의 상좌로서, 정기비구니가 사형(舍兄)이오, 창수비구니가 사제(舍弟)로서 서로 사형·사제간이었다.

창수비구니는 이제 제24대 헌종 8년(1842)에 한성(漢城) 연못골에서 출생하였다. 속성은 충주김씨(忠州金氏)로 일찍 남양(南陽) 홍영일(洪永日)씨에게 출가하여 아들 형제(俊澤·基範)와 딸 형제를 두었는데, 장녀의 이름은 금전(錦典)이고, 차녀의 이름은 상근(祥根)이었다. 창수비구니는 스님이 되기 전 재가신도로써 평소 신심이 돈독하여 항상 부처님 앞에 나아가 마음 닦는 공부에 열중하였다.

그는 마침내 40세가 되던 고종 18년(1881)에 깊이 깨달은 바가 있어 가족회의를 열어 스님이 될 것을 간청하여, 드디어 청룡사에서 계흔비구니를 모시고 스님이 되었다. 스님이 되어 법명을 창수라 하였고 일심으로 정진수도 하였다. 창수비구니가 스님이 되던 그 해 여름에, 장녀 금전이 어머니 창수비구니를 스님으로 정하고 출가하였고, 2년 뒤 가을에 차녀 상근이 또한 어머니인 창수비구니를 스님으로 정하고 출가하였으니 3모녀가 함께 스님과 상좌간이 되었다.

창수비구니는 사형 정기비구니와 힘을 합하여 광무 6년(1902, 壬寅) 61세가 되던 해에 회갑기념으로 청룡사를 중수하였다. 창수비구니는 세수 69세로 청룡사에서 입적하니 때는 국사 다사다난한 서기 1910년(4243)이었다.

상근(祥根)비구니와 윤호(輪浩)비구니

상근(祥根)비구니는 이조 제26대 고종(高宗) 9년(1872) 9월 6일에 한성부 동부 이교동(二橋洞) 남양(南陽) 홍영일(洪永日)의 4남매 중 2녀로 출생하였다. 어머니는 충주 김씨였고, 상근비구니가 12세 되던 고종 18년(1881)에 어머니 김씨는 흥인문 밖 청룡사에서 계흔(桂昕)비구니의 상좌로 출가하여 법명을 창수(昌洙)라고 하였다. 어머니 되는 창수비구니가 출가하던 그 해 여름에, 언니 되는 금전(金典)이 어머니인 창수비구니를 스님으로 모시고 출가하였다.

상근비구니는 어머니와 언니가 모두 출가한 뒤, 아버지와 오빠 둘과 함께 집에 남아 있었으나 어머니와 언니를 그리는 마음은 날로 더해갔다. 마침내 2년 뒤인 고종 20년(1883, 癸未) 9월 24일, 상근비구니는 어머니인 창수비구니를 찾아 그를 스승으로 정하고 출가 하였으니, 3모녀가 함께 스님과 상좌간이 되었으며, 그 때의 나이 14살이었다.

상근비구니는 사미계를 개운사 극락암에서 초암(草庵) 노스님에게서 받고 42세 되던 서기 1913년(4246, 癸丑) 4월 8일에 금강산 유점사에서 윤영봉(尹靈峰)율사에게서 비구니계를 받았다. 상근비구니는 천성이 영민하고 체격이 건장하였으며, 마음이 활달하고 지개가 헌양하여 대의에 살고 소절에 굴하지 않았다. 그리고 어려서부터 총명하고 영리하여 듣고 보는 것은 모르는 것이 없었고, 불전의 법요의식과 각단의 예경승사는 말할 것도 없고, 어려운 범패(梵唄)에 이르기까지 남달리 뛰어나게 잘하였다. 그리하여 어떤 법요의식에나 어떤 공양제식에나 모범이 되고 칭송을 받았으며, 성격이 정중하고 치밀하여 매사에 소홀이 하거나 성실치 아니한 점이 없었다. 또한 신심이 견고하고 공익심이 투철하여 가람(伽藍)수호와 빈병(貧病)구제에 솔선수범 하였고, 사생활에 있어서는 검박했으나, 부처님을 위한 사업이라면 또 부처님 법을 넓히고 빛내는 일이라면 만금을 아끼지 않고 기쁘게 보시하였다. 일생에 저축한 적지 않은 재산을 만년에 아낌없이 여러 사원에 희사 헌납한 것을 미루어 볼지라도, 그 근본성격이 얼마나 활달하고 물욕이 없었다는 것을 알 수 있다.

상근비구니는 23세 되던 해(1904, 甲午)에 금강산 영원암(靈源庵)에서 처음으로 참선 도량에 입참하여 결제(結制)하였다. 그리고 몇해 동안 금강산 여러 선원에서 공부하다가 다시 청룡사로 나왔다.

그 후 40세가 되던 해(1911, 辛亥)에 몇몇 상좌를 데리고 금강산 장안사 관음암에 들어가서 8년간 공부하다가 47세 되던 해(1918, 戊午)에 청룡사로 나왔다. 청룡사에 나오자 즉시 역사를 시작하여 청룡사 큰방채를 지었다.

이듬해 48세가 되던 해(1919) 기미(己未)년 3월 1일에는 독립만세 운동이 일어났다. 평소에 남달리 애국심이 강하고 민족을 사랑하고 아끼는 마음이 간절하던 상근비구니는 직접 자신이 독립운동에 참가하여 전위에 서서 투쟁은 못할지라도, 물질과 정신 양면으로 애국지사들을 적극 원조하고 격려하여 주었다. 민족대표의 33인 중 불교계 대표인 한용운(韓龍雲)·백용성(白龍城) 두 분 스님을 위시하여 백초월·이종욱·신상완 등(33인 뒤에 소위 48인 조직) 여러 스님 뒤를 받들어 독립운동에 숨은 역할을 꾸준히 하였다.

만년에는 도제를 양성하고 가람을 수호하고 불사를 크게 이룩하고 가난과 병에 신음하는 가엾은 사람에게 보시하였으며, 또 부처님을 위한 일과 나라와 민족을 위한 일에 물질과 성력을 아끼지 않았다.

상근비구니는 61세의 회갑을 맞아(1932, 壬申) 그 기념으로 누구에게도 희사 한 푼 받지 않고 순전히 자비를 판출하여 청룡사를 일신 중창하였다. 그리고 일생에 근검절약으로 모아 두었던 재산 전부를 아낌없이 털어서 전국 유수한 사찰에 기부하였다.

상근비구니는 그 후 계속 청룡사에서 주석하다가 6·25동란이 일어나 이듬해 5월 21일 인시에 열반하니 세수는 80세였다. 그는 격동하는 이조 말엽에 태어나서 주마등 같이 변전무쌍한 사회적 생태를 가지가지로 체험하여 남다른 종교관과 사회관, 생활철학이 있었다. 즉 그는 임오군란(壬午軍亂)도 갑신정변(甲申政變)도 갑오혁명(甲午革命)도 을미사변(乙未事變)과 경술합방(庚戌合邦)도 눈물을 삼켜가며 당했던 것이다. 기미년 3·1운동도 6·10만세도 몸소 체험하였고, 태평양전쟁도 8·15해방도 고통과 질곡 속에 감격적으로 맞이하였으며, 대한민국의 독립도 6·25동란도 희비쌍주(喜悲雙奏)로 목격하였으니, 그의 80 평생은 고난과 수난의 역경속에 불굴의 의지로만 살아온 일생이었다. 그는 생을 도피하는 염세종교나 현실을 무시하는 형이상학적 철학자를 추종하지 않고, 냉엄한 현실속에 오직 의를 위하여 공을 위하고 남을 사랑하며, 나를 잊어버리는 보살행을 하였던 것이다.

상근비구니의 법호는 인월(印月)이었고, 후계 상좌로는 윤호·경화·대용·보현·보성 등 다섯 비구니가 있다.

상근스님이 각 사찰에 헌납한 재산 목록을 보면 논 323석분과 밭 10석이 넘는 것을 9개 사찰(금강산 마하연, 장안사 표훈사·신계사, 수원 용주사, 예산 정혜사, 서울 개운사·청룡사, 오대산 월정사)에 고루 나누어 바쳤으니 참으로 놀라운 일이라 아니할 수 없다. 더욱이 상근스님을 모시고 있던 윤호스님은 상근스님께 이러한 뜻을 비추었을 때, 선뜻 "스님 좋으신 뜻대로 하십시오. 저는 제 복대로 살 것입니다" 하고 조금도 섭섭해 하지 않고 흔연히 노스님의 뜻에 좇았으니 모두가 참으로 뛰어난 수도인의 면모를 볼 수 있는 것 같다.

윤호(輪浩)스님은 이조 끝 임금인 순종 융희(隆熙) 원년(서기 1907, 丁未) 11월 7일 해시(亥時)에 경기도 광주군 언주면 신원리 경주 김춘식(金春植)의 장녀로 출생하였다. 어머니는 수성(水城) 최씨(崔氏)였고, 다섯 살 되던 해(1911) 3월 2일 청룡사에서 상근(祥根) 비구니를 스님으로 정하고 출가하였다.

그 해 가을에 스님을 따라 금강산 장안사 관음암으로 갔다. 그리하여 어린 시절을 금강산 대자연과 더불어 곱게 자라났다. 구슬처럼 맑고 깨끗한 물이 폭포를 이루고 티 한 점 없이 수려·우아하고, 기괴한 모습으로 우뚝 솟은 바위들은 어린 마음에 경이(驚異)와 경건(敬虔)한 마음을 샘솟게 하였다. 또한 상근스님의 자애(慈愛)에 넘치는 사랑과 금강산의 신비와 경건한 교훈 속에 천진난만한 어린 시절을 기쁨 속에 보냈다.

그동안 강대련(姜大蓮)스님에게서 사미계를 받았고, 12세 되던 해(1918년 戊午)에 스님을 따라서 청룡사로 나왔다. 그 해에 스님이 청룡사 큰 방채를 새로 지을 때에 스님을 도와서 시봉하였다.

윤호비구니는 어려서부터 몸이 몹시 허약하였는데, 스님 되는 상근비구니의 지극한 정성과 사랑으로 건강을 회복하게 되었다. 윤호비구니는 21세 되던 해(1927)에 어린 시절의 꿈이 깃든 금강산을 다시 찾았다. 그리하여 그 해 여름 결제는 금강산 신계사(神溪寺) 법기암(法起庵) 선원에서 안거하였다. 그 때 선원의 회주는 임석두(林石頭)스님이었고, 주지는 김탄월(金呑月) 스님이었다.

정묘년(1927) 여름 안거로부터 시작하여 그 해 겨울 안거, 그 이듬해 무진년 여름 안거, 또 그 해 겨울 안거, 그 이듬해 무진년 여름 안거, 또 그 해 겨울 안거, 이렇게 4철 안거를 마치고, 23세가 되던 기사년(1929)에는 내금강 마하연(摩訶衍) 선원에서 회주 만공 월면(滿空 月面)선사를 모시고 여름 안거를 하였다. 그리고 그 해 겨울 안거에는 내금강 유점사(榆岾寺) 반야암(般若庵) 선원에서 만공선사를 모시고 마쳤고, 계속하여 이 곳에서 만공선사를 모시고 세 철 안거를 하고, 24세가 되던 경오년(1930) 10월 4일에는 만공선사로부터 백련(白蓮)이라는 법호와 계문을 받았다.

천당시환몽(天堂是幻夢)
지옥시환몽(地獄是幻夢)
몽각부하물(夢覺復何物)
두두백련소(頭頭白蓮笑)

천당도 꿈이로다.
지옥도 꿈이로다.
그 꿈을 깨고 나면 꿈 아닌 것 무엇일까.
어즈버 한 떨기 백련이 방긋 웃음 짓노라.

25세가 되던 신미년(1931) 봄에는 금강산을 떠나서 청룡사로 나왔는데, 이때부터 스님을 모시고 시중 일을 보살피고, 스님 시봉을 하면서 경을 읽고, 포교를 하고, 제자를 가르치고 하였다.

30세가 되던 병자년(1936) 3월 15일, 서울 안국동 선학원(禪學院)에서 권일봉(權日鳳) 율사에게서 비구니계를 받았다.

그리고 35세가 되던 해(1941, 辛巳) 여름에는 순례의 길을 떠났다. 승지 고찰을 참배하고 선지식을 친견하고, 도를 묻고 법을 배우고 하던 중에 번뇌를 쉬고 망상을 제거하기 위하여 오대산 적멸보궁을 찾아 기도하고, 상원사로 현대 한국불교의 큰 기둥인 방한암(方漢巖)선사를 친견하였다. 한암선사는 윤호비구니에게 묘각(妙覺)이라는 법호와 계문을 주었다.

심불망취과거법(心不妄取過去法)
역불탐착미래사(亦不貪着未來事)
불어현재유소주(不於現在有所住)
요달삼세실공적(了達三世悉空寂)

마음속에 망녕되이 과거의 법을 취하지 않고
또한 미래의 일을 탐하여 집착 않으며
현재의 모든 것도 실상 전혀 없도다.
이렇게 3세를 알면 마음 비어지리라.

순례의 길을 떠난 발걸음은 몹시 가벼워 오대산·태백산·지리산, 경주·부여 등지의 명승고적과 성지거찰을 두루 참배하고, 37세가 되던 해(1943, 癸未)에는 다시 오대산을 찾아가서 한암선사의 회상에서 여름 안거를 하였다.

때는 태평양 전쟁이 절정에 달한 때라 식량 사정도 어려웠고, 세상이 소연하여 어디엘 가나 평안하게 앉아서 공부할 수 없게 되었다.

그리하여 그 해 가을에 청룡사로 상근스님을 뵈오러 왔다. 스님은 윤호스님을 보고 무척 반가워하였다. 그러나 그동안 상근스님은 퍽 노쇠하여서 슬하를 한시라도 떠나서는 안될 형편이어서, 이제는 스님 시봉에 전심전력을 다해야 되겠다고 생각하고 잠시라도 스님 곁을 떠나지 않고 효성을 다해 봉양했다.

39세가 되던 해 서기 1945년(乙酉) 8월 15일 조국은 일제의 쇠사슬에서 해방되었으나, 무질서한 사회현상은 갈피를 잡을 수 없었다. 혼란과 공포 속에서 가람의 수호는 물론 더 기력이 쇠진해 가는 스님의 봉양과 사찰의 경영에 전심전력을 다했다. 44세가 되던 해 서기 1950년(庚寅)에는 6·25동란이 일어나 서울은 피비린내 나는 전쟁터가 되었다. 공포와 전율 속에서도 스님의 안위를 위해 잠시를 스님의 절을 떠나지 않았다. 하루하루 기력이 쇠진하여 가던 스님은 그 해를 간신히 보내고, 이듬해(1951, 辛卯) 5월 21일 새벽 인시(寅時)에 80세를 일기로 열반에 들었다.

스님을 잃은 윤호비구니의 슬픔은 말할 수 없이 컸다. 스님의 유언과 대중의 간청에 의하여 윤호비구니는 청룡사 주지에 취임하고, 벅찬 살림과 많은 일들을 하지 않으면 안되게 되었다. 윤호비구니는 어떻게 하면 스님의 뜻을 받들어 청룡사를 잘 운영하고, 발전을 이룩할 수 있을까 하는 것이 항상 마음속의 숙제였다. 그리하여 48세가 되던 해 서기 1954년(甲午)에는 극락전 6간을 증축하였다. 옛날에 있던 극락전은 3간이었으므로 너무 협소하여 불편을 느끼던 바, 이해에 6간을 더 늘여서 9간의 극락전을 만들었다. 또 3년 후인 51세 되던 해(1957, 丁酉)에는 시왕전(十王殿) 6간을 중창하였다.

시왕전은 지옥에 있어서 죄의 경중(輕重)을 정하는 10위(位)의 왕을 모신 곳으로, 사람이 죽으면 그 날부터 49일까지는 7일마다, 그 뒤에는 백일·소상·대대상 때에 차례로 각왕에게 생전에 지은 선악업의 심판을 받는다고 하는 곳으로, 고려 태조 5년(922, 壬午)에 청룡사를 처음 창건할 때부터 있었던 것인데, 순조 13년에 화재를 당한 후에는 다시 건축할 힘이 없어서 150년간을 빈터로만 내려오던 것을 윤호비구니 스님이 중창하게 된 것이다. 그리고 시왕존상(十王尊像)은 대구시 덕산동 보현사로부터 이전하여 봉안하였다.

윤호비구니는 53세가 되던 해 서기 1959년(己亥)에 화사(畵師) 김일섭(金日燮)스님을 초청하여 시왕 각부(① 진광왕 ② 초강왕 ③ 송제왕 ④ 오관왕 ⑤ ⑥ 변성왕 ⑦ 태산왕 ⑧ 평등왕 ⑨ 도시왕 ⑩ 오도전륜왕) 탱화를 조성하여 봉안하였다. 그리고 요사 4간을 신축하고 낡은 건물을 일신 중수하였다. 또 시왕전을 지은 이듬해 서기 1958년(丙子) 3월 23일에는 산신각(山神閣)을 신축하였다.

청룡사는 순조 13년 화재 이전에는 큰 규모의 승당이 있었으나 화재를 당한 이후로는 규모가 큰 방은 건축할 힘이 없어 10여 간에 불과한 요사 한 채만으로 150여년을 대중이 불편함을 느끼면서 생활해 오던 것을, 윤호비구니가 주지에 취임한 뒤 큰 승당 짓기를 원을 세웠더니, 숭인동에 거주하는 청신사 서병석씨(甲寅生) 등에게 목재 등 시주를 받아 중창하였다.

조선조 때 서울 시내만 12개의 비구니 사찰들이 있고, 지방에는 수십 개의 사찰이 있었으나 남존여비사상 때문에 여자들은 숨을 죽이고 살았다. 그러나 최근일로 보더라도 한국불교신도 10분 8할이 여자 신도들이고, 만명 비구 가운데 비구니가 3천명에 달하지만 크게 드러내기를 싫어하고 오직 수행과 복지에만 열중하였으므로 있는 듯 없는 듯 살아왔다.

그러기 때문에 그 역사를 구체적으로 적고 싶으나 지면관계도 있고 하여 고려·조선조의 비구니 종찰(宗刹)인 청룡사의 역사만을 정리해 기록한 것이다.
다음 근대고승전에서는 가능한한 그 역사를 있는대로 정리하고자 하니 이 책을 읽는 분들은 널리 자료를 제공해주시기 바란다.

한국고승전(下) - 조선편 -

발행일 : 2014년 5월 10일

발행처 : 불교정신문화원

편　저 : 활안·해월

인　쇄 : 이화문화출판사

　　　　02-732-7091~2

발행처 : 477-810 경기도 가평군 청평면 대성리 산 185번지

전화 (02) 969-2410(금강선원)

등록번호 76. 10. 20. 경기 제6호

값 20,000원